中公新書 2723

本多隆成著

徳川家康の決断

桶狭間から関ヶ原、大坂の陣まで10の選択

中央公論新社刊

はじめに

徳川家康《とくがわいえやす》の生涯を振り返ってみると、当時としてはまれにみる数え年で七五歳（満では七三歳）という長寿を全うしており、しかも大坂《おおさか》の陣で豊臣《とよとみ》氏を滅亡させ、後顧の憂いなく、結果的に二六〇年余りにわたって続くことになる幕藩体制の基礎をしっかりと築いたうえでの大往生であったから、さぞかし満足がいく生涯だったというようにみられるであろう。しかしながら、その生涯は決して平穏なものではなく、幾多の苦難や危機を乗り越えて、最終的に到達した天下人《てんかびと》の座であった。

変転極まりない戦国の世にあって、東に今川《いまがわ》氏、西に織田《おだ》氏という大名勢力に挟まれて、弱小勢力であった家康が前途を切り拓《ひら》いていくことは、並大抵のことではなかった。その時々で最良の選択をしたかにみえて、実際には判断を誤って危機に陥るようなことさえあった。実力だけではどうしようもなく、運も味方にして幾多の危機を乗り越えてきたというのが、偽らざる実情であった。

筆者は家康については、すでに二〇一〇年に『定本　徳川家康』（吉川弘文館）を刊行している。その二番煎《せん》じは許されず、今回はどのような切り口でその生涯をたどるのかが問われることになった。そこで本書では、家康の「人生のターニングポイント」を取り上げ、あらためてその生涯をたどってみることにした。

人には多かれ少なかれ、その生涯を左右した「人生のターニングポイント」がある。とりわけ戦国期の武将たちは、現在のわれわれとはとても比較ができないほど、たびたび過酷な岐路に立たされた。判断を誤って、一族が滅亡するようなこともまれではなかった。家康の場合はとりわけその前半生において、そのような危機に直面する場面が際立っている。後年の大御所《おおごしょ》といわれた姿からは想像もつかないほどの、まさに波瀾万丈《はらんばんじょう》の生涯であったといえよう。

たとえば、その人生における最大の危機というべきは、元亀《げんき》三年（一五七二）十二月二十二日の三方原《みかたばら》（三方ヶ原《みかたがはら》）合戦での大敗であったとみてよいであろう。無勢の場合は籠城《ろうじょう》戦に頼るのが常道であるとはいえ、目上の同盟者である織田信長《のぶなが》から援軍を送られながら、武田《たけだ》軍を素通りさせるような選択肢はありえなかった。とはいえ、老練な武田信玄《しんげん》がそれを見越して三方原で待ち受けていたために、家康は大敗を喫することになった。

もし武田軍が敗走する家康を追って、多少の犠牲は払ってもそのまま浜松《はままつ》城を攻めたならば、浜松城を攻略し、家康を討ち取ることは十分に可能であった。武田軍がそうしなかった事情として、つぎの二点が考えられる。

第一に、武田軍の目標は、遠江《とおとうみ》・三河《みかわ》を蹂躙《じゅうりん》した後、東美濃《みの》に向かい、信長と対決するることであった。籠城戦に持ち込んだ敵を攻略するためには、味方もかなりの犠牲を払わざるをえなくなるので、攻城戦を避けて兵力の温存を図ったことである。第二に、信玄の病気が進行していたことも、攻城戦をためらう一因であったとみられる。元亀三年十一月末に二俣《ふたまた》城を攻略しながら二〇日余りそこに滞在したり、三方原合戦後に戦場から近い刑部《おさかべ》で越年するなど、病状を抜きにしては考えられない動きであった。実際にも、その後三河の野田《のだ》城を落とした後、それ以上の行軍に耐えられなくなったようで、甲府《こうふ》に引き揚げる途中の元亀四年四月十二日に、五三歳をもってその生涯を閉じたのである。家康にとっては、まことに幸運なことであったといわなければならない。

本書では、このような合戦を中心とする「人生のターニングポイント」を取り上げ、それを一〇章に分けてみてゆくこととする。ただ、その主題に関する叙述だけでは、歴史的な流れからみて欠けるところがかなり多くなり、家康の生涯を描くことにはならなくなる。そのため、それぞれの主題にかかわる前後の問題についても、必要と思われる限りにおいて叙述することとしたい。

その際、拙著以後にも研究は大いに進んでいるので、最新の研究成果を取り入れることはいうまでもないことである。他方で、筆者はこれまで概説書であっても研究史を重視すべきであると主張し、肯定的であれ、否定的であれ、誰《だれ》の説であるのかをできるだけ明記するようにしてきた。ただし、今回は新書ということで、これまでにない多くの一般読者に読んでもらうことになるので、それはかえって煩わしく感じられる恐れがある。そのため、論争や注目すべき新説などの場合を除き、基本的に註記《ちゅうき》は付けないこととする。史料の引用も真に必要なものに限り、引用する場合はカギ括弧で示し、さらに現代語に意訳して読みやすくなるようにした。

目次

はじめに　i

第一章　桶狭間の合戦　3
――今川からの自立へ

1　出生と人質　3
2　元服と婚姻　9
3　桶狭間での決戦　13
4　信長との同盟　19

第二章　三河一向一揆　27
――家臣団の分裂

1　一向一揆の勃発　27
2　一揆の鎮圧と三河平定　35
3　三河の新興大名　39

第三章　三方原の合戦——滅亡の危機　45
1　畿内・近国の情勢　45
2　信玄・家康の今川領侵攻　49
3　信玄の遠江侵攻　58
4　二俣から三方原へ　68
第四章　嫡男信康の処断——苦渋の決断　75
1　勝頼の高天神城攻略　75
2　長篠の合戦　82
3　家康の高天神城奪還　89
4　松平信康事件　95
第五章　本能寺の変——伊賀越えの苦難　103

1 武田氏の滅亡 103
2 伊賀越え 108
3 天正壬午の乱 115

第六章 小牧・長久手の合戦――中央権力との対決 125

1 合戦に至る過程 125
2 長久手の合戦での勝利 132
3 和睦の内実 137

第七章 石川数正の出奔――「家康成敗」の危機 143

1 第一次上田合戦 143
2 石川数正の離反 150
3 秀吉への臣従 154

第八章　小田原攻めと関東転封
——豊臣政権の重臣へ　161
1　駿府築城と領国総検地　161
2　北条氏の滅亡と関東転封　171
3　豊臣政権下の家康　180

第九章　関ヶ原の合戦
——天下分け目の戦い　193
1　秀吉の死去　193
2　会津攻めと「小山評定」　199
3　関ヶ原での決戦　210

第十章　大坂の陣
——徳川公儀の確立　223
1　江戸幕府の成立　223
2　大御所政治の展開　231
3　大坂の陣と元和偃武　244

終　章　家康の人物像　253

あとがき　269

主要参考文献　272

徳川家康略年譜　283

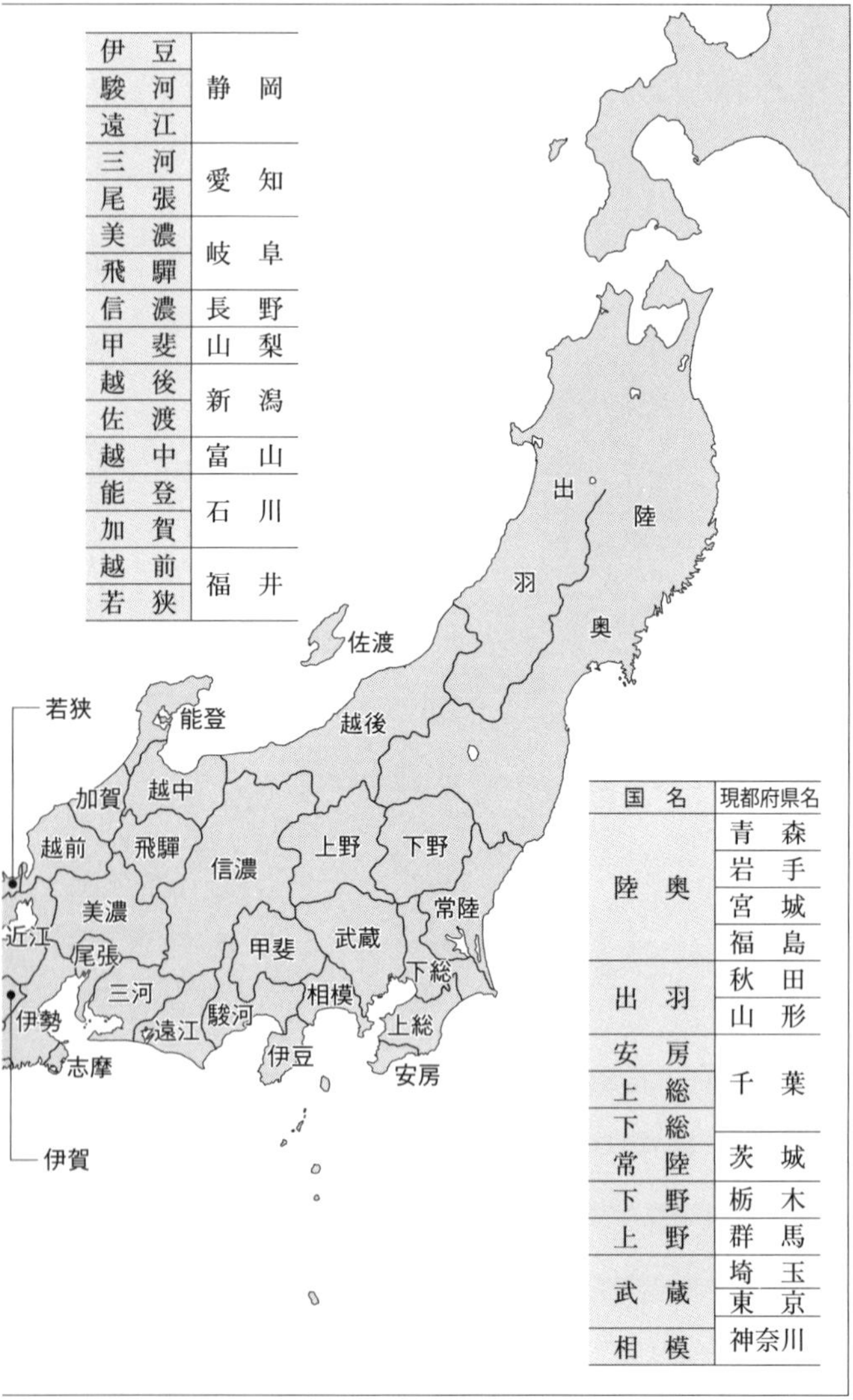

伊豆	静岡
駿河	
遠江	
三河	愛知
尾張	
美濃	岐阜
飛驒	
信濃	長野
甲斐	山梨
越後	新潟
佐渡	
越中	富山
能登	石川
加賀	
越前	福井
若狭	

国名	現都府県名
陸奥	青森
	岩手
	宮城
	福島
出羽	秋田
	山形
安房	千葉
上総	
下総	
常陸	茨城
下野	栃木
上野	群馬
武蔵	埼玉
	東京
相模	神奈川

旧国名地図．国名は『延喜式』による．

筑前	福岡
筑後	
豊前	
豊後	大分
日向	宮崎
大隅	鹿児島
薩摩	
肥後	熊本
肥前	佐賀
壱岐	長崎
対馬	

阿波	徳島
土佐	高知
伊予	愛媛
讃岐	香川
備前	岡山
美作	
備中	
備後	広島
安芸	
周防	山口
長門	
石見	島根
出雲	
隠岐	
伯耆	鳥取
因幡	

近江	滋賀
山城	京都
丹後	
丹波	
但馬	兵庫
播磨	
淡路	
摂津	
和泉	大阪
河内	
大和	奈良
伊賀	三重
伊勢	
志摩	
紀伊	和歌山

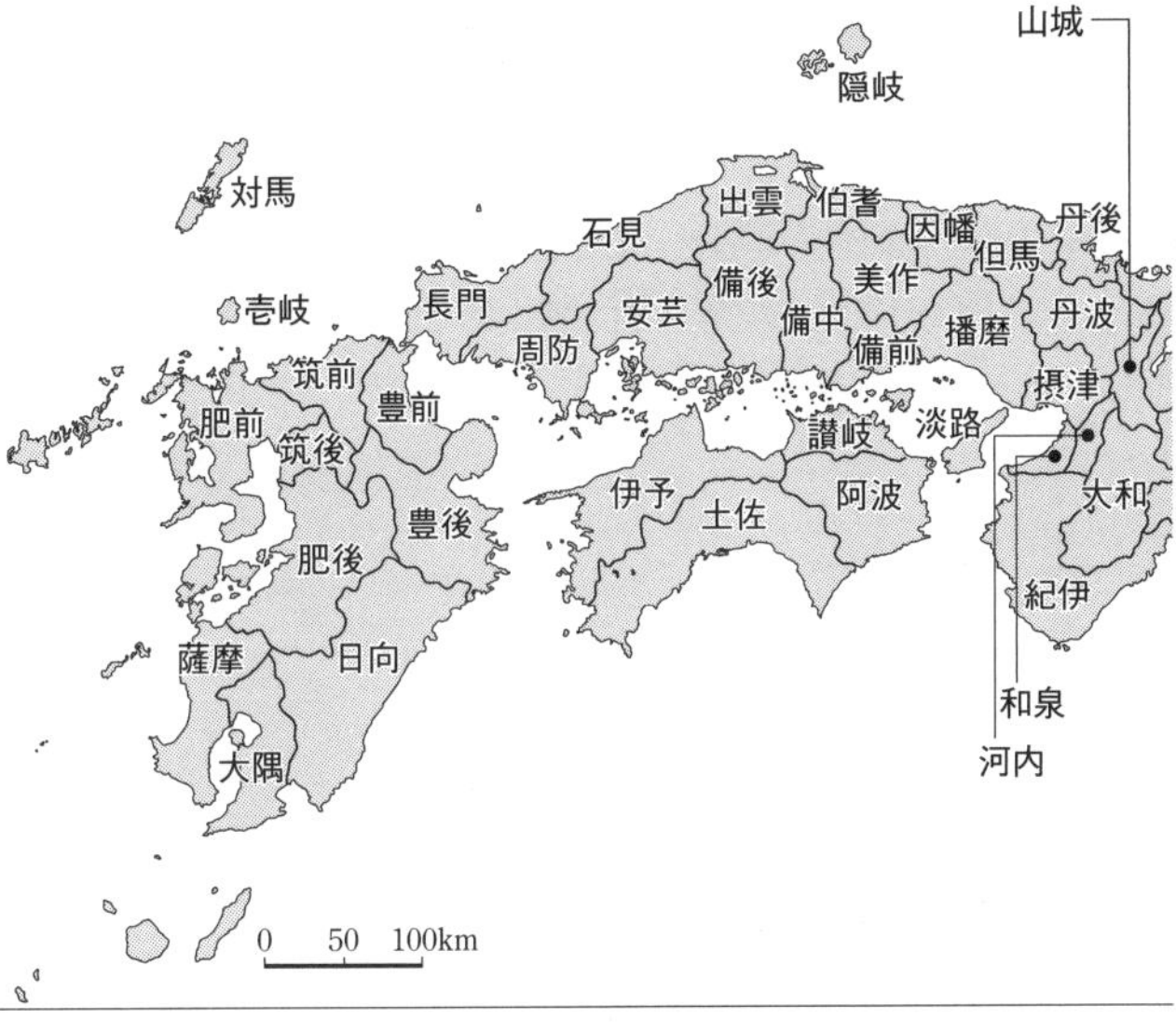

松平・徳川氏略系図

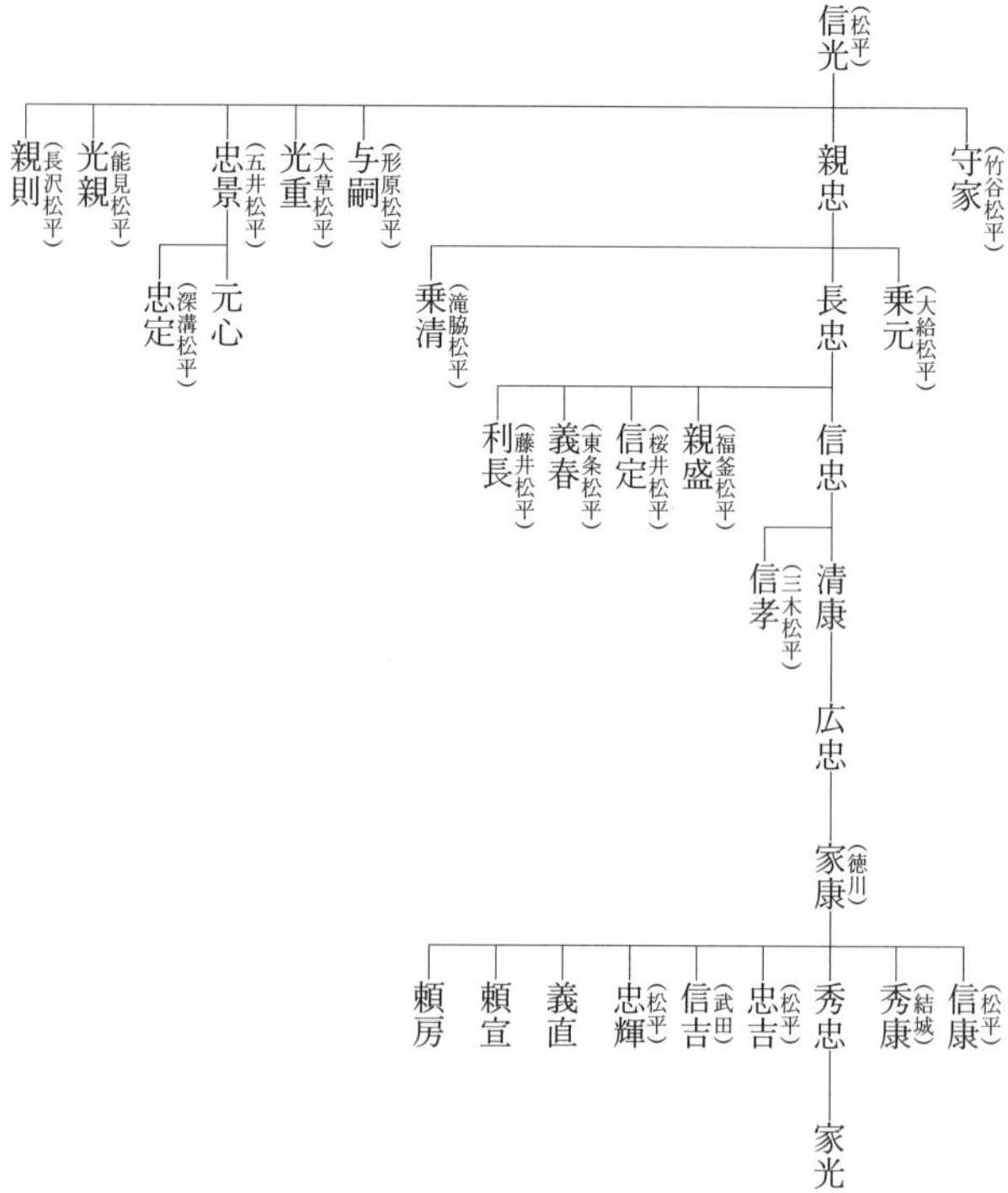

信光（松平）
守家（竹谷松平）
親忠
与嗣（形原松平）
光重（大草松平）
忠景（五井松平）
光親（能見松平）
親則（長沢松平）
乗元（大給松平）
長忠
乗清（滝脇松平）
元心
忠定（深溝松平）
信忠
親盛（福釜松平）
信定（桜井松平）
義春（東条松平）
利長（藤井松平）
清康
信孝（三木松平）
広忠
家康（徳川）
信康（松平）
秀康（結城）
秀忠
忠吉（松平）
信吉（武田）
忠輝（松平）
義直
頼宣
頼房
家光

徳川家康の決断

第一章　桶狭間の合戦
——今川からの自立へ

1　出生と人質

家康の誕生

天文《てんぶん》十一年（一五四二）十二月二十六日寅《とら》の刻《こく》（午前四時頃）、三河国岡崎城《みかわのくにおかざき》（愛知県岡崎市）内で一人の男児が誕生した。幼名は竹千代《たけちよ》、のちの徳川家康である。父は松平広忠《まつだいらひろただ》で一七歳（数え年。以下同様）、母は三河国苅屋城《かりや》（刈谷市）の水野忠政《みずのただまさ》の娘於大《おだい》（伝通院《でんつういん》）一五歳であった。

竹千代が誕生した頃の松平氏は、三河国内の国衆《くにしゅう》で、しかも弱小な国衆であった。国衆とは一郡ないし数郡規模の所領を有し、当主と一門・家臣からなる「家中《かちゅう》」を構成し、自らの領域については一円的な支配を行なっていた武将をいう。しかしながら、戦国の世にあっては独力で自立を続けることはむつかしく、戦国大名の傘下《さんか》に入って家の存続を図ろうとするものが多かった。

当時の三河国には、図1にみられるような国衆たちが各地に盤踞《ばんきょ》していた。戦国大名はおらず、東の今川《いまがわ》氏、西の織田《おだ》氏の影響力が大きかった。松平氏は多くの系統に分かれていたが、家康につながる松平氏は惣領《そうりょう》家の安城《あんじょう》（安城市）松平氏であり、祖父の清康《きよやす》は自ら「世良田《せらだ》次郎三郎清康　安城四代岡崎殿」と名乗っている。

この清康の時代に、岡崎城は明大寺《みょうだいじ》の地から現在の竜頭山《りゅうずさん》に移ったといわれており、清康は西三河を押さえて、さらに尾張《おわり》へも進出しようとしていた。いわば有力な国衆であったといえるだろう。ところが、清康が天文四年（一五三五）十二月に尾張国守山《もりやま》（名古屋市守山区）まで出陣した際に、誤って家臣のために殺害されてしまうという事件が起こった。いわゆる「守山崩れ」とよばれた出来事である。

この当時、清康の嫡男千松丸《せんまつまる》はまだ元服前という幼少で、岡崎城に入城した清康の叔父にあたる桜井《さくらい》（安城市）松平信定《のぶさだ》のために追放されてしまった。千松丸らは逃避行を続けながら復帰の機会をうかがうが果たせず、結局、駿河《するが》の今川義元《よしもと》を頼ることになった。千松丸が今川氏の支援を受けて岡崎城へ帰還したのは、天文六年（一五三七）六月のことであった。同年十二月に千松丸は元服し、加冠役《かかんやく》の東条《とうじょう》（西尾市）吉良持広《きらもちひろ》の一字をもらい、「広忠《ひろただ》」と名乗ることになった。このように、清康の時代には有力な国衆であった松平氏は、広忠の

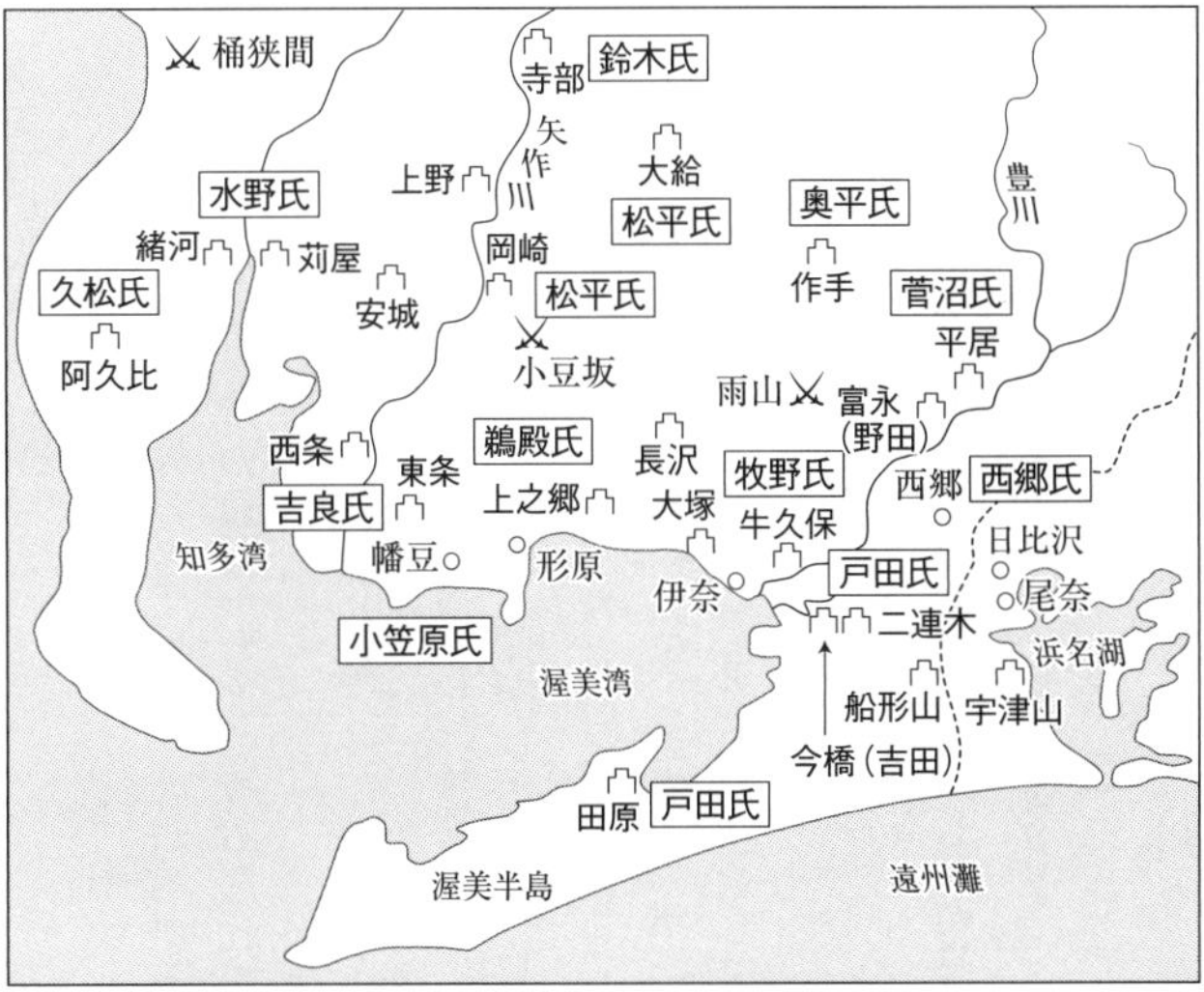

図1　三河・尾張の国衆と諸城　大石泰史『今川氏滅亡』をもとに作成

時代には今川氏の傘下に入ってかろうじて家名を維持するという、弱小な国衆となってしまった。

竹千代は松平氏にとっては大変きびしい、このような時期に誕生したのである。天文十二年（一五四三）七月に水野忠政が死去し、跡を継いだ子息の信元《のぶもと》が今川方から離れて織田信秀《のぶひで》に走ると、広忠は今川氏をはばかって、翌天文十三年に於大を離縁せざるをえなかった。竹千代は数えでわずか三歳にして、生母と別れることになったのである。その後、広忠は後妻として田原《たはら》城（田原市）の戸田宗光《とだむねみつ》の娘真喜姫《まきひめ》を娶《めと》り、於大は阿久比《あぐい》城（阿久比町）の久松俊勝《ひさまつとしかつ》に再嫁した。

織田方の人質

幼くして過酷な運命に見舞われた竹千代が、その後、最初は織田氏、ついで今川氏の人質になったことはよく知られている。ところがその経緯、とりわけ織田氏の人質になった事情について、これまでの通説が大きく改められることになった（村岡幹生「織田信秀岡崎攻落考証」）。

すなわち、二点の史料が問題になるが、一つは天文十六年（一五四七）に年次比定された九月二十二日付本成寺《ほんじょうじ》宛菩提心院日覚《ぼだいしんいんにっかく》書状、もう一点は天文十七年三月十一日付織田信秀宛北条氏康《ほうじょううじやす》書状写《うつし》である。前者では、「松平広忠は織田信秀にどうやら降参したようで、生かすか殺すかというような状態に追い込まれた」といわれ、後者では、「三河の儀について、今川義元と相談され、去年（天文十六年）三河へ出兵し、安城城を攻め破られたとのこと、毎度の御戦功めでたいことです。とくに岡崎の城を織田方で相押さえられ、今川方でも今橋《いまはし》城を思いどおりにしています」といっている。

いずれも伝聞や報知されてきた情報ではあるが、この二点の史料が相まって、これまで知られていなかった天文十六年（一五四七）の三河国の状況、とりわけ岡崎城の松平広忠をめぐる新たな史実が明らかになり、通説が大きく覆されることになった。

第一に、従来、広忠は天文六年（一五三七）に岡崎城に帰還して天文十八年に死去するまで今川義元の配下にあり、一貫して今川方の部将であったとみなされてきた。ところが、天文十六年に織田信秀に攻められ、一時期、織田方に降伏していたことが明らかになったのである。

第二に、竹千代についても、これまでは今川方への人質として駿府《すんぷ》（静岡市葵区）に送られる途中、田原の戸田氏によって拉致《らち》されて織田方へ送られたといわれ、そのために戸田氏は今川氏によって滅ぼされたといわれてきた。ところがそうではなく、竹千代は降伏した広忠によって、当初から織田方に人質として差し出されていたことが明らかになったのだ。

今川方への人質

このように、天文十六年（一五四七）にはとりわけ西三河で大きな政治情勢の変動がみられたのであるが、ここで天文十六年前後の三河国の情勢について、さらにみておくこととしよう（拙稿「今川義元の三河侵攻と吉良氏」）。

天文十四年（一五四五）に今川義元が北条氏康と和睦《わぼく》して「第二次河東《かとう》（富士川《ふじかわ》以東の地域）一乱」が終息すると、翌天文十五年から今川氏による三河侵攻が本格的に始まった。十一月には東三河の要衝今橋城（愛知県豊橋市）を攻略し、戸田宗光らは二連木《にれんぎ》城（同前）へと去っていった。ところが、宗光の嫡男尭光《たかみつ》は田原城に立て籠《こも》ってあくまでも今川氏に敵対したため、翌天文十六年に田原城攻めとなった。九月には激戦となるが、今川方はこれを攻略することはできなかった。

このような情勢の中で、西三河では織田氏の攻勢が激しくなり、先に述べたように安城城を攻略すると、その勢いのまま岡崎城をも押さえたのであった。今川方は田原城攻めには失敗したものの、他方で西三河へも進出しており、七月八日付の天野景泰《あまのかげやす》宛今川義元書状によると、義元は医王山《いおうやま》（岡崎市）砦《とりで》の普請《ふしん》が早くも完了したことを賞するとともに、三河平定のために近く出馬すると伝えている。

こうして、西三河における今川・織田両氏の対決は避けがたいものとなり、翌天文十七年（一五四八）三月十九日に小豆坂《あずきざか》（岡崎市）での合戦となった。今川方では義元の出馬こそなかったが、大軍を率いた太原崇孚雪斎《たいげんそうふせっさい》（臨済宗の僧。義元の側近）が総大将となり、織田方は信秀自身の出馬であった。松平広忠はこの今川軍の侵攻を受けて、あらためて今川方に属するようになったとみられる。十八日には今川軍は藤川《ふじかわ》（岡崎市）に至り、織田軍は上和田《かみわだ》（同前）砦に入った。そして翌十九日に、両軍は小豆坂で激突した。一進一退の攻防戦が続き、次第に今川方が優位になり、織田信秀は子息信広《のぶひろ》（信長《のぶなが》の庶兄）を安城城の守将とし、自らは清須《きよす》城（清須市）へと引き揚げた。

広忠はこの勢いに乗じて、四月十五日には明大寺へと押し出してきた反広忠派の松平信孝《のぶたか》勢を、耳取《みみとり》（岡崎市）辺りで討ち取った。こうして、広忠周辺の西三河の情勢も、やっと小康状態を迎えることになった。ところが、翌天文十八年（一五四九）三月六日のことといわれているが、広忠が死去したのである。従来は近臣である岩松八弥《いわまつはちや》に殺害されたといわれてきたが、最近では病没説も強まっている。この報に接すると、今川義元はただちに雪斎らを派遣し、岡崎城を接収した。

義元は同年に、ふたたび雪斎を総大将として西三河に軍勢を派遣した。九月には西条城《さいじょう》（西尾市）の吉良義安《よしやす》を攻め、間もなく降伏に追い込んだ。十一月には安城城を攻略し、その際守将の織田信広が生捕りとなり、信広と竹千代との人質交換が成立した。こうして竹千代はやっと岡崎に帰還することができたのであるが、そのまま岡崎城にとどまることは許されなかった。義元の命により駿府へと送られ、今度は今川氏の人質となった。

2　元服と婚姻

家康の元服

松平広忠が死去したことによって、竹千代は幼いながらも松平宗家の当主となった。岡崎城は今川氏により接収されたが、松平氏の領国や家臣たちの多くはそのまま残された。今川氏による三河支配は、東三河と西三河とでは、その支配の方式が異なっていたようにみられる。これを今、東三河の吉田城《よしだ》（前出の今橋城を改称）と西三河の岡崎城とで比較してみると、その違いは明らかであった。

すなわち、吉田城には城代《じょうだい》（今川氏の代理）として伊東元実《いとうもとざね》が置かれ、その配下の奉行《ぶぎょう》

（政務の執行者）も朝比奈氏や岡部氏など今川氏の重臣であり、支配の実務を担当する小奉行《ぎょう》も今川氏の給人《きゅうにん》（家臣）であった。今川氏によるいわば直接支配が行なわれていた。

それに対して、岡崎城には城代は置かれず、飯尾《いのお》氏・二俣《ふたまた》氏・山田《やまだ》氏など、奉行である複数の有力家臣が交代で勤める在番《ざいばん》制となっていた。そのもとで小奉行に相当する実務の担当者には、松平宗家の譜代《ふだい》家臣が任じられていた。今川氏は松平氏の権力を解体せず、松平氏の家臣を介したいわば間接支配の方式をとっていた。

竹千代は幼いとはいえ、このような基盤を有した松平氏の当主であった。一般に、人質というと何となく虐《しいた》げられていたのではないかというイメージがあるが、竹千代の場合は必ずしもそうではなかった。於大《おだい》の母で、竹千代にとっては祖母にあたる於富《おとみ》（源応尼《げんおうに》、華陽院《けよういん》）から手習いを、また臨済寺《りんざいじ》（静岡市葵区）の雪斎からも薫陶《くんとう》を受けたといわれている。ただし、竹千代の聡明《そうめい》さや剛胆さを示す幼少期の逸話の多くは、神君家康を称揚する後世の創作である。

今川義元は竹千代の成長をみながら、その器量を見極めようとしていたと思われる。やがて天文二十四年（十月に弘治《こうじ》と改元、一五五五）三月に、一四歳となった竹千代は、義元が加冠し、今川氏一家衆《いっかしゅう》（一族）の関口氏純《せきぐちうじずみ》が理髪をして元服した。義元はいわゆる烏帽子親《えぼしおや》であり、義元から「元」の一字を与えられ、「松平次郎三郎元信《もとのぶ》」と名乗ることになった。これによって義元と元信との間には主従関係が結ばれたことになり、松平元信はあらためて今川氏配下の部将となった。

翌弘治二年（一五五六）六月二十四日付で大仙寺《だいせんじ》（岡崎市、現大泉寺）に宛てた寺領寄進状には、「松平次郎三郎元信（黒印《こくいん》）」と署名されており、これが家康の初見文書となっている。

築山殿との婚姻

弘治二年（一五五六）か翌三年かはっきりしないが、元信は関口刑部少輔《ぎょうぶしょう》氏純の娘を娶った。のちに築山殿《つきやまどの》とよばれた女性である。築山殿の父の実名は、これまで義広《よしひろ》や氏広《うじひろ》などといわれてきたが、最近では氏純でほぼ定着するとともに、北条氏規《うじのり》（北条氏康の五男）とのかかわりが注目されるようになってきている（浅倉直美「天文～永禄期の北条氏規について」）。

すなわち、氏純は今川氏一家衆である瀬名《せな》氏の出身であったが、同じく一家衆である関口刑部少輔家の婿養子となった。ところが、氏純には男子がなく娘が二人であったため、まず長女を嫁がせたが、これが築山殿である。もう一人の次女には婿養子を迎えることになり、それがちょうどこの時期、証人《しょうにん》（人質）として駿府に来ていた氏規であった。

天文二十一年（一五五二）に駿河今川氏・甲斐武田《かいたけだ》氏・相模《さがみ》北条氏の間でいわゆる駿甲相《すんこうそう》三国同盟が成立し、今川義元の嫡男氏真《うじざね》には、北条氏康の長女早川殿《はやかわどの》（蔵春院殿《ぞうしゅんいんでん》）が嫁ぐことになった。しかし彼女はいまだ幼かったため、代わりにその兄である元服前の氏規が証人

図2　駿甲相三国の婚姻関係

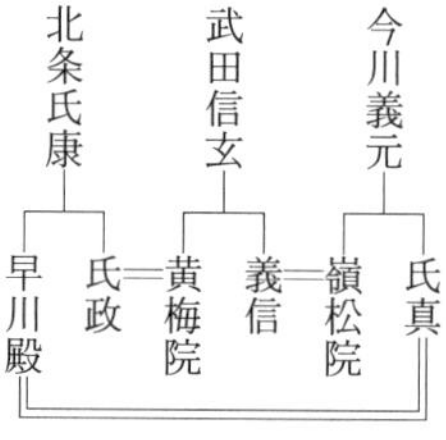

として送られてきたのである。氏康の正妻は今川氏親《うじちか》と寿桂尼《じゅけいに》との間に産まれた三女瑞渓院《ずいけいいん》であり、氏規はこの瑞渓院の子であったから、寿桂尼の孫で、義元にとっては甥《おい》であった。

　早川殿は二年後の天文二十三年（一五五四）に駿府に輿入《こしい》れをしたので、その時点で氏規は役目を終えたことになるが、それにもかかわらず北条家に戻ることはなく、引き続き駿府に滞在していた。そして永禄《えいろく》元年（一五五八）に一四歳で義元のもとで元服し、関口氏純の婿養子となったのである。氏規の「氏」字は、北条氏の通《とおり》字《じ》（代々にわたって名前に用いる文字）とされてきたが、今川氏の通字の可能性もあるとみられている。こうして元信と氏規とは、関口氏純の相婿《あいむこ》（妻が姉妹の関係にある夫同士）になった。

　実は、この元信や氏規の婚姻には、義元の意向が働いていたものとみられる。義元の嫡男氏真には男兄弟がいなかったため、一家衆関口氏と婚姻関係になった元信と氏規とが、ともに氏真を支えてくれることを期待しての措置であったといえよう。いずれにしても、これによって元信は今川氏の一門に準ずる部将となったのである。

　その後、永禄元年（一五五八）七月十七日付の文書で「元康《もとやす》」と署名しているので、その頃までに元康と改名したことがわかる。「康」字の採用は、祖父清康の勇名を慕ってのことといわれている。

この間にも三河や尾張では、今川方と織田方との抗争が続いていた。織田方では信秀が天文二十一年（一五五二）三月に病死しており、信長の時代となっていた。弘治四年（二月に永禄と改元、一五五八）二月に元康は義元に命じられ、今川方に叛《そむ》いた寺部《てらべ》城（愛知県豊田市）の鈴木重辰《すずきしげとき》を攻めた。これが元康の初陣《ういじん》であった。永禄二年三月には、築山殿との間に嫡男が誕生した。幼名は竹千代で、のちに悲劇的な最期を遂げることになる信康《のぶやす》である。

3　桶狭間での決戦

義元出馬の目的

「人生のターニングポイント」を重視する本書において、最初の大きな岐路となった出来事は、いうまでもなく桶狭間《おけはざま》の合戦であった。すなわち、永禄三年（一五六〇）五月十九日に今川義元が織田信長に討たれたことによって、元康は今川氏のくびきから解放され、自立への第一歩を踏み出すことが可能になったからである。

そもそも、二万五〇〇〇人ともいわれる大軍を率いたこの時の義元の出馬は、どのような目的を持ったものとみるべきであろうか。かつては衰退した足利《あしかが》将軍家に取って代わろうとしたとする上洛《じょうらく》説が採られることも多かったが、現在ではそれは否定され、三河・尾張国境地帯安定化説と尾張制圧説とにほぼ絞られたといってよいだろう。最近では、合戦直前の三月二十日付で、伊勢《いせ》神宮外宮《げくう》（三重県伊勢市）の神主宛関口氏純書状において、「はたまた近いうちに義元が尾張との境目へ向かって進発します」と述べていることもあり、前者の説を採る研究者が多い。

しかしながら、筆者はこの時の義元出馬の目的はあえて一つに絞るのではなく、段階的に三つに分け、総合的にとらえる方がよいのではないかと考えている。

第一は、三河支配の安定化を図るということである。天文末年から弘治年間にかけて、三河各地で今川氏への叛逆《はんぎゃく》が頻発するという状況があった。義元は氏真《うじざね》に家督を譲って駿河・遠江《とおとうみ》の支配を委《ゆだ》ね、三河支配に専念する態勢を作っていたが、さらに自ら出馬することによって、この危機に対応しようとしたのである。

第二は、すでに今川氏が押さえていた尾張の鳴海《なるみ》城・大高《おおだか》城（いずれも名古屋市緑区）などをしっかりと確保することである。それによって三河支配をより安定化するとともに、さらに信長との対決を見据えた橋頭堡《きょうとうほ》にするという意味があった。

第三は、二万五〇〇〇人ともいわれる大軍を率いての出馬であり、戦況の推移如何《いかん》によっては清須城での信長との対決をめざし、信秀以来の織田氏との抗争に決着をつけることである。ところが、結果的にはこの第二段階さえ達成できずに終わったのである。

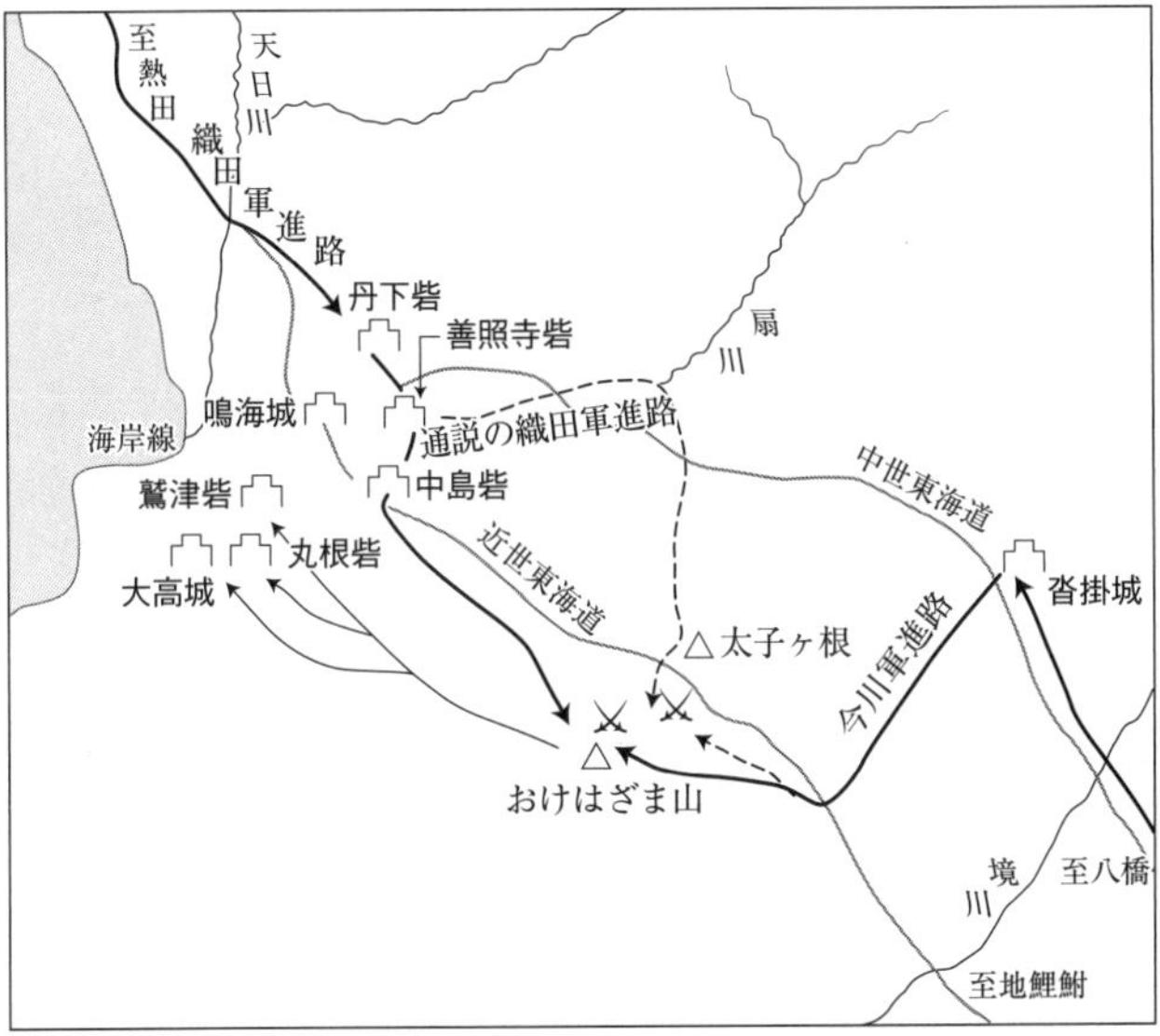

図３　桶狭間合戦推定図

信長の勝因

信長がこの時期、義元との決戦の場に動員できた兵力は、わずか二〇〇〇人程度とみられている。この寡《か》兵《へい》の織田軍が大軍の今川軍を破り、どうして義元の首級《しゅきゅう》をあげることができたのか、これまで幾多の説が唱えられてきた。

　陸軍参謀本部が編集した『日本戦史』で唱えられて以来信じられてきたのは、いわば迂回《うかい》奇襲説とでもいうべきもので、これが長年にわたる通説であった。すなわち、織田軍は善照寺《ぜんしょうじ》砦（名古屋市緑区）から相原《あいばら》方面へと迂回して太子ヶ根《たいしがね》に至り、そこから窪地《くぼち》に展開していた義元本陣を急襲したというものであった

（図3参照）。

これに対して、太田牛一《おおたぎゅういち》の『信長公記《しんちょうこうき》』をあらためて読み直し、この通説を批判する正面攻撃説が提起された（藤本正行『信長の戦国軍事学』）。すなわち、義元が休息していたのは桶狭間山であり、善照寺砦の信長とは真っ正面から対決することになった。信長はそこから中島《なかじま》砦（名古屋市緑区）に移り、さらに東に向かって戦ったわけで、堂々たる正面攻撃であったというのである。

この正面攻撃説は次第に受け入れられるようになっていったが、ただその場合、寡兵の織田軍がどのようにして桶狭間山にとりつき、勝利を得ることができたのかについては、なお疑問点として残された。そのため、いろいろな見方が提起されることになったが、いずれも十分に納得できるものではなかった。

ところが最近、この信長の勝因について、かなり説得力のある新説が提起された（服部英雄「桶狭間合戦考」）。そこでは、桶狭間合戦を桶狭間山での局地戦ではなく、伊勢湾北部の制海権にかかわる総力戦としてとらえ直すとする海からの視点もさることながら、合戦当日の降雹《こうひょう》・氷雨《ひさめ》という気象条件が、両軍の勝敗の帰趨《きすう》を左右したことが明らかにされている。

すなわち、五月十九日の当日、今川義元は沓掛《くつかけ》城（愛知県豊明市）を出て大高城方面へと軍を進めたが、丸根《まるね》・鷲津《わしづ》（名古屋市緑区）の両砦を落としたとの知らせに気をよくしながら、昼近くに桶狭間山に上がって人馬を休め、昼食となった。大半は露天で展開・布陣し、

朝から暑い日であったため、休息中で甲冑《かっちゅう》も脱いでいたのではないかとみられている。

ところが、急に天候が激変し、積乱雲の急発達による激しい雷雨となった。しかも降雹をともなった氷雨となり、気温は急速に低下した。氷雨に濡れそぼった兵士たちのかなりの者は低体温症になり、運動能力は激減した。火縄銃なども、火薬が湿って使えなくなった。

他方、東海道筋を進撃してきた織田軍も、同時期に決戦前の昼食を取っていた。ただし、丹下《たんげ》・善照寺・中島（名古屋市緑区）などの砦にいたため、屋根があって氷雨を避けることができた。そして、『信長公記』によれば、「空が晴れるのをご覧になって、信長は鑓《やり》をおっ取って大音声《だいおんじょう》をあげ、すわ、かかれかかれと仰《おお》せられ」、おそらくは鉄炮隊《てっぽうたい》が火蓋《ひぶた》を切って義元の本陣を突いたのである。

今川方は鉄炮が使えず、義元の塗輿《ぬりこし》も捨てて逃げ散るというような総崩れとなった。義元の旗本《はたもと》部隊（直属軍）も、最初は三〇〇騎ほどであったが、氷雨でずぶ濡れとなった兵士たちは次第に切り崩され、ついに義元の討死となった。まさに天が味方になった信長の勝利であった。これまでも突然の豪雨については言及されてきたが、今回の新説はそれが降雹・氷雨であったことを明らかにしたことで、説得力を増すことになったといえるだろう。

元康の動向

松平元康がこの合戦において、義元から大高城に兵粮《ひょうろう》を入れるよう命じられ、見事それ

に成功したことはよく知られている。ところがこれについても、今回新説が出された（服部「桶狭間合戦考」）。これまでは、兵粮の搬入は五月十八日夜に陸路によって行なわれたとみられてきたが、十九日早朝に海路からであったというのである。

すなわち、今川方が押さえていた鳴海城や大高城は、海路から物資や兵員を搬入する海城であった。大高城には軍船が常時停泊しており、その機能を強化するため、合戦の前年の永禄二年（一五五九）十月には、守将を朝比奈氏から鵜殿《うどの》氏に代えていた。鵜殿氏は熊野《くまの》の出身で、熊野水軍の卓越した技術が伝承されていたからである。この時入城したのは鵜殿長持《ながもち》の弟長祐《ながすけ》と子息の長照《ながてる》であった。ただし、長持の妻が今川氏親の娘であるといわれてきたのは、現在では否定されている。

元康が大高城兵粮入れを行なう必要があったのは、陸路が織田方に制圧され、包囲されていたからである。兵粮入れにともなう軍事行動であるから、兵粮入れと丸根・鷲津両砦攻めは並行して同時に行なわれた。その際、潮汐《ちょうせき》が大きく関係していた。夜明けから午前八時までが、大高城に接近するうえで有利な海水の流れがあった。こうして、早朝に三河水軍が元康の指揮のもと、海から大高城への兵粮搬入に成功し、あわせて船に乗っていた兵員が丸根・鷲津を襲撃した、というのである。

この新説は魅力的な仮説ではあるが、なお検討すべき余地も多いように思われる。まず文献史料的には、たとえば『松平記《まつだいらき》』などにみられるように陸路となっており、海路とする

ような史料は見当たらない。また、海路兵粮入れを行なったという三河水軍など果たしてあったのか、あったとすればどのような実態のものだったのか。さらに、当時の元康にそのような三河水軍を指揮するだけの経験や力量があったのかどうか、などである。それゆえ、筆者は現段階では、大高城への兵粮入れはやはり陸路であったとしておきたい。

いずれにしても、元康が義元の本陣近くにおらず、大高城に入って兵を休めていたのは幸いであった。その日の夕方近くに外伯父水野信元から使者が送られてきて、織田勢が来襲する前に城から立ち退くようにとの勧めがあったという。元康はさらに情報を確認した後、その日の夜半に大高城を出て松平氏の菩提寺《ぼだいじ》である大樹寺《だいじゅじ》（愛知県岡崎市）に向かい、今川勢が退去するのを待って、二十三日に岡崎城に入った。人質として駿府に送られたのが天文十八年（一五四九）十一月のことであったから、一〇年半ぶりの帰城であった。元康は一九歳になっていた。

4　信長との同盟

西三河の制圧

岡崎城に入った松平元康は駿府には戻ることなく、この後、岡崎城を拠点として領国支配を進めていくことになった。当初はなお今川方として織田方と抗戦しており、今川氏真《うじざね》も元康が岡崎城にとどまることを追認していたものとみられる。

桶狭間の合戦後、今川方の撤退にともない、尾張の諸城は大高城・沓掛城をはじめ、たちどころに織田方が接収するところとなった。鳴海城は守将の岡部元信《もとのぶ》が踏みとどまって応戦し、信長と交渉して義元の首級を貰《もら》い受け、その後に退去した。しかも帰国の途中、苅屋城の水野信近《のぶちか》（水野信元の弟）を討ち取っており、氏真からその戦功を賞されている。

西三河でも岡崎城をはじめ今川方は撤退しており、知立《ちりゅう》城・重原《しげはら》城（いずれも愛知県知立市）なども同様であった。元康は松平家臣団の再結集を図るとともに、まずは西三河の制圧に乗り出したが、今川方の撤退が早かったこともあり、比較的順調に進んだ。ただ、牧野貞成《まきのさだなり》の西尾《にしお》城（西尾市）や吉良義昭《よしあきら》の東条《とうじょう》城（同前）などの攻略は、翌年に持ち越された。

永禄四年（一五六一）に入ると、事態は大きく転換することになった。この年の二月か三月に、水野信元の仲立ちによるといわれているが、元康は織田信長と和睦して領土協定を結んだ。今川氏を見限って、織田氏との連携に踏み切ったのであるから、元康にとっては大きな決断であった。なお、これまでの通説では、永禄五年正月に元康は清須城に赴き、信長と会見して盟約を結んだといわれてきた。しかしながら、現在ではそのような「清須同盟」はなかったということで、研究者の間ではほぼ一致している。

この時期の問題としてもう一点注目されるのは、永禄四年三月二十八日付の誓願寺泰翁《せいがんじたいおう》宛足利義輝《よしてる》（一三代将軍）御内書《ごないしょ》にみられる義輝への献馬一件がある。この御内書（将軍の公式な手紙）や関連文書からすると、おそらくこの年の初めに、将軍義輝は尾張の信長、三河の元康、駿河の氏真らに対して、早道馬《はやみちうま》を所望したとみられる。早道馬とは飛脚《ひきゃく》に使用する馬のことである。

この要請に応えて、元康はただちに「嵐鹿毛《あらしかげ》」と名づけられた馬を贈ったようで、この御内書はそれに対する礼状である。京都誓願寺住職の泰翁宛になっているのは、泰翁は岡崎の出身といわれていて、松平氏と京都とを結ぶ役割を果たしており、献馬も泰翁を通じて行なわれたからである。

信長にも所望しているがいまだに贈ってこないのに、元康のすばやい対応はまことに神妙であるといっている。氏真は六月、信長にいたっては十二月の献馬であったから、元康の対応の早さは際立っていた。将軍と直接結びつく機会を逃そうとしない対応で、三河の一国衆という立場から脱却していこうとする意欲が感じられる。

東三河への侵攻

元康と信長との同盟は、西三河から東三河へと領国を拡大しようとする元康、美濃《みの》の斎藤《さいとう》氏への攻勢を強めようとする信長、両者の思惑が一致したことによる領土協定の締結であった。この両者の同盟関係は、戦国期の同盟としては珍しく、信長が本能寺《ほんのうじ》で討たれるまで、揺らぐことなく続いた。

この同盟を背景に、元康は永禄四年（一五六一）四月になると、いよいよ東三河への侵攻を開始した。表1にみられるように、十一日の宝飯《ほい》郡牛久保《うしくぼ》（愛知県豊川市）での合戦から始まり、八名《やな》郡宇利《うり》（新城市）・設楽《したら》郡富永口《とみながぐち》（豊田市）など、東三河各地で激戦が展開された。今川方への真っ向からの挑戦であり、氏真の立場からすれば、まさに「岡崎逆心」「松平蔵人《くらんど》逆心」と非難してやまない事態となった。客観的にみても、東三河では「三州錯乱《さくらん》」「参州忩劇《そうげき》」といわざるをえないような混乱状態に陥っていた。

このような状況が永禄四年（一五六一）から翌五年にかけて続いたため、関東への通路もままならないような事態となった。これを打開すべく、将軍足利義輝は氏真と元康に対して永禄五年正月二十日付で和睦を促す御内書を発給し、同時に北条氏康と武田信玄《しんげん》にも、今川・松平両氏の和平のために尽力するよう要請している（ただし、元康宛の御内書はこれまでのところ知られていない）。しかしながら、将軍義輝の調停は実を結ぶことなく、今川・松平両氏の合戦は、永禄五年にもさらに東三河各地で展開されたのであった。

この合戦の最中の永禄五年（一五六二）二月に、元康は上之郷《かみのごう》城（蒲郡市）を攻めて鵜殿長照を討ち取るとともに、その子息二人を生捕りにした。そして、この鵜殿氏の二人と駿府に残してきた正妻築山殿・嫡男竹千代・長女亀姫《かめひめ》との交換が成立した。この交換が成立したのは、これまでは長照の母は今川義元の妹で、氏真とは従兄弟の関係にあったからだとみられてきたが、それが否定された現在では、鵜殿氏が今川方の有力国衆であったからというこ

表1　今川氏真文書にみる三河の合戦（永禄４年４〜６月）

年月日	宛先	合戦等内容文言	文書番号
永禄４．４．14	真木清十郎・同小太夫	去十一日於参州牛久保及一戦、父兵庫之助討死之由、不便之至	104号
４．４．16	稲垣平右衛門	今度牧野平左衛門入道父子、去十一日之夜令逆心、敵方江相退之上	106号
５．８．７	稲垣平右衛門	去年四月十一日牛窪岡崎衆相動刻、味方中無人数之処、自最前無比類	235号
４．４．16	真木清十郎	去十一日牛久保敵相動之時、走廻之由忠節候	107号
(4)．４．16	鵜殿十郎三郎	同名藤太郎令一味無二馳走之由、悦入候	108号
10．８．５	鈴木三郎太夫・外１名	去酉年（永禄４）四月十二日**岡崎逆心**之刻、自彼地人数宇利・吉田江相移之処	566号
４．６．11	稲垣平右衛門	今度**松平蔵人令敵対**之上、於牛久保令馳走云々	122号
４．10．８	朝比奈助十郎	去五月四日夜宇利調儀之刻、城中江最前乗入鑓合致殿罷退云々	161号
４．９．28	御宿左衛門尉	去五月廿八日富永口働之時、於広瀬川中及一戦粉骨	159号
５．３．15	千賀与五兵衛	去年五月廿八日於富永口最前走廻、……同九月四日於大塚口合鑓之由	199号
５．８．７	稲垣平右衛門尉	去年五月廿八日富永口へ各相動引退候刻、敵慕之処一人馳返	236号
４．６．11	奥平監物丞	今度**松平蔵人逆心**之処、……道紋・定能無二忠節甚以喜悦也	123号
４．６．11	奥平一雲軒	今度同名監物父子幷親類以下属味方之刻、内々使致辛労之由	125号
(4)．６．17	奥平道紋入道	今度**松平蔵人逆心**之刻、以入道父子覚悟無別条之段、喜悦候	127号
(4)．６．17	奥平監物丞	今度**松平蔵人逆心**之刻、無別条属味方之段、喜悦候	128号
(4)．６．17	奥平監物丞	就今度**松平蔵人逆心**、不準自余無二属味方候間、尤神妙也	129号
４．６．20	匂坂六右衛門尉	就今度牛久保在城所宛行也、……今度**岡崎逆心**之刻、不移時日彼城	130号
４．６．20	山本清介	今度**三州過半錯乱**、加茂郡給人等各致別心之処、	131号

註　出典は『愛知県史』資料編11により、文書番号のみを記した。

とになるだろう。

ところで、『松平記』では永禄五年三月とするが、この人質交換に触れ、元康と手切れになったことで氏真が怒り、舅《しゅうと》の関口氏純は切腹させられたといわれている。これにより、氏規の関口家との養子縁組は解消され、永禄七年六月以前に氏規は相模に戻り、北条家御一家に復帰したといわれてきた。しかしながら、二〇一八年から三ヵ年計画で実施された静岡市による臨済寺文書の調査で、新たに永禄六年閏《うるう》十二月二十六日付天沢寺納所《てんたくじなっしょ》宛関口伊豆守《いずのかみ》氏純替地《かえち》証文が発見され、氏純は永禄六年閏十二月までは存命であったことが明らかになった。官途名刑部少輔から受領名伊豆守に変わっているが、花押《かおう》（サイン）が一致するのでこの関口氏純は同一人物である。氏規が北条家へ復帰しているのは確実なので、その事情は氏純の失脚とは別の要因があったとみなければならなくなった。

いずれにしても、永禄六年（一五六三）に入る頃には、今川方の劣勢が次第に明らかになっていった。氏真の感状（戦功を賞する文書）にみられる合戦も、五月の宝飯郡御油口《ごゆぐち》（豊川市）での戦いが最後である。それとともに、織田氏や今川氏との関係においても、永禄六年は元康にとって新たな画期となっている。

まず、織田氏との関係では、同年三月に元康の嫡男竹千代と信長の次女徳姫《とくひめ》との婚約が成立した（婚姻は永禄十年）。これによって信長との同盟関係は強化され、それまでの領土協定から攻守同盟へと発展したとみられる。

他方で、今川氏との関係では、前年の人質交換で今川氏からの離反はいっそう進むことになった。さらにこの年の七月六日のことといわれているが、元康は義元からもらった「元」の一字を棄《す》て、「家康」と改名したのである。この「家」字は、源義家の「家」を採用した可能性がある。これによって、名実ともに今川氏と決別したのであった。

こうして、永禄六年（一五六三）には三河一国の統一も間近になったかにみられたのであるが、この年の秋から、いわゆる三河一向一揆《いっこういっき》が勃発《ぼっぱつ》した。

第二章　三河一向一揆
——家臣団の分裂

1　一向一揆の勃発

三河の本願寺教団

いわゆる三河一向一揆では、家康の家臣たちで一揆方に与《くみ》した本願寺《ほんがんじ》派の門徒たちもかなり多く、いわば家臣団が二分されるような状況になり、家康にとっては大きな試練に見舞われたことで知られている。そもそも一向一揆とは、一向宗《いっこうしゅう》（浄土真宗《じょうどしんしゅう》）という信仰に由来する宗教一揆であるが、同じ一向宗の中でも専修寺《せんじゅじ》派・仏光寺《ぶっこうじ》派などが一揆に与することはほとんどなく、その中心は本願寺派の門徒たちであった。

この本願寺派の教線は、第八世門主蓮如《れんにょ》が一五世紀後半から積極的な布教活動を展開したことによって、とくに近江《おうみ》から北陸にかけて大いに拡大することになった。三河の真宗教団の場合も、そのかなりのものが専修寺の末寺であったにもかかわらず、蓮如の布教により急速に本願寺派に組織されていったといわれている。

この蓮如を開基として創建されたといわれるのが、一家衆《いっけしゅう》（本願寺門主の親族）寺院土呂《とろ》（愛知県岡崎市）の本宗寺《ほんしゅうじ》である。その創建年次には二説あって、第一は、文安《ぶんあん》三年（一四四六）に石川政康《いしかわまさやす》が蓮如に従って下野国《しもつけのくに》小山《おやま》（栃木県小山市）から来住したことによるとするもの、第二は、応仁《おうにん》二年（一四六八）に蓮如が短期間三河に来訪した際とするものである。以前は後者とみられていたが、その後は石川氏とのかかわりなどから、前者の可能性が強まっている。いずれにしても、一六世紀前半までに、三河本願寺教団はこの土呂御坊《ごぼう》（本願寺の支坊・別院）本宗寺を頂点にして、七ヵ寺が支える態勢を確立した。なかでも、野寺《のでら》（愛知県安城市）の本証寺《ほんしょうじ》、佐々木《ささき》（岡崎市）の上宮寺《じょうぐうじ》、針崎《はりさき》（同前）の勝鬘寺《しょうまんじ》は、いずれも本願寺の血縁に連なる末一家衆の寺院として、三河三ヵ寺ともよばれる有力寺院であった。

一向宗の門徒には、一般の農民や非農業民が多かったのであるが、他方で、村内の有力名主層《みょうしゅ》（土豪・地侍）や武士門徒たちも多かった。三河一向一揆では松平氏の家臣でもある武士門徒たちの動向が問題になるが、天文十八年（一五四九）四月七日付の「本証寺門徒連《れん》判状《ぱんじょう》」によれば、つぎのような一族が知られる。すなわち、一〇〇名余りの署名者のうちでは、筆頭署名者石河右近将監忠成《いしかわうこんしょうげんただなり》（のち清兼《きよかね》）をはじめとする石川一族が三三名ともっとも多く、ついで、神谷《かみや》氏八名、牧《まき》氏六名、本多《ほんだ》・鳥居《とりい》・林《はやし》の各氏が四名となっている。その他、三名が八氏、二名が五氏、一名のみが二一氏であった。上宮寺でも本多・林・太田《おおた》・安藤《あんどう》らの諸氏が門徒と伝えられているようで、その多くはまた松平氏の家臣でもあった。

一揆勃発の要因

さて、三河一向一揆であるが、同時代の史料が皆無に近いため、比較的成立年代の早い『松平記』『三河物語』「永禄一揆由来」や『寛永諸家系図伝《かんえいしょかけいずでん》』などに拠《よ》らざるをえない。ただし、一揆が起こったのは永禄六年（一五六三）秋からであるにもかかわらず、『松平記』や『三河物語』では一揆の始まりを永禄五年としているので、これは一年繰り下げて読む必要がある。

一揆が勃発した要因としては、大きく分けて二説ある。第一は、上宮寺か本証寺か、発端の場所には違いがみられるが、一向宗寺院への兵粮米の徴収にかかわり、いわばその不入《ふにゅう》特権を侵害したことへの反発が原因であったとするもの。第二は、一揆は本願寺教団が掌握する水運・商業など地域市場圏を手中にすべく、家康側が誘発・介入したために起こったというものである。

後者の説についていえば、本願寺派の門徒たちが矢作川《やはぎがわ》流域を中心に、地域市場圏を掌握していたことはたしかである。そのため、家康が領国経営を進めるにあたって、流通・経済の統制を図ることは、できるだけ早い時期に取り組まなければならない課題ではあった。しかしながら、西三河をほぼ押さえ、ついで東三河へ侵攻して今川方を追いやり、三河統一が目前となっていたこの時点で、家臣団の分裂という危機を生じかねない危険を冒してまで、あえて家康側から誘発したものとはさすがに考えにくい。

これに対して、前者の説はこれまでのいわば通説で、初期の諸史料でもほぼ一致して不入特権にかかわる問題を取り上げている。本願寺派寺院に限らず、一般に有力寺院などに認められていた不入特権とは、諸役免除と検断使《けんだんし》の立ち入り禁止を主たる内容としていた。この不入特権に抵触したことで、一揆の勃発になったというのである。

すなわち、『松平記』によれば、菅沼定顕《すがぬまさだあき》が兵粮米のために上宮寺へ行き、干してあった籾《もみ》を取って城へ帰った。上宮寺は本証寺・勝鬘寺と談合（相談）し、不入の地であるにもかかわらずこのような狼藉《ろうぜき》は許せないとして、土民らを催し、菅沼の所へ行ってその家臣らを打ち伏せ、雑穀をあまた取り返した。菅沼は大いに怒ったが独力では敵《かな》わず、これを酒井政家《さかいまさいえ》に訴えた。酒井が使いを遣わしたところこの使いが斬《き》られ、これを聞いた家康が酒井に検断を仰せ付け、寺中の狼藉者を縛《いまし》めたため一揆に至ったといっている。

『三河物語』には菅沼の話はなく、発端の場所も本証寺であったとする。そこでは野寺（本証寺）の寺内に徒者《いたずらもの》があり、これを酒井政家が押し込んで検断したために、永禄六年（七年の誤り）正月に門徒衆が寄り合って、土呂・針崎・野寺・佐々木に立て籠り、一揆を起こして御敵《おんてき》になったといっている。

この時期の三河本願寺教団では、先に述べたように本宗寺がもっとも格上であった。ところが、当時の住職証専《しょうせん》は播磨国亀山《はりまのくにかめやま》（兵庫県姫路市）の本徳寺《ほんとくじ》住職も兼帯していて、本宗寺には不在であった。このため、蓮如の孫実誓《じっせい》の子空誓《くうせい》が住職となっていた本証寺が実質的に最上位にあり、酒井政家の検断も本証寺で、本証寺が一揆の発端であったとみられる。いずれにしても、酒井の寺内検断が一揆を引き起こすことになったということで、まさに不入特権の侵害が一揆勃発の要因であったということになる。

一揆の展開

ところで、いわゆる一向一揆に先立って、西三河内では親今川勢力の蜂起《ほうき》がみられた。永禄六年（一五六三）六月付の松平直勝《なおかつ》宛松平元康判物《はんもつ》によれば、元康は直勝に「今度上野《うえの》砦《とりで》を申し付けた」といっている。これは上野城（愛知県豊田市）に拠る松平氏譜代の重臣酒井忠尚《ただよし》が離反したのに対抗して、直勝に砦の構築を命じたということになる。忠尚は対今川断交反対の中心人物であったため、元康の外交方針の転換で家臣団内部での立場を失ったための反発とみられている。

さらに、同年十月二十四日付の松平亀千世《かめちよ》（のち家忠《いえただ》）・松井忠次《まついただつぐ》宛松平家康起請文《きしょうもん》によれば、「幡豆《はず》砦での忠節により知行《ちぎょう》（領地）を与える」といっている。これは幡豆方面で合戦があったことを示しているが、家康に叛逆したのは東条城（西尾市）の吉良義昭《きらよしあき》や幡豆の小笠原《おがさわら》氏であり、八ツ面《やつおもて》城（同前）の荒川義広《あらかわよしひろ》や六栗《むつぐり》城（幸田町）の夏目吉信《なつめよしのぶ》らも、これに呼応して蜂起した。同年閏十二月付の松井忠次宛松平家康判物写《うつし》によれば、家康は忠次の忠節を賞し、東条城および幡豆郡内の城領五ヵ所で五〇〇貫文《かんもん》の知行地を与え、残りの東条領の代官を命じている。

こうして、東条城は攻略したようだが、なお各地で抵抗が続き、その最中に一向一揆が勃発した。一揆勢は本宗寺と有力三ヵ寺に立て籠り、親今川の諸氏とも連携しながら家康に対抗した。その勢力は侮りがたく、松平一門でも藤井《ふじい》（安城市）の松平信一《のぶかず》、福釜《ふかま》（同前）の松平親俊《ちかとし》、深溝《ふこうず》（幸田町）の松平伊忠《これただ》、竹谷《たけのや》（蒲郡市）の松平清善《きよよし》らは家康方であったが、桜井（同前）の松平家次《いえつぐ》や大草《おおくさ》（幸田町）の松平昌久《まさひさ》らは一揆方についた。そのような一揆方勢力の広がりは、図4にみられるとおりである。

さらに深刻だったのは、家康の家臣団の中で本願寺門徒の武士たちを中心に、一揆方に与する者が多数出たことである。渡辺《わたなべ》氏の場合は、守綱《もりつな》・政綱《まさつな》らをはじめ、ほぼ一族をあげて一揆方に加わった。他方で、石川・本多・内藤《ないとう》・鳥居の諸氏などの場合は、一族が二分するような状況になった。

たとえば、石川氏の場合は本証寺門徒団の中心であったが、嫡流の家成《いえなり》やその甥数正《かずまさ》、あるいは重政《しげまさ》・忠吉《ただよし》らが家康方であった。これに対し、嫡流に近い重康《しげやす》や正俊《まさとし》、傍流の知綱《ともつな》・親綱《ちかつな》父子や正綱《まさつな》・正忠《まさただ》父子らは一揆方に与した。本多氏の場合は、よく名前が知られている

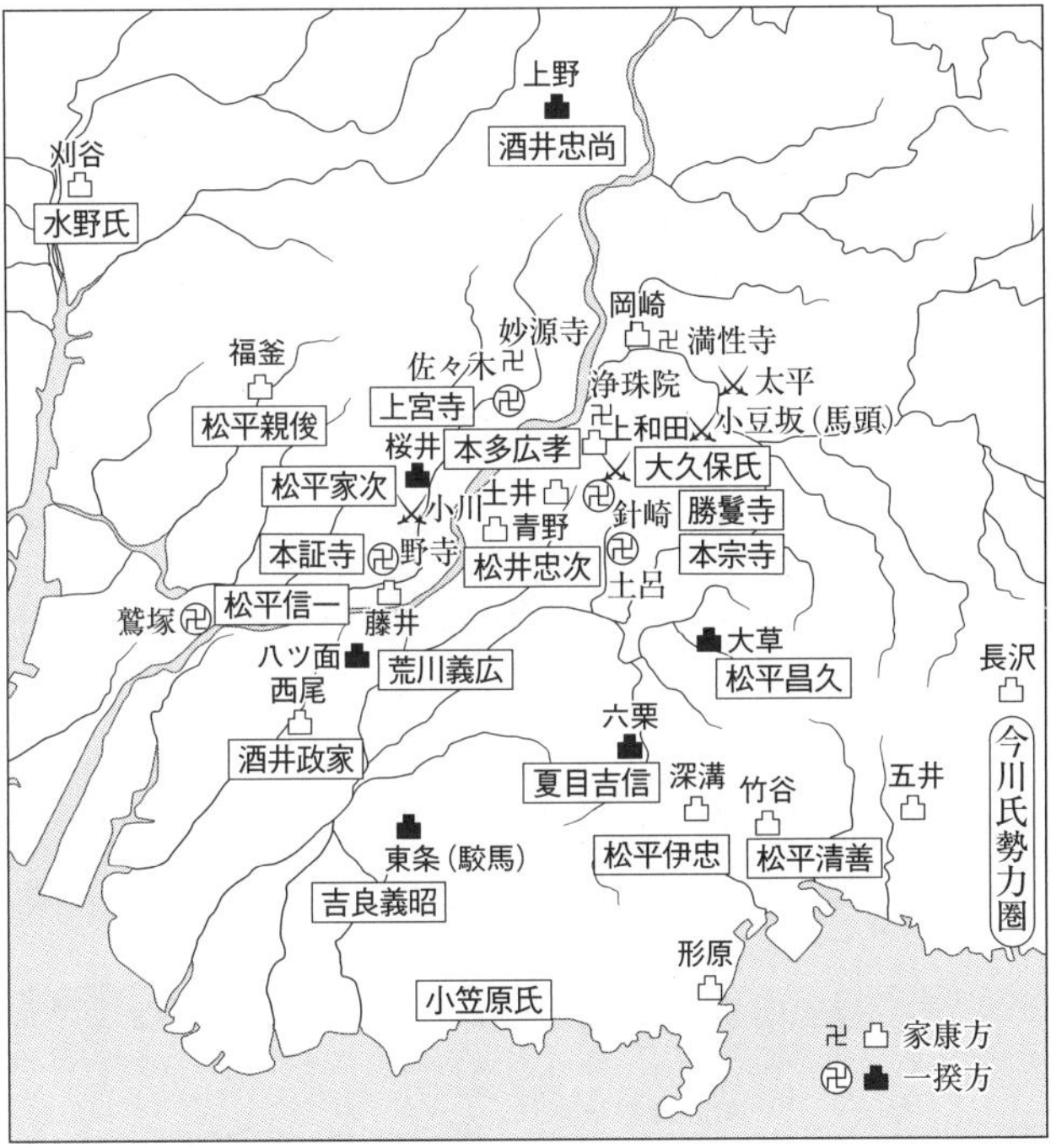

図4　三河一向一揆関係図　安藤弥「「三河一向一揆」は、家康にとって何であったのか」をもとに作成

豊後守広孝《ぶんごのかみひろたか》・作左衛門重次《しげつぐ》・平八郎忠勝《ただかつ》らは家康方であったが、嫡流と目される佐渡守《さどのかみ》系の正信《まさのぶ》・正重《まさしげ》兄弟は、一揆方と連携する酒井忠尚の上野城に入った。その他、「本証寺門徒連判状」の本多一族四名や、その子孫などが一揆方であったとみられる。

このうち家康方になった者は、駿府の人質時代から随従していた石川数正のように早くから家康に仕えていたり、一族の中では概して嫡流・上層の者が多かったようである。石川家成の場合は、宗旨を変えて家康に従ったという。いずれにしても、深刻な状況であることには変わりはなく、こうして家康は大きな試練に直面することになった。

本格的な戦闘は、年が明けた永禄七年（一五六四）正月から始まった。同月十一日に土呂・針崎・野寺の一揆勢が、大久保《おおくぼ》一族が守る上和田砦（岡崎市）を攻撃した。激しい戦いとなり、大久保一族には多くの負傷者が出た。何とか持ちこたえているところに家康の参戦があり、一揆勢は退散したという。『三河物語』の著者は大久保忠教《ただたか》（彦左衛門）であり、兄たちから聞いていることもあるようで、この上和田砦の攻防戦については詳しい。「重ねての懸合《かけあい》」ともいっており、上和田攻撃は二度に及んだとみられる。

その後は逆に家康側から針崎を攻撃し、一揆勢も勝鬘寺から打って出て、終日競り合うというような激戦となった。しかし決着はつかず、それぞれが兵を引いた。このような一進一退の攻防が、翌二月にかけて続いたのである。

2　一揆の鎮圧と三河平定

一揆との和睦

二月になっても一揆勢との攻防戦は続いたが、局面を変えるきっかけになったのは小豆坂（愛知県岡崎市）での戦いとみられている。すなわち、二月半ばに佐々木上宮寺の一揆勢の後《ご》詰《づめ》（救援行動）として土呂・針崎の一揆衆が岡《おか》・大平《おおひら》（いずれも同前）方面へと打って出て、この一揆勢と家康方との戦いとなり、家康方の勝利となったのである。

一揆側ではたびたびの戦いに打ち負けて厭戦《えんせん》気分が広がったようで、この頃から和議の話が出てきた。大久保忠俊《ただとし》らの仲立ちにより、針崎勝鬘寺《しょうまんじ》の蜂屋半之丞《はちやはんのじょう》が和議を申し入れることになったという。同じ頃に、家康側に参戦してきた水野信元からも、和睦勧告があったといわれている。家康は当初は乗り気でなかったようだが、忠俊らの諫言《かんげん》もあり、和睦に応ずることになった。

こうして、二月末のことといわれるが、上和田の浄珠院《じょうじゅいん》（浄土宗）において起請文が取り交わされた。家康は①一揆参加者の赦免、②寺内の不入特権の保証などを約束した。和睦が成立すると、蜂屋らの手引きによって、家康側からはただちに石川家成が手勢を率いて土呂の本宗寺に乗り込み、武装解除を行なったという。一家衆寺院本宗寺はもっとも寺格が高く、三河本願寺教団の象徴的存在だったから、まず本宗寺に向かったのである。

ところが、一揆が解体すると、先の和睦の条件は守られることなく反故《ほご》にされた。①の一揆の参加者で赦免されたのは、桜井の松平家次や渡辺守綱・直綱《なおつな》ら少数にとどまった。本多正信・正重兄弟、鳥居忠広《ただひろ》、渡辺秀綱《ひでつな》・真綱《さねつな》らは追放され、牢人《ろうにん》の身となってしまった。大草の松平昌久や他家の荒川義広らも同様で、いずれも三河を去っていった。最後まで抵抗していた上野城の酒井忠尚も、九月には駿河へ逃れたといわれている。

②の寺内特権は保証されるどころか、一向宗の諸寺院は本願寺教団からの離脱という改宗を迫られた。これを拒否すると寺は破却され、坊主たちは三河から追放されてしまった。『三河物語』によれば、家康はその際、つぎのような詭弁《きべん》を弄《ろう》したといわれている。すなわち、寺院側が起請文では「前々のごとく」と保証したではないかと申したところ、「前々は野原なれば、前々のごとく野原にせよと仰せられて寺を破却されたため、坊主たちはあちらこちらへと逃げていった」と記している。家康については何かと庇《かば》い、悪いことは書かない『三河物語』でいっていることなので、それに近い状況はあったのだろう。

三河の本願寺教団が再興するのは、これから二〇年ほど後のことになる。まず天正《てんしょう》十一年(一五八三)末に本願寺門徒が赦免され、ついで同十三年十月以前に七ヵ寺赦免が伝えられた。十月二十八日には本証寺・上宮寺・勝鬘寺の三ヵ寺には、道場屋敷の復興と諸役免除の徳川家康黒印状が下されている。こうして、三ヵ寺はそれぞれ元の場所での復興を許されたのであるが、本宗寺は平地《ひらち》（岡崎市）に移され、平地御坊といわれるようになった。やはり本宗寺が持つ特別な意味合いを考えて、土呂での復興を許さなかったのであろう。なお、この三河本願寺教団の赦免・再興には、石川家成の母（於大《おだい》とは姉妹）で、家康の乳母《めのと》でもあったという妙春《みょうしゅん》尼《に》が果たした役割が大きかったといわれている。妙春尼は、熱心な本願寺派の門徒であった。

三河一国の平定

こうして三河一向一揆を克服することにより、家康は永禄七年（一五六四）夏以降、東三河への侵攻を本格的に再開した。四月には東観音寺《とうかんのんじ》（愛知県豊橋市）、五月には太平寺《たいへいじ》（同前）や小坂井《こざかい》八幡宮《はちまんぐう》（同前）などに禁制《きんぜい》（軍勢の乱妨《らんぼう》・狼藉や竹木の伐採などを禁止する文書）を発給している。

国衆の調略も進めており、二月二十七日付で奥三河の奥平《おくだいら》定能《さだよし》宛に三河・遠江で知行を宛行《あてが》っているが、これはこの時点で奥平氏が家康に降《くだ》ったことを示している。同じく五月十三日付で二連木《にれんぎ》城（豊橋市）の戸田重貞《しげさだ》に対してその忠節を賞し、本領を安堵《あんど》するとともに新知行を宛行っている。翌十四日には、岩瀬《いわせ》河内守《かわちのかみ》の帰参を許し、大塚《おおつか》郷を一円に安堵するとともに、長沢《ながさわ》城（同前）の在番を命じている。

他方、東三河で劣勢に立たされていた今川氏真《うじざね》にとって、西三河での一向一揆の勃発は、家康に対して反撃する絶好の機会となったはずである。ところが、ほぼ同時期に「遠州忩《そう》劇《げき》」とよばれる遠江国衆たちの叛逆が相次いだため、それは叶《かな》わなかった。すなわち、永禄六年（一五六三）十二月の「飯田口《いいだぐち》の合戦」から始まったもので、その首謀者は引間《ひくま》城（浜松市中区）を本拠に、頭陀寺《ずだじ》城（同南区）も擁する飯尾連龍《いのおつらたつ》であった。まさに、三河一向一揆とほぼ同時期に始まったのである。

このような今川氏に対する叛逆は飯尾氏だけにとどまらず、閏十二月には北遠犬居《いぬい》城（浜松市天竜区）の天野景泰・元泰《もとやす》父子にも及んだため、氏真はその所領を没収して一族の天野藤秀《ふじひで》に与えた。さらに二俣《ふたまた》城（同前）の松井宗恒《むねつね》、見付《みつけ》城（静岡県磐田市）の今川氏一門堀《ほり》越氏延《こしうじのぶ》らも離反した。この「遠州忩劇」は永禄八年（一五六五）十二月に、一度は赦免した連龍を駿府に呼び出して殺害することでやっと終息した。このような二年間に及んだ「遠州忩劇」のため、氏真は東三河の防衛に力を割くことができず、絶好の反撃機会を失うことになったのである。

家康の東三河への侵攻は順調に進み、とりわけ注目されるのは、六月二十二日付で酒井忠《ただ》次《つぐ》に東三河の統括を命じていることである。同じく六月付で本多広孝に対しても、田原・梶《かじ》（いずれも愛知県田原市）の砦を委ねるとともに、田原郷をはじめとする周辺の所領を宛行っている。この時期にはなお、吉田城には大原資良《おおはらすけよし》、田原城には朝比奈元智《もととも》が、それぞれ今川方の城代として守備をしていた。

翌永禄八年（一五六五）三月に吉田・田原の両城を攻略すると、家康は酒井忠次を吉田城に、本多広孝を田原城に、それぞれ配置した。とりわけ、吉田城を預けられた忠次の立場は重く、この後東三河の支配は基本的に忠次に委ねられることになった。七月五日には早くも東観音寺宛に忠次の判物（花押が据えられた文書）が出され、吉田郷吉祥寺《きっしょうじ》領の東観音寺への新寄進を認めるとともに、諸役を免除している。これを取り次いだ同日付の戸田成次《なりつぐ》の文書には、「城代酒井左衛門尉殿」とあり、忠次の立場は吉田城代ということであった。

永禄九年（一五六六）五月には、今川方として最後まで抵抗していた牛久保《うしくぼ》城（豊川市）の牧野成定《なりさだ》が、ついに家康に帰属した。これによって東三河の今川勢は一掃され、最終的に三河一国の平定がなったのである。ただし、加茂《かも》郡の矢作川以西の高橋《たかはし》郡は織田領、また碧《へき》海《かい》郡の西部は水野信元領であった。

3　三河の新興大名

家臣団の整備

三河一向一揆は家康にとってたしかに試練ではあったが、本願寺教団の七ヵ寺を追放することで宗教的影響力を排除し、矢作川流域の地域的市場圏も手中にしたことであろう。家臣団についても同様で、一揆方で家臣として残ることを許された者の多くは、改宗して従うこ

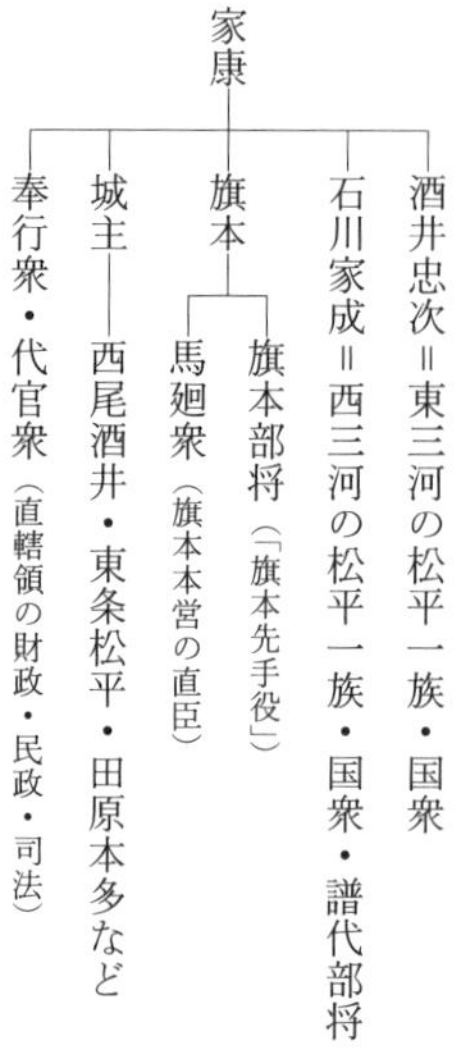

図5　永禄末年頃の軍制

とになった。

こうして、永禄末年には家康家臣団の整備が図られていくことになるが、その編成は、いわゆる三備《みつぞなえ》の軍制であった。図5にみられるように、東三河は酒井忠次、西三河は石川家成がそれぞれ旗頭《はたがしら》になり、その下に松平一族や国衆らが配された。そして、家康の下には本多忠勝・榊原康政《さかきばらやすまさ》・鳥居元忠《もとただ》らの旗本部将が編成されるという、まさに三備の体制であった。

戦国大名の家臣団編成の特色として、一般に寄親《よりおや》・寄子《よりこ》制を採っていたことが知られている。この場合、大名の一族や有力な譜代家臣を寄親とし、その下に中小家臣を寄子として付属せしめたのである。それゆえ、寄子は寄親の家臣ではなかったが、合戦に際しては寄親の軍事指揮権の下に入って行動しており、与力《よりき》・同心《どうしん》ともよばれた。また何か問題が起こって大名に訴える時には、寄親を奏者《そうじゃ》として行なうというような関係にあった。

このような寄親・寄子制は、徳川氏の場合も早くからみられた。たとえば、永禄四年（一五六一）に西条城（愛知県西尾市）を攻略すると、酒井政家を城代に任命するとともに、松平忠久《ただひさ》をはじめ一二名を政家の与力としたのである。忠久らは身分的には家康の家臣であったが、戦闘に際しては政家の軍事指揮下に入ることとなり、政家と忠久らはまさに寄親・寄子関係になったのであった。

この時期の徳川氏の支配に関して、いわゆる三河三奉行が置かれたというのが、これまでの通説であった。三奉行とは、高力《こうりき》与左衛門尉清長《きよなが》・本多作左衛門重次・天野三郎兵衛康景《やすかげ》の三名であり、「仏高力、鬼作左、どちへんなし（どちらでもない）の天野三兵」とうたわれて、家康の巧みな人材登用術が讃《たた》えられてきた。

高力ら三名によるこの三奉行制は、永禄十一年（一五六八）の遠州入り以降整備され、その任務は蔵入地《くらいれち》（直轄領）を管理する郷代官の統率、兵粮の調達と流通組織の整備、軍団の拡張などであった、といわれてきた。その後若干修正の意見は出されたが、筆者は三河三奉行あるいは三奉行制なるものが、当時の徳川氏の職制として存在したのかどうかを疑い、その存在を否定した（拙著『初期徳川氏の農村支配』）。

すなわち、その史料的根拠は、諸種の家譜類や後世の編纂物《へんさんぶつ》であり、そこには年代や人名・職名などに齟齬《そご》がみられる。そもそも「三奉行」という呼称自体がはなはだ便宜的で、奉行職の内容を何ら示すものではなく、とても確たる職制に位置づけられるようなものとはいえない。

さらに、この三名による発給文書は、永禄十一年（一五六八）極月《ごくげつ》（十二月の異称）付と翌年三月七日付の、ほぼ同内容の禁制があるにすぎない。他方で、永禄十一年八月十五日付の植村《うえむら》・天野・大須賀《おおすが》の連署文書があり、遠州入り後の翌年八月二十一日付の鳥居・大須賀・植村・芝田《しばた》の連署文書などもある。当時の徳川氏の奉行人は三名とは限らないし、ましてや高力らの三名に限られていたわけではなかった。

こうして、筆者はこれまで自明のように語られてきた高力ら三名による「三河三奉行」なる職制が永禄末年に成立したというような事態は、制度的にも実態的にもなかったと主張したのであった。それぞれの奉行人が、その時々の必要に応じて、各種支配に関与していたのである。

叙任と徳川改姓

三河一国を平定した永禄九年（一五六六）には、家康は朝廷から従五位下《じゅごいのげ》三河守に叙任《じょにん》（叙位任官の略）されるとともに、徳川改姓が行なわれたことでも注目される。叙任の日付は十二月二十九日であるが、勅許されたのは翌年正月三日のことであった。いずれにしても、これによって家康は名実ともに三河の新興大名としての地位を確立したのである。

しかしながら、叙任や徳川改姓は必ずしも容易に進んだわけではなかった。本来武家の官位は将軍を通じて奏請《そうせい》するものであったが、前年の永禄八年（一五六五）五月十九日に一三代将軍足利義輝が三好義継《みよしよしつぐ》（三好一族の総帥）・松永久通《まつながひさみち》（松永久秀《ひさひで》の嫡男）らによって殺害されたため、この時期には将軍は不在であった。そのため家康は、近衛前久《このえさきひさ》を通じて朝廷への働きかけを行なった。その仲立ちをしたのが、かつて将軍義輝への献馬で役割を果たした誓願寺の泰翁慶岳《けいがく》であった。ただ、泰翁はこの当時三河に下っていたため、実際にはその弟子慶源《けいげん》が交渉に当たった。

奏請は順調には進まなかったが、その事情は、前久が後年子息の信尹《のぶただ》に宛てた書状から明らかになる。すなわち、松平家康では先例がないとする正親町《おおぎまち》天皇の意向で事が進まなかったところ、吉田兼右《よしだかねみぎ》が万里小路《までのこうじ》家の旧記から徳川と藤原《ふじわら》氏とのかかわりを示す先例を探り出し、これを鼻紙に写し取って前久に差し出した。それをもとに系図に仕立てて提出したところ、天皇の勅許が得られたということであった。

松平氏系図によれば、徳川という名字《みようじ》（苗字）の由来は、清和《せいわ》源氏の流れを汲《く》む新田《にった》氏庶流得川《とくがわ》氏からきていて、さらにその別れが世良田《せらだ》氏となっている。家康の祖父清康が「世良田次郎三郎清康」と世良田氏を名乗っているが、これは清和源氏足利氏の流れを汲む尾張の斯波《しば》氏や駿河の今川氏などの守護大名に対抗するための粉飾とみられている。

家康もまた源氏であるという意識を持っていて、永禄四、五年（一五六一、六二）に発給した複数の判物で「源元康（花押）」と名乗っている。しかしながら、今回の叙任にあたっては、近衛前久を通じて藤氏、つまり本姓を「藤原」として勅許を得たのである。このような複雑な手続きになったのは、この当時は、同一の先祖から発した血族を示す呼称である源《げん》平藤橘《ぺいとうきつ》などの「氏」と、松平・徳川・織田・今川などの家名を示す「名字（苗字）」と、両方を有していたからである。

家康はこれ以降、少なくとも天正十四年（一五八六）までは「藤原家康」と名乗っていたことが、同年九月七日付の複数の文書で「三位中将《さんみのちゅうじょう》藤原家康（花押）」とあることから知られる。ただ、天正十六年四月の聚楽第《じゅらくだい》での起請文では「源家康」と署名しているので、その時までには本姓を「源」に戻したものとみられる。最近ではさらに遡《さかのぼ》って、天正十五年八月八日付の宣旨《せんじ》（天皇の命を伝える文書）で家康が従二位に叙せられた時、「正三位源朝臣《あそん》家康」とあることから、すでにこの時点で源姓となっていたことが指摘されている（藤井讓治「徳川家康の叙位任官」）。

第三章　三方原の合戦
――滅亡の危機

1　畿内・近国の情勢

足利義昭の登場

家康が三河一国の統一を進めていた頃、畿内《きない》・近国《きんごく》（山城《やましろ》・大和《やまと》・河内《かわち》・和泉《いずみ》・摂津《せっつ》の五畿内とその周辺）では新たな情勢の展開があり、家康も次第にその情勢に巻き込まれていくことになった。すなわち、永禄八年（一五六五）五月に将軍足利義輝が三好義継らに討たれるといういわゆる「永禄の政変」が、その大きな契機となった。

その当時興福寺《こうふくじ》一乗院《いちじょういん》にいた義輝の弟覚慶《かくけい》は、この政変により一乗院内に幽閉されることになった。ところが、七月二十八日に細川藤孝《ほそかわふじたか》らの手引きによって脱出し、近江国甲賀《こうか》郡の土豪和田惟政《わだこれまさ》を頼った。そしてここから、周辺諸大名に宛てて御内書を発給し、入洛《じゅらく》の意図とそれへの支援を要請した。

　これにいち早く呼応したのが織田信長で、重ねての御内書を受けて、十二月五日付で供奉《ぐぶ》する覚悟を示している。家康にも御内書が下されたようで、信長よりも早く、十一月二十日付の和田惟政宛書状で、「一乗院殿様（覚慶）が御入洛のため、近国のものが出勢するよう仰せ出されましたが、当国はこれを疎《おろそ》かには致しません」と、入洛に助力することを伝えている。ちなみに、武田信玄の場合は翌永禄九年（一五六六）三月に、遠国《おんごく》のため意に添えないと返答している。

　覚慶は永禄八年（一五六五）十一月に御座所《ござしょ》を野洲《やす》郡矢島《やじま》（滋賀県守山市）に移し、翌永禄九年二月還俗《げんぞく》して義秋《よしあき》と改め、さらに二年後には越前朝倉《えちぜんあさくら》氏のもとで元服して義昭《よしあき》と改めた（以下、本書では義昭で統一する）。

　義昭の上洛については信長が意欲を示したことは先に述べたが、その障害になっていたのは信長と斎藤龍興《たつおき》（父義龍《よしたつ》の代に一色《いっしき》氏を称するが、本書では斎藤とする）との抗争であった。このため、両者の和睦を取り計らうべく、細川藤孝が義昭の意向を受けて尾張・美濃へと下った。藤孝の奔走もあってこの和議は調い、八月には義昭の「御動座《ごどうざ》」のため、信長が尾張をはじめ、三河・美濃・伊勢の四ヵ国の軍勢を率いて参陣することになった。しかしながら、この時の上洛計画は、翌閏八月に信長が斎藤氏攻めを続行したため頓挫《とんざ》してしまった。落胆した義昭は九月には越前敦賀《つるが》（福井県敦賀市）に移座し、ついで朝倉義景《よしかげ》の招きで一乗谷《いちじょうだに》

（福井市）に落ち着くことになった。

この間に、美濃の情勢は次第に信長が優位になり、永禄十年（一五六七）八月には美濃三人衆（氏家《うじいえ》・稲葉《いなば》・安藤の三氏）が斎藤氏から離反したのを好機として、稲葉山《いなばやま》城（岐阜市）を攻略した。こうして美濃を平定し、居城を稲葉山に移して岐阜《ぎふ》城と改め、十一月からは「天下布武《てんかふぶ》」印の使用を始めたのであった。なお、この当時「天下」とは京都を含む五畿内のことと認識されており、「天下布武」とは武力による全国統一を意図したものではなかったといわれている。

義昭・信長の上洛

義昭の上洛は、翌永禄十一年（一五六八）に実現した。信長が義昭の入洛を強く請け負ったため、義昭は朝倉義景の理解を得て七月十六日に越前を発《た》ち、二十二日に美濃立政寺《りゅうしょうじ》（岐阜市）へ御座を移した。信長の上洛戦は、尾張・美濃・伊勢と三河の軍勢を率いて九月七日から始まった。同盟関係にある家康も、信長のもとへと軍勢を送った。

岐阜城から出馬して近江に入り、三好三人衆（三好長逸《ながやす》・三好宗渭《そうい》・石成友通《いわなりともみち》）と結んで対抗した六角承禎《ろっかくじょうてい》（義賢《よしかた》）・義治《よしはる》父子と戦い、十二日に箕作《みつくり》城（滋賀県東近江市）、十三日にはその本城観音寺《かんのんじ》城（近江八幡市）を相次いで攻略した。近江を平定した信長は、二十二日に義昭を桑実寺《くわのみでら》（同前）に迎え入れた。

二十六日にはともに入京し、三好三人衆方と戦い、まず山城勝竜寺《しょうりゅうじ》城（京都府長岡京市）を落とした。ついで摂津に入り、三好方の本拠である芥川《あくたがわ》城（大阪府高槻市）を落とした。三十日には義昭も、この芥川城に入った。この間に、三好三人衆に擁立されて二月八日に一四代将軍となった足利義栄《よしひで》が、病のため摂津富田《とんだ》（同前）で死去した。義栄は将軍にはなったものの、一度も京都に入ることはできなかった。

十月に入ると芥川城の義昭・信長のもとに、松永久秀や池田勝正《いけだかつまさ》などが、つぎつぎに「御《お》礼《れい》」（服属の挨拶《あいさつ》）にやってきた。こうして五畿内をほぼ制圧すると、義昭は十四日に再度入京した。朝廷はこのような義昭による「天下静謐《せいひつ》」、つまり京都を中心とする畿内の平和がもたらされたことを受け、十八日に義昭を従四位下《じゅしいのげ》に叙し、征夷大将軍《せいいたいしょうぐん》・参議《さんぎ》・左近衛権《さこんえのごんの》中将《ちゅうじょう》に任じた。義昭は待望の一五代将軍となり、室町幕府を再興したのである。

義昭が今回の信長の働きに深く感謝したことは、十月二十四日付の二通の文書に明らかである。内容は省略するが、その宛先はいずれも「御父《おんちち》織田弾正忠《だんじょうのちゅう》殿」となっており、信長のことを「御父」とまでいっている。さらに、義昭は信長に副将軍か管領《かんれい》に就くことを求めたが、信長がこれを受けることはなかった。

ところで、この時の義昭・信長の上洛について、従来は信長が義昭を奉じて上洛を成し遂げたとされ、これが信長による天下平定への第一歩になったとみなされてきた。しかしながら、最近では上洛の主体はあくまでも義昭であり、信長はこれに供奉したものとみるようになってきている。

同様に、将軍となった足利義昭の政権は、従来は信長の「傀儡《かいらい》政権」とみなされることが多かったが、最近ではその見直しが進んでいる（久野雅司『足利義昭と織田信長』など）。すなわち、諸氏による義昭政権の実態に関する検討が進められ、義昭政権は幕府の機能を再興しており、また諸国への御内書の発給など、将軍権力も再興しているといわれている。信長との関係では、相互に補完し合う「二重政権」とみるようになっている。

2　信玄・家康の今川領侵攻

武田氏と今川氏

武田氏と今川氏とは、天文末年に駿甲相三国同盟が結ばれたことによって、同盟関係にあった。信玄の嫡男義信《よしのぶ》の正妻は今川義元の娘嶺松院殿《れいしょういんでん》で、氏真《うじざね》の妹であった。桶狭間の合戦で義元が討たれた後も、信玄は今川氏との同盟関係を継続する意向を持っていたようだ。ところが、遠江の国衆たちの叛乱である「遠州忩劇《そうげき》」（三八頁参照）により今川領国が混乱した頃から、信玄に今川領に対する野心が芽生えたようにみられる。

他方で、武田氏と織田氏との関係もまた、今川氏との関係に影響を及ぼすことになった。信玄と信長との交渉は、東美濃での不測の事態を避けるべく、早くも永禄元年（一五五八）

には始まっていた。岩村城《いわむら》（岐阜県恵那市）・苗木城《なえぎ》（中津川市）の両遠山氏《とおやま》は、織田氏とは姻戚《いんせき》関係にあったが、武田氏が天文二十三年（一五五四）に南信濃《しなの》を制圧すると、翌年には武田氏に服属することになった。つまり、遠山氏は織田・武田両氏に「両属」することになり、そのことがまた、織田・武田両氏の直接の衝突回避をもたらし、交渉の開始にもつながったのである。

このような信玄と信長との関係が、さらに同盟関係に進んだのは永禄八年（一五六五）のことであった。十一月に信玄の四男勝頼《かつより》が、信長の養女（苗木城主遠山直廉《なおかど》の娘で信長の姪《めい》にあたる）を娶《めと》ったのである。このことによって、今川氏との同盟関係を重視する嫡男義信と信玄との間で確執が生じ、義信と義信派の家臣たちによる信玄に対するクーデター計画に発展した。しかしながら、この計画は密告によって事前に発覚し、十月十五日には首謀者である重臣飯富虎昌《おぶとらまさ》がまず処刑され、ついで義信派の家臣の多くが処刑ないし追放された。義信は東光寺《とうこうじ》（甲府市）に幽閉され、二年後の永禄十年十月に三〇歳をもってその生涯を終えた。

このいわゆる「義信事件」は、今川氏真に大きな衝撃を与えた。武田氏との同盟関係に不安を感じた氏真は、永禄十年（一五六七）前半には、信玄と敵対関係にあった越後《えちご》の上杉謙信《うえすぎけんしん》に密使を送り、謙信との同盟交渉を開始した。氏真のこのような動きは、やがて信玄も察知するところとなり、翌年末には駿河侵攻の絶好の口実とされた。義信が死去すると嶺松院殿の帰国が問題になったが、信玄が当初難色を示したようで、北条氏康・氏政《うじまさ》父子の仲介によりやっと実現することができた。こうして、永禄十一年に入る頃には、武田・今川両者の決裂はもはや避けがたい状況になっていた。

信玄の第一次駿河侵攻

永禄十一年（一五六八）十二月、信玄は今川氏との同盟関係を破棄し、ついに駿河に侵攻した。同時に、家康もまた遠江に侵攻しているが、これはどのように考えたらよいのだろうか。実は侵攻以前に、両者の間で密約があったとみなければならない。

七月二十九日付の上杉謙信宛信長書状によれば、義昭の入洛に信長が供奉することに対して信玄が理解を示したので、信玄の妨げはなくなり、和睦することになったといっている。ついで、「駿遠両国」の扱いについて、約束することがあったといっている。信玄の今川領侵攻は、このような信長との間での事前了解があってのこととみられる。

信玄はまた、武田軍が駿河へ侵攻すると、北条氏が同盟関係にある今川氏支援に乗り出してくることを想定していた。そのために、信玄は信長を通じて家康に働きかけ、信玄と同時に家康も今川領に侵攻することを求めようとした。家康は信長の慫慂《しょうよう》（傍《かたわ》らから勧めること）により、信玄と交渉に入ることを受け入れ、密約の締結に至ったものとみられる。

密約の内容としては、史料や事態の推移より、つぎの三点は確認できる。①十二月に入ったならば、同時に今川領国に侵攻すること。十二月というのは、上杉謙信が軍勢を動かせない冬場であるからと、信玄はいっている。②大井川《おおいがわ》を境にして、駿河は信玄、遠江は家康が領有をめざすこととする。ただし、「切り取り次第」であること。③信玄が駿府を落とした際には、氏真が遠江の国衆から取っていた人質を返すこと。

信玄の駿河侵攻は、今川氏の重臣たちへの事前の調略が功を奏したこともあって、当初は順調に進んで、十三日には早くも駿府館を落とした。氏真はまったく支えきれず、懸川《かけがわ》城（のちの表記は掛川城。静岡県掛川市）の朝比奈泰朝《やすとも》を頼って落ちていった。ところが、北条氏が想定以上にすばやい対応をとったことは、信玄にとっては誤算であった。

すなわち、十二日に氏政が出馬して沼津《ぬまづ》に陣を張り、その先鋒《せんぽう》隊を率いた北条氏信《うじのぶ》は十三日に興津《おきつ》（静岡市清水区）で武田軍と交戦し、蒲原《かんばら》城や薩埵山《さったやま》（いずれも同前）を押さえた。信玄は横山《よこやま》城（同前）を改修して北条方に備え、こうして武田・北条両軍は興津川を挟んで対陣することになった。翌永禄十二年（一五六九）二月に入ると本隊を率いた氏政自身が薩埵山に陣を張り、かなりの規模の交戦があった。

また、高草山《たかくさやま》（静岡市と焼津市の境界にある）以西の駿河西部は山西《やまにし》地域とよばれるが、花沢《はなざわ》城（焼津市）や徳一色《とくのいっしき》城（のち田中《たなか》城、藤枝市）などに今川勢が立て籠り、武田軍の侵入を許さなかった。さらに、富士大宮《ふじおおみや》城（富士宮市）の富士信忠《のぶただ》が北条氏と連携して武田勢に対峙《たいじ》したため、甲斐との連絡が不自由になった。

こうして、信玄は駿府は早々と落としたものの、東は興津川以西、西は高草山以東というように、駿府を中心とする駿河中部にいわば閉じ込められるような形になってしまった。その後も戦況が好転する兆しがみえず、しかも駿府の北にあたる安倍奥《あべおく》（静岡市葵区）で、今川方の地下人《じげにん》（百姓などの土着の民）たちの一揆さえ起こった。このような状況に追い込まれた信玄は、四月になってやむなく駿河から撤退したのであった。

家康の遠江侵攻

他方で、家康の遠江侵攻は、まことに順調に進んだ。神座峠《じんざ》（浜松市北区）を越えて遠江に入ったが、事前の調略もあって井伊谷《いいのや》三人衆（菅沼忠久《ただひさ》・近藤康用《こんどうやすもち》・鈴木重時《しげとき》）が案内役を務めた。家康はさっそく永禄十一年（一五六八）十二月十二日付で三人衆に対して起請文を書くとともに、井伊谷跡職《あとしき》新地・本地をはじめ、各地の知行地を安堵した。

この井伊谷三人衆を手始めに、年内から翌年初めにかけて、遠江国衆たちの帰順が相次いだ。十二月二十日付で匂坂吉政《さぎさかよしまさ》、二十一日付で久野宗能《くのむねよし》と一門・同心、二十六日付で二俣城の鵜殿氏長《うじなが》や松井氏・三和《みわ》氏などに、知行地の安堵を行なっている。犬居城の天野藤秀も家康に降《くだ》ったようで、翌永禄十二年（一五六九）正月二日付で藤秀やその一族に対して、本知行が安堵されている。ただ藤秀については、この前後に氏真の判物も出されていて、なお去就が定かでないようにみえるが、最終的に四月八日付の藤秀宛家康起請文写《うつし》により、家康への帰順が確定した。

家康にとってとりわけ意義が大きかったのは、遠江中部の要衝高天神城《たかてんじん》（静岡県掛川市）の小笠原氏助《うじすけ》が帰順したことである。小笠原氏は今川氏親の頃には、すでに遠江中部で隠然とした勢力を有していた。この時期には、隠居の美作守氏興《みまさかのかみうじおき》が馬伏塚城《まむしづか》（袋井市）に、その子息で当主の与八郎氏助が高天神城にいたのである。小笠原氏の服属によって、たとえば氏興の配下にある同心衆たちもまた家康に帰順し、つぎつぎに本知行の安堵が行なわれた。

こうして、家康の遠江経略ははなはだ順調に進んだのであるが、他方で、その当初において信玄との間で問題が生じた。すなわち、②の密約があったにもかかわらず、秋山虎繁《あきやまとらしげ》が率いる信州衆が遠江に侵攻してきたからである。家康はこれに対して強く抗議し、信玄もさっそく秋山らを自陣（駿府）に引き揚げさせることにした。

これによって生じた両者の確執を修復しようとして、永禄十二年（一五六九）二月になって家康・信玄間で起請文が取り交わされた。信玄から誓詞《せいし》（起請文と同じ）を所望し、それに応じた家康に対して自身もまた誓詞を認《したた》めたことが、二月十六日付の徳川殿宛信玄判物写から知られる。この文書は長らく永禄十一年のものと考えられてきて、先に述べた密約もこの時に結ばれたとする説もあったが、それは誤りである。

信玄はこの文書で家康の「疑心」を気にしているが、永禄十一年二月段階ではいまだ家康・信玄間では特段の接触はなく、家康が信玄に対して「疑心」を抱くような事態は生じていなかった。誓詞の交換に至ったのは、秋山の遠江侵攻によって生じた確執を修復しようとしたものであるから、この文書は永禄十二年に年次比定される。

なおまた、②の「川切り」（川を境に分けること）の密約についても、大井川か天竜川《てんりゅうがわ》かで曖昧《あいまい》だったとする説が圧倒的に多い。しかしながら、そのような見方は、永禄十二年正月八日付の徳川殿宛信玄書状写によって否定されるであろう。そこでは、「秋山以下の信州衆が遠州に入ったため、当方が遠州を望んでいるかのような御疑心を抱かれたと聞きました。さっそく秋山をはじめとする下伊那衆《しもいなしゅう》は当陣に招くようにします」といっている。大井川を境とするという密約があったればこそ、家康は信玄に抗議することができたし、信玄もまたその抗議を受け入れざるをえなかったのである。

今川氏の滅亡

駿府館から逃れた今川氏真が懸川城に入ったため、遠江に侵攻した家康はこれを囲むことになった。懸川城攻めは、年明けから本格的に始まった。永禄十二年（一五六九）正月十六日に青田山《あおたやま》に小笠原氏助ら高天神衆、仁藤山《にとうやま》に岡崎衆、金丸山《かなまるやま》には久野宗能の一党がそれぞれ配された。家康自身も兵を率いて、十七日には天王山《てんのうさん》に陣を敷いた。

城兵たちも打って出て戦い、懸川天王小路の戦いは一進一退の激戦になったといわれている。氏真のもとへは北条氏から援軍が送られていて、正月七日付の上杉謙信宛北条氏照《うじてる》書状によれば、「当方より船で三〇〇人余りの加勢を送っているので、彼《か》の城の守りは堅固です」といっている。二月から三月にかけても戦闘は続いたが、城兵たちはなお手強《てごわ》く戦っていた。

こうして、懸川城を攻めあぐねた家康は、三月頃から氏真との和睦の道を探り始めたとみられる。小田原《おだわら》の北条氏などとも連携して進められ、氏真も和睦を受け入れた。五月十五日には懸川城を明け渡し、氏真らの一行は義父氏康からの迎えの兵とともに掛塚湊《かけつかみなと》(静岡県磐田市)から船で蒲原へ行き、そこからは陸路で大平城《おおひら》(沼津市)へ入った。氏真自身はこの後も長く生きながらえたが、これによって戦国大名としての今川氏は滅亡した。家康は開城した懸川城には石川家成を入れ、岡崎城での家成の西三河旗頭という地位は、その甥である数正に委ねた。

この時期にはもう二点、触れておくべき問題がある。一つは家康と上杉謙信との関係である。まず問題になるのは交渉開始の時期であるが、筆者は先に述べた永禄十一年(一五六八)十二月の秋山虎繁による遠江侵攻が契機になったと考えている。この一件により、家康は信玄に対して強い不信感を抱き、おそらく年明けには信玄と敵対していた謙信への接近を図ろうとしたとみられる。永禄十二年二月には謙信から状況の問い合わせがあり、これに応えて二月十八日付で上杉氏の重臣河田長親《かわだながちか》宛に家康書状と石川家成副状《そえじょう》が送られている。

翌元亀《げんき》元年(一五七〇)になると、徳川・上杉両氏の交渉は一気に加速した。八月にはお互いに使者のやりとりがあり、十月になって誓詞を交換し、対武田氏を目的とした攻守同盟が成立した。十月八日付の謙信宛家康起請文は、二ヵ条からなっていた。一条目では信玄とは明確に断交することを誓い、二条目では信長と輝虎《てるとら》（謙信）とが「入魂《じっこん》」（懇意）になるよう取り持ち、武田・織田間の縁組も、破談になるよう信長に「諷諫《ふうかん》」（遠回しにいさめること）するとまでいっている。このような両者の友好的な交信は、天正三年（一五七五）まで続いた。

今一つは、永禄十二年（一五六九）四月に駿河から撤退した信玄のその後の動向である。北条氏のすばやい対応や富士氏などのため窮地に追い込まれた信玄は、六月に入るとさっそく行動を開始した。北条領である駿東《すんとう》郡から伊豆の三島《みしま》（三島市）・韮山《にらやま》（伊豆の国市）へ向かい、さらに富士大宮城を攻略した。降伏した富士信忠は大宮城を退去し、北条氏が守備する蒲原城に入った。

図6　北条氏略系図

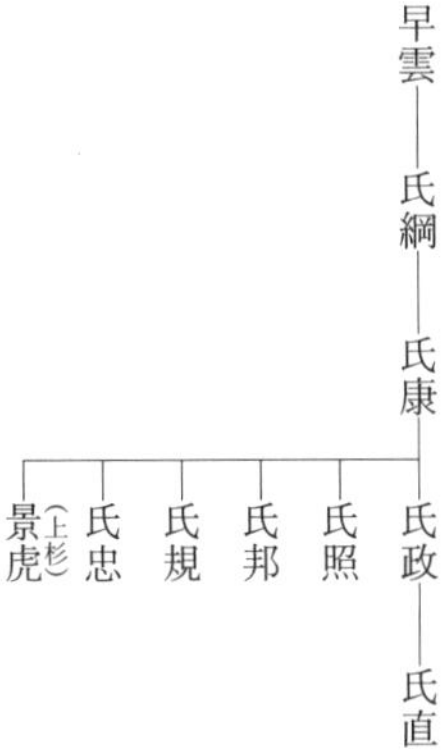

そのような軍事行動の後、信玄は八月二十四日に甲《こう》府《ふ》から出馬し、碓氷《うすい》峠（長野県軽井沢町と群馬県安中市の境）を越えて関東の北条領への侵攻を開始した。そして九月に入ると、御嶽《みたけ》城（埼玉県神川町）・鉢形《はちがた》城（寄居町）・滝山《たきやま》城（東京都八王子市）などをつぎつぎに攻撃した。ただ、いずれも攻略することなく、その後十月一日には北条氏の本拠小田原城を囲んだ。しかし、

北条氏康が徹底して籠城戦《ろうじょうせん》に頼ったため、両軍主力の激突には至らず、城下の所々を放火した程度で四日には囲みを解いた。甲府へ撤退しようとした武田軍に対して、六日に北条氏照（北条氏康の三男）・氏邦《うじくに》（同四男）らの北条軍がこれを追尾し、武蔵《むさし》・相模国境の三増《みませ》峠（神奈川県愛川町）で合戦になった。信玄はこの北条軍を破って、甲府へと引き揚げたのであった。

同永禄十二年（一五六九）十二月に入ると、信玄の第二次駿河侵攻が開始された。一日に出馬し、六日には早くも蒲原城を攻略すると、十二日には薩埵峠の北条勢が「自落」、つまり戦うことなく去っていった。武田軍はそのまま駿府に迫り、奇《く》しくも一年前と同じ十三日に駿府に入った。年が明けると山西方面の平定に向かい、花沢城についで徳一色城をも攻略し、これを田中城と改めた。こうして、信玄は第二次駿河侵攻により、北条方の勢力を富士川以東に追いやり、さらに山西方面の今川勢力を一掃したことで、富士川以西の駿河国をほぼ領国化することに成功した。

3　信玄の遠江侵攻

元亀初年の動向

永禄十三年（一五七〇）は四月に改元され、激動の元亀元年となった。まず畿内・近国の状況からみると、当初は蜜月《みつげつ》関係にあった義昭と信長との間が次第に不和となっていった。

この年の正月二十三日付で、信長は義昭の権限を制約する五ヵ条の条書《じょうしょ》（用件を箇条書きにした文書）を呈出した。第一条では、義昭が諸国へ御内書を出す場合は信長の書状を添えることを求めている。とりわけ第四条が注目され、そこでは、天下のことについてはすべて信長に任せられたので、今後は義昭の意見を聞くまでもなく、信長の考えで成敗（裁決）するといっている。

同日付で諸国の大名や国衆に上洛を命じた信長触書《ふれがき》は、まさにそのような権限を獲得したことを背景にして発せられたものである。信長が禁中《きんちゅう》（天皇御所）の修理や将軍の御用、そのほか天下静謐のため上洛するので、各々《おのおの》も上洛し、天皇や将軍に御礼（挨拶）するよう求めている。この触書の宛先は、東は甲斐、西は備前《びぜん》・出雲《いずも》にまで及び、家康にも上洛命令が下された。

信長は将軍義昭のための二条《にじょう》御所の竣工《しゅんこう》を見届けて、四月二十日に若狭《わかさ》・越前の平定をめざして京都から出馬した。これは将軍義昭の意向もふまえたもので家康も従軍しており、当初は順調に進んだ。まず若狭の武藤《むとう》氏を降し、ついで越前敦賀郡に入り、二十五日には手筒山《てづつやま》城（福井県敦賀市）、翌日には金ヶ崎《かながさき》城（同前）などを攻略した。そこからさらに朝倉義景の一乗谷城（福井市）に向かおうとしたところ、浅井長政《あざいながまさ》逆心の報が入った。退路を断たれることを恐れた信長は、金ヶ崎城に木下秀吉《きのしたひでよし》らを残し、自らは朽木《くつき》越えで晦日《みそか》（月の末日）に京都へ戻った。

信長はこの報復として、六月に入ると浅井氏の小谷城《おだに》（滋賀県長浜市）攻めに向かった。そして二十八日に、織田・徳川連合軍と浅井・朝倉連合軍とのいわゆる姉川《あねがわ》（同前）の合戦となった。信長を裏切った浅井勢の奮闘もあって激戦となったが、先鋒を願い出た徳川勢の活躍もあり織田方の勝利となった。

この姉川の合戦に出馬する前といわれるが、家康は居城を岡崎から浜松《はままつ》に移した。新たに領国となった遠江支配のため、当初は前年の永禄十二年（一五六九）秋より見付城（静岡県磐田市）の普請を始めていた。ところが、信長より天竜川を越えた東の地域では、万一の時の支援などで不都合を来《きた》すという武田氏を想定した異見が出され、見付城の普請は中止となった。このため、あらためて飯尾《いのお》氏の居城であった引間城を大々的に改修し、これを浜松城と改称したのである。

七月になると、畿内では阿波《あわ》から摂津に入った三好三人衆の活動が活発になり、野田《のだ》（大阪市福島区）・福島《ふくしま》（同前）に砦《とりで》を構えた。信長は八月二十五日、義昭は三十日にそれぞれ京都を発ち、九月十二日にはともに海老江《えびえ》（同前）に陣を取って、両砦への攻撃を行なった。ところが、同日夜に大坂《おおさか》本願寺が三好三人衆らと通じて兵を挙げ、これに呼応して浅井・朝倉勢が南近江に進撃してきた。

挟撃されることを恐れた信長は野田・福島の囲みを解き、二十三日に義昭とともに京都へと撤退した。翌二十四日に信長はさっそく近江に兵を出すが、朝倉勢は比叡山《ひえいざん》（大津市）に逃れ、これ以後、宇佐山《うさやま》城（同前）に拠る信長と、浅井・朝倉・比叡山とは、十二月半ばまで対陣することになった。これを「志賀《しが》の陣」というが、結局十二月になって、朝廷や将軍義昭の働きかけで和睦が成立した。

実はこの間に、九月十四日付で家康に対して義昭の御内書が下された。大坂での戦況を伝え、信長は無用だといったようだが、家康の参陣を求めたのである。家康は実際に参陣し、この義昭の要請に応えている。このように、元亀元年（一五七〇）には信長との同盟関係のみならず、将軍義昭からの要請もあって三度も上洛・参戦するというように、なかなか多難な年であった。なお、御内書では宛先が「松平蔵人とのへ」となっているが、これは家康の叙任や徳川改姓が将軍の許諾を得たものではなかったため、義昭が家康を「徳川三河守」とは認めなかったことによるものである。

信玄の出馬

信玄の第二次駿河侵攻による戦勝で、北条方の勢力は富士川以東に追いやられたため、武田方に対する駿河における北条方の拠点は、興国寺《こうこくじ》城（静岡県沼津市）と深沢《ふかざわ》城（御殿場市）とになってしまった。北条方では信玄の第一次駿河侵攻に直面した際、長年の宿敵である越後の上杉氏との同盟関係を画策し、永禄十二年（一五六九）六月にお互いに血判《けっぱん》起請文を交換することで越相《えっそう》同盟が成立していた。元亀元年（一五七〇）四月には北条氏康の子息三郎が謙信の養子として越後へ送られ、景虎《かげとら》と名乗ることになった。

同年八月になると、武田氏の北条領侵攻は本格的になり、信玄は黄瀬川《きせがわ》（沼津市）まで進出して陣を取った。そこから興国寺城はもとより、韮山城（伊豆の国市）近くまで押し寄せた。ただ九月になると信玄は信州岩村田《いわむらだ》（長野県佐久市）方面に向かったため、北条方はひとまずこの地域での脅威は免れることになった。

しかし、それはつかの間のことにすぎず、十二月に入ると武田軍は今度は御厨《みくりや》（静岡県御殿場市）地域へと向かった。信玄の目標は深沢城で、これを包囲したままで越年し、翌元亀二年（一五七一）正月三日には長文の矢文《やぶみ》を城内に打ち込み、守将の北条綱成《つなしげ》らに降伏を勧告した。他方で、甲斐の中山《なかやま》金山から動員した金掘衆《かねほりしゅう》により、横穴を掘り進めて降伏を促したという。

北条方では大いに危機を感じて、北条氏政が後詰《ごづめ》のため十日に小田原から出馬し、武田軍に対して五里（約二〇キロメートル）足らずのところまで陣を寄せた。ところが守将の綱成は、金掘衆が本丸近くまで迫ったため、氏政の後詰があったにもかかわらず、自身の判断で十六日に開城してしまった。これによって、北条方は御厨地域を失うことになった。

さらにこの元亀二年の重要な出来事として、十月三日に隠居の北条氏康が死去したことがある。氏康は越相同盟を主導し、永禄十一年（一五六八）の信玄の駿河侵攻に対してもきびられている。

しい態度で臨んでいた。敗れた今川氏真《うじざね》が懸川城に落ちていく時に、その正妻で氏康の娘である早川殿が輿《こし》も用意されず徒歩だったと聞き、「この恥辱は雪《すす》ぎ難い」と怒ったことも知られている。

これに対して当主の氏政は、その正妻が信玄の娘黄梅院殿《おうばいいんでん》であったため、越相同盟については当初から消極的であったようだ。そのため、氏康が死去したことにより外交路線の転換が図られ、十二月に上杉謙信に対して「手切《てぎれ》(断交)の一札《いっさつ》」を送付し、同盟関係の破棄を通告した。他方で、武田氏との間では新たに領土を確定する「国分《くにわけ》」が行なわれ、甲相《こうそう》同盟が復活することになった。駿河は武田領となり、興国寺城は武田方に引き渡された。いずれにしても甲相同盟の復活により、信玄は後顧の憂いなく西に向かって軍事行動に出ることが可能になったのである。

元亀三年(一五七二)に入ると、七月には奥三河の山家三方衆《やまがさんぽうしゅう》(作手《つくで》の奥平氏と田峯《だみね》・長篠《ながしの》の菅沼氏)を従属させた。九月には木曽義昌《きそよしまさ》の家老山村良利《やまむらよしとし》を通じて飛驒《ひだ》の国衆を調略し、美濃郡上《ぐじょう》の遠藤勝胤《えんどうかつたね》も従属させた。このような準備を調えたうえで、信玄は十月三日にまずは家康の領国遠江をめざして出馬したのであった。

侵攻経路の新説

ところで、信玄はどのようなルートを通って遠江に侵攻したのであろうか。長年にわたっ

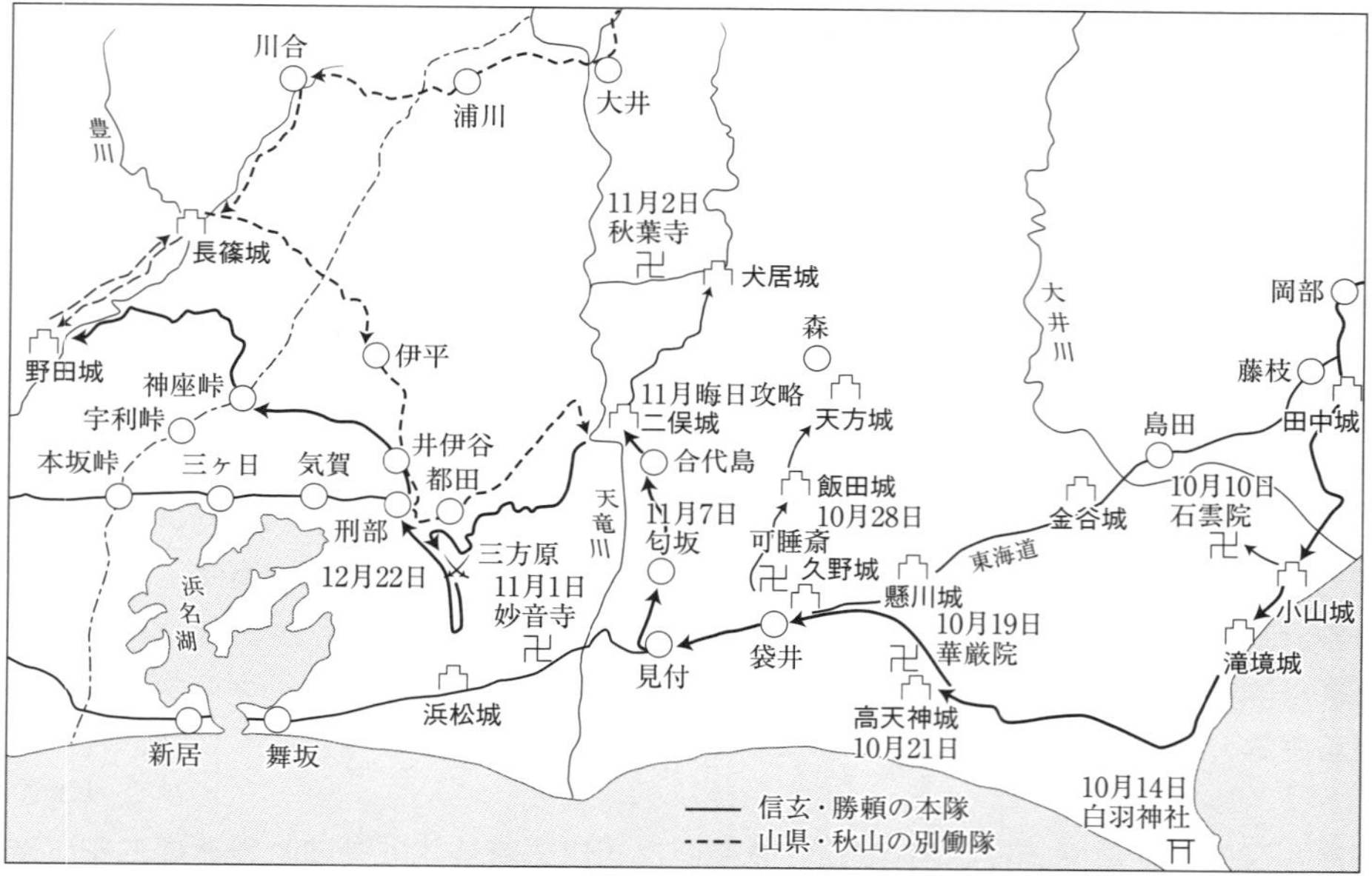

図７　武田軍の遠江・三河推定侵攻ルート

て信じられてきたのは、諏訪《すわ》の方へ回って信濃から下ってきて、青崩峠《あおくずれ》（信濃と遠江の国境）を越えて遠江に入ったという説である（高柳光寿『戦国戦記 三方原の戦』など）。①信玄は元亀三年（一五七二）十月三日に甲府を発し、十日に青崩峠を越えて信濃から遠江に入った。②山県昌景《やまがたまさかげ》は先手《さきて》として九月二十八日に三河に向かい、ついで遠江に入って二俣で攻囲軍と合流した。③別途秋山信友《のぶとも》（現在は虎繁とする）は美濃へ向かい、十一月十四日に岩村城を落とした。

これに対して、従来の通説を大幅に改める新説が出された（柴裕之『戦国・織豊期大名徳川氏の領国支配』）。①信玄本隊は駿河から遠江へと西進してきた。②山県昌景・秋山虎繁らが率いる別働隊は青崩峠を越えて三河へ向かい、さらに遠江に進軍して二俣城の攻略に合流した。③秋山は山県と行動をともにしていて東三河には向かっておらず、岩村城の遠山氏は武田氏に自発的に従属した。筆者はこの新説を支持し、武田氏の発給文書の月日を地図上に落とすことで、信玄本隊は駿河から遠江に入り、海岸伝いに進んで高天神城を降した後、袋井から見付へと進軍したことを明らかにした（拙著『定本 徳川家康』、図26。本書の図7参照）。

この新説は、つぎのような諸史料を根拠としている。『当代記』（江戸初期に成立した年代記）では、つぎのようにいっている。「十月に武田信玄が遠州へ発向した。高天神辺りを通り、見付国府（静岡県磐田市）方面へ進軍した。（略）信玄は二俣城へ押し寄せて攻めた」「十月に山県三郎兵衛（昌景）・秋山伯耆《ほうき》（虎繁）の三〇〇〇人余りが三河へ打ち出して、山

表2　元亀3年（1572）武田氏発給の判物・朱印状

日　付	受取人	内　容	奉　者	出　典
10月14日	（白羽社）	朱印状（神主を赦免）	市河宮内助	戦武、1974号
10月19日	花厳院	禁制（袖上に朱印）		静県8、534号
10月28日	可睡斎	同　上	市河宮内助	戦武、1979号
11月1日	妙恩寺	同　上	土屋右衛門尉	戦武、1981号
11月2日	秋葉寺	判物（社領を安堵）		戦武、1983号

註　「戦武」は『戦国遺文 武田氏編』、「静県」は『静岡県史』資料編である。

家三方衆が信玄に属した。長篠城（愛知県新城市）に陣を取り、野《の》田《だ》城（同前）を攻めて放火した。その後、遠州の伊《い》平《だいら》（静岡県浜松市北区）へ討ち出て陣を取った」「十月に岩村城が信玄に属したので、伊平陣中より信州衆下条《しもじょう》伊豆守（信氏《のぶうじ》）を東三河に遣わし、岩村に在城することになった」。

つぎに、十月二十一日付道紋《どうもん》（奥平定勝《さだかつ》）宛信玄書状によれば、「こちら（高天神城）の城主である小笠原（氏助）が悃望《こんもう》（降伏の申し出）したので、明日には国中《くになか》（見付方面）へ陣を進め、五日のうちに天竜川を越えて浜松に向け出馬し、三ヵ年の鬱憤《うっぷん》を散らすつもりである」といっている。さらに、表2にみられるような武田氏の発給文書がある。

これらの諸史料を素直に読めば、信玄本隊は明らかに東海道筋を進軍してきて駿河から遠江に入り、沿岸沿いに進んで高天神城の小笠原氏助を降し、見付方面へ向かったとみなければならない。高天神城を降した信玄は、当初は五日のうちに天竜川を越えて浜松に向かうといっていたが、その後予定を変えたようで、十一月には二俣城攻めに向かった。

他方で、山県・秋山が率いる別働隊は青崩峠ないし兵越峠《ひょうごし》を越えて遠江に入り、三河へと向かった後、遠江の伊平で陣を張っており、秋山は東美濃には向かっていない。岩村城は信玄に自発的に従属しており、武田氏が攻略したのではなかった。

ところが、この新説に対して、信玄本隊はやはり信濃から南進してきたとの批判が出された（鴨川達夫「元亀年間の武田信玄」）。筆者がこれを反批判したため（拙稿「武田信玄の遠江侵攻経路」）、期せずして論争となった。その後も論争は続いたが（鴨川達夫「武田信玄の「西上作戦」を研究する」、拙稿「徳川・武田両氏の攻防と二俣城」）、煩雑になるため、ここではその内容については割愛する。関心がある方は直接論文にあたるか、拙著『徳川家康と武田氏』をご覧いただきたい。

なおその後も、元亀三年（一五七二）に信玄による高天神城攻めはなかったとする驚くべき主張とともに、やはり信玄は信濃から南進してきたとする批判が出された（柴辻俊六「武田信玄の上洛路は青崩峠越えか駿河路か」）。これに対しても筆者はただちに反論し、そのような説が成り立たないことを明らかにした（拙稿「信玄の遠江侵攻経路」）。研究というものは、このような批判と反批判とを繰り返しながら、より正しい史実の解明をめざして進められていくのである。

4　二俣から三方原へ

二俣城の攻略

高天神城を降して見付方面へと向かった信玄は、浜松城攻めという当初の予定を変更して二俣城攻めに向かった。穴山信君《あなやまのぶただ》が元亀三年（一五七二）十一月七日付で匂坂《さぎさか》（静岡県磐田市）から出した書状が残されていて、そこから指呼の間の合代島《ごうだいじま》（同前）に本陣を置いているので、攻撃は十一月上旬には始まったであろう。十一月十九日付の朝倉義景宛信玄書状や朱印状《しゅいんじょう》によれば、現在二俣城を攻めていて、日ならずして攻略するであろうと報じている。

『三河物語』などでは、この二俣城攻めの様子についてかなり詳しく述べられているが、珍しいことに十一月二十七日付の奥平定能宛山県昌景書状という一次史料によってもそれが確認される。それらによれば、武田軍は山県らの進言もあり、早くから水の手を断つ戦法を採ったようである。所々の水の手を断たれた籠城衆は、やむなく天竜川から水を汲《く》み上げた。それに対して、武田軍は筏《いかだ》を組んで上流より流しかけ、釣瓶縄《つるべなわ》を切るという戦法を採った。中根正照《なかねまさてる》らの籠城衆は善戦したが、水の手を断たれたことにより、やむなく降伏・開城するに至った。開城は従来いわれてきた十二月十九日ではなく、十一月晦日のことであった。

ところで、信玄の遠江への侵攻という重大な軍事行動について、織田信長は事が起こるまで、まったくこれを察知していなかった。十月五日付の法性院《ほっしょういん》（信玄）宛信長書状では、信玄の要請に応えて、今も「甲越和与《こうえつ》」、つまり上杉謙信との和睦の調停を行なっていると伝えている。しかしながら、信玄はこのような信長の努力を踏みにじり、この書状が認《したた》められた二日前の三日に、すでに甲府から出馬していたのである。

これを知った信長は、十一月二十日付の不識庵《ふしきあん》（謙信）宛信長書状で、信玄を激しく非難している。すなわち、信玄の所行はまことに前代未聞の無道さであり、侍の義理を知らず、都鄙《とひ》（国中の意）の嘲弄《ちょうろう》を顧みないもので、遺恨は尽きることはない。今後は未来永劫《みらいえいごう》にわたり、信玄とは二度とふたたび相通ずることはない、といっている。そして、謙信の起請文を持参してきた使者長景連《ちょうかげつら》の眼前で起請文に血判を捺《お》し、「信玄退治」を目的とした同盟を結んだのである。

信長は信玄の遠江侵攻を知ると、ほどなくして家臣の簗田広正《やなだひろまさ》を浜松に派遣したことが、十月二十二日付の三河守殿（家康）宛信長書状にみられる。そこでは、状況視察のために簗田を派遣したといい、また自分の考えは簗田に詳しく言い含めてあるともいい、万事分別ある対応をとるよう求めている。

それとともに、浜松へはさらに援軍を送った。右の謙信宛書状の中で、「遠州は家康と当方の加勢衆とで一手に備えている」といっている。浜松への加勢衆は、平手汎秀《ひらてひろひで》・佐久間信盛《さくまのぶもり》・水野信元らであった。信玄もこの事実を把握していて、十一月十九日付の朝倉義景宛条書で、「引間（浜松）へ三千余りの加勢」といっている。

この緊迫した時期に注目される問題として、将軍義昭から家康に御内書が下されていたことがある。御内書自体はいまだ発見されていないが、十一月十九日付で義昭側近朽木輝孝《くつきてるたか》宛の家康返書が残されていて、その内容を知ることができる。すなわち、信玄が遠江に手出しをしてきたことに対して、それを心配する御内書を下されたことへの礼を述べ、油断なく対応しており、岐阜からの加勢もあるなどと、遠江での戦況について報告している。

このような御内書が下されたということは、この時点でもなお、義昭が信長・家康の側に立っていたことを明確に示している。それゆえ、かつていわれたような、元亀二年（一五七一）頃から朝倉・浅井・松永・石山《いしやま》本願寺などによる信長包囲網が形成され、将軍義昭がその盟主になっていたとか、信玄は将軍義昭の要請に応じて上洛の軍を起こしたとか、そのような説がまったくの誤りであることが明白になった。

三方原での決戦

二俣城の普請を終えると、信玄は信州衆の依田信蕃《よだのぶしげ》らに在番を命じ、元亀三年（一五七二）十二月二十二日の早朝に出陣した。浜松城方面へ向かって南下していったが、そのまま浜松城へ向かうのではなく、欠下《かけした》の大菩薩山《だいぼさつやま》辺りで西に転じて三方原《みかたばら》台地に上がり、そのまま三河方面へ向かう構えをみせた。信玄は家康が籠城したままで武田軍をやり過ごすことはないだろうと見越して、味方の犠牲も大きい攻城戦を避け、野戦を挑もうとしたのだ。浜松城にあってこの武田軍の動きを知った家康は、織田方の加勢三〇〇〇も含めた一万余りの軍勢を率いて、二万五〇〇〇ともいわれる武田軍を追撃すべく敢然として打って出た。三一歳の家康の大きな決断であり、こうして徳川・武田両軍による、いわゆる三方原の合戦となった。

戦闘は申《さる》の刻（午後四時頃）から始まり、薄暮から日没にかけておよそ二時間ほどであったという。緒戦《しょせん》でこそ徳川軍が武田軍を押し込むというような場面もあったようだが、その後は多勢に無勢でまさに一蹴《いっしゅう》され、家康は浜松城へと逃げ帰った。家康の身代わりになったという夏目吉信をはじめ、多くの家臣を失い、二俣城から脱出してきた中根正照らも討死した。織田方の加勢衆では、平手汎秀が討死している。

家康にとっては生涯に二度とない大敗を喫し、大きな危機を迎えることになった。もし信玄が勝ちに乗じて浜松城攻めを行なったならば、多少の犠牲を払ったとしても、浜松城を攻略し、家康を討ち取ることは十分に可能であった。ところが、三ヵ年の鬱憤を晴らすという当初の意気込みにもかかわらず、信玄は浜松城へ向かうことはなく、刑部《おさかべ》（静岡県浜松市北区）で越年すると、そのまま三河へと向かった。「はじめに」で述べたように、武田軍には攻城戦を避ける事情があったとみられ、家康にとってはまことに幸運なことであった。

ところで、一般に兵力で劣る場合は籠城戦に頼ることが多いが、家康はなぜ浜松城から出撃したのであろうか。筆者はこれまで三点の理由をあげてきたが（拙著『定本 徳川家康』など）、最大の理由は信長との同盟関係があったことである。先に述べたように、信長からは使者を送られて、分別ある対応を求められていた。そのうえ、加勢の衆まで送られていながら、一戦も交えずに武田軍をやり過ごすようなことはできなかった。老練な信玄はそのような事情を見抜き、いわば家康のおびき出しを図って野戦で大勝したのであった。

その後、信玄は三河の野田城を囲み、翌元亀四年（一五七三）二月半ばにはこれを攻略した。しかしながら、この頃には肺患とも胃癌《いがん》ともいわれる信玄の病状は相当悪化していて、もはやそれ以上の行軍には耐えられなくなっていたようだ。長篠城でしばらく滞在し、甲府へ引き揚げる途中の四月十二日に、信玄は信濃国駒場《こまば》（長野県阿智村）で五三歳をもってその生涯を閉じた。

なお、この時の信玄出馬の目的が何であったかについて、これまで幾多の議論が行なわれてきた。そのうち、かつて盛んであった上洛戦説は、その主要な史料的根拠が批判を受けて否定されたため、現在では認められなくなっている。そうなると局地戦説を採ることになるが、その場合、重点の置き所の違いによって、対信長か、対家康かで見解が分かれている。

筆者はこれまで対信長と考えてきたのであるが、現在ではこれを二者択一的にとらえるのではなく、遠江での家康、美濃での信長という、二つの境目相論《さかいめそうろん》（境界をめぐる紛争）に対処するための出馬であったとみるようになっている（拙著『徳川家康と武田氏』）。すなわち、まず遠江・三河に侵攻し、家康の領国を蹂躙《じゅうりん》して後顧の憂いをなくし、ついで東美濃に向かい、岐阜の信長との対決をめざしたのではないかと考えている。

なおまた、三方原の合戦にかかわって、いわゆる「顰像《しかみぞう》」問題がある。左手を頬《ほほ》に当て左足を組んで椅子《いす》に座り、顔をしかめた苦渋の表情に見える家康像に見覚えがある方も少なくないだろう。これまでは、大敗した家康が自らへの戒めのため、絵師を呼んであえて情けない姿を描かせたものといわれてきた。ところが、この画像を三方原の合戦と関連づける根拠はないことが明らかにされたため（原史彦「徳川家康三方ヶ原戦役画像の謎」）、今後はこれまでのような形で使うことはできなくなった。

合戦後の畿内情勢

三方原合戦での信玄の勝利が畿内方面に伝わると、反信長陣営を大いに勇気づけるとともに、元亀四年（七月に天正と改元、一五七三）二月には、将軍義昭が信長から離反するという事態を招くことになった。義昭と信長との確執は次第に深まっており、前年末には信長が義昭の失政を糾弾した一七ヵ条の異見書も出されていた。

義昭は信玄の勝利に衝撃を受け、二月十三日には朝倉義景・浅井長政らに信長の打倒を命ずる御内書を下し、信長への叛旗を翻した。岐阜にいた信長は義昭との和睦をめざし、義昭が示した条件をすべて受け入れ、事態の収拾を図ろうとした。しかし義昭はこれに応ぜず、三月末に上洛した信長の再度の要求にも応じなかったため、信長は四月四日に上京《かみぎょう》（京都市街の北部）を焼き払った。

これによってようやく和議が成立するが、それはもとより一時的なものにすぎず、七月三日には義昭は二条城を出て、槙島城《まきしま》（京都府宇治市）で挙兵した。これに対して織田軍が十六日に出陣したところ、義昭はさしたる抵抗もなく十八日に降伏した。義昭は二歳になる子息を人質として差し出し、自らは枇杷庄《びわのしょう》城（城陽市）を経て、三好義継の居城である若江《わかえ》城（大阪府東大阪市）へと去っていった。これ以後、義昭は将軍として京都へ戻ることはなく、「天下」の静謐を担うべき室町幕府は実質的に滅亡した。

天正元年（一五七三）八月になると、信長は十日に浅井久政《ひさまさ》・長政父子の小谷城攻めに向かった。ところが、朝倉義景が後詰として近江境まで出張してきたため、織田軍は十三日の夜中にこれに討ち入り、退却する朝倉軍を追撃して敦賀に至り、二十日には一乗谷に侵攻して義景を自刃に追い込んだ。

信長は越前から取って返すとそのまま小谷城を攻め、二十七日にまず久政が自刃し、九月一日には長政も自刃して、浅井氏も滅亡した。この落城の折に、長政の妻お市《いち》と三人の娘（茶々《ちゃちゃ》・初《はつ》・江《ごう》）が助け出され、信長のもとに引き取られたことはよく知られている。いずれにしても、朝倉・浅井の両氏が滅亡したことによって、畿内方面での信長の優位は決定的になった。

第四章　嫡男信康の処断
——苦渋の決断

1　勝頼の高天神城攻略

勝頼の家督相続

信玄亡き後の武田氏の家督は、四郎勝頼が継ぐことになった。しかし、決して順調に進んだわけではなかった。代替わりの際には往々にして起こりがちなことではあるが、長年信玄に仕えてきた重臣たちと勝頼との間でも、やはり軋轢《あつれき》が生じたのである。とりわけ勝頼の場合は、当初は諏訪《すわ》勝頼といわれて武田氏の主流とはみなされていなかったこと、甲府入りに際して高遠《たかとお》（長野県伊那市）時代の勝頼家臣団を引き連れてきたことなどで、いっそう軋轢が生じやすかった。

加えて、軍学書『甲陽軍鑑《こうようぐんかん》』にみられる、いわゆる信玄遺言にかかわる問題があった。そ

表3　元亀4年（1573）信玄名で出された勝頼書状

番号	日　付	差　出	宛　先	出　典
1	5月6日	信玄(「晴信」朱印影)	下間頼廉(本願寺坊官)	2123号
2	5月17日	信玄(花押)	岡国高(松永久秀家臣)	1710号
3	5月20日	信玄(花押)	安養寺(美濃本願寺派)	1897号
4	5月20日	信玄(「晴信」朱印)	大藤与七(北条氏家臣)	2128号
5	5月21日	信玄(「晴信」朱印)	大藤与七(北条氏家臣)	2129号
6	7月3日	信玄(花押)	(越中衆ヵ)	1725号
7	7月5日	(花押)(武田信玄)	奥山右馬助ら(国衆)	1280号
8	9月29日	信玄(花押)・勝頼(花押)	鍋山顕綱(三木自綱弟)	1962号
9	10月1日	信玄(花押)・勝頼(花押)	勝興寺(越中本願寺派)	1966号

註　出典は『戦国遺文 武田氏編』の文書番号である。ただし7番のみ『山梨県史』資料編5中世2上の文書番号。

の主要な内容は、①三年秘喪《ひも》、②勝頼陣代《じんだい》・信勝《のぶかつ》家督、③当面の軍事・外交方針の指示、である（丸島和洋『武田勝頼』）。

①はよく知られているように、信玄は自らの死後三年間は喪を秘すようにと命じたというものである。勝頼は当初この信玄の遺言を守り、信玄の死後にもその生存を装って、信玄名（諱《いみな》は晴信《はるのぶ》）での文書を出していた。これまでに発見されているのは、表3にみられる九点である。普通は花押は本人が書くものであるから、花押を据えた文書は信玄生前のものとみなされ、たとえば『戦国遺文 武田氏編』では、2・6は元亀二年（一五七一）、3・8・9は元亀三年に年次比定している。

しかしながら、文書の内容からすれば、いずれも信玄死後の元亀四年（一五七三）に年次比定されるべきものである。そのため、信玄は生前に判紙《はんがみ》（花押だけを据えた白紙）を用意していたともいわれてきた。ところが、祐筆《ゆうひつ》（文書の起草者）があらかじめ輪郭を書いてから、その中を塗りつぶすこともあったようで、そうなると勝頼は判紙などはなくても、信玄の花押を据えた文書を発給できたことになる。

②は家督の問題で、信玄は勝頼の子息で七歳の信勝が一六歳になったら家督となし、その間は勝頼に陣代（家督代行者。名代《みょうだい》とも）を申し付けるといい、「孫子《そんし》の旗」など武田氏当主を象徴する旗を勝頼には持たせないといったという。もし信玄が本当にそのような遺言を残したとすれば、勝頼の当主としての権威は大きく損なわれることになっただろう。

しかしながら、最近では勝頼は正式に武田氏家督を継承しており、それは家臣団や同盟国も認めるところであり、『甲陽軍鑑』がいう「勝頼陣代」説は、虚構ないし創作とみなされるようになっている。たしかに同盟関係にある北条氏政や本願寺顕如《けんにょ》らは、勝頼が家督を相続したと認め、同盟関係の継続を確認しているのである。

③では、秘喪中の三年間は合戦を避けるようにと言い残している。

家康の対応

このような三年秘喪という信玄の遺言と、それを忠実に守ろうとする勝頼の努力にもかかわらず、信玄死去の噂《うわさ》はたちどころに広がった。三方原の合戦で大勝し、野田城を落とした武田軍が、そこから兵を返して甲府へと引き揚げたのであるから、信玄の重病や死去が疑われたのは当然のことであった。

家康もまた武田軍の行動に不審を感じ、元亀四年（一五七三）五月になると武田領の駿河に兵を出して真相を探ろうとした。駿府辺りまで乱入できたということで、信玄の死去を確信したともいわれている。七月に入ると奥三河の要衝長篠城（愛知県新城市）へと軍勢を差し向け、九月にはこれを攻略した。家康にとってこの戦果は大きな意味を持ち、また結果的に、のちの長篠合戦のいわば伏線にもなった。

この間、勝頼は決して手をこまねいていたわけではなく、長篠城への後詰《ごづめ》（後方支援）の態勢をとるよう努めていた。八月下旬には山県昌景に対し、長篠城の後詰の態勢をとることや、二俣へ飛脚を送り家康の動静を探るよう指示していた。また、九月上旬には真田信綱《さなだのぶつな》に対し、遠江の武田勢に二俣から長篠へ出陣するよう下知した、と伝えている。それにもかかわらず長篠城を落とされ、九月十八日付の穴山信君《のぶただ》宛勝頼書状では、信君が長篠後詰のため遠州にまで至り、徳川方を破ったことを労《ねぎら》いながらも、長篠城を落とされたことを「無念千万」といっている。

この長篠城攻めと時を同じくして、武田方に降《くだ》っていた山家三方衆《やまがさんぽうしゅう》の内部で対立が起こり、作手《つくで》（新城市）の奥平定能・信昌《のぶまさ》父子が離反し、家康に帰順するという事態が生じた。定能と田峯《だみね》（同前）の菅沼定忠《さだただ》との間で所領の配分をめぐって対立が起こり、六月に定能は甲府に使者を送ってこの問題を武田氏に訴えた。ところが、六月晦日《みそか》付の勝頼定書《さだめがき》（決定事項を箇条書きにした文書）ではこの問題に裁定を下すことなく、その解決を三方内での談合に委ねたのである。しかも、七月七日付の定能宛長坂光堅《ながさかこうけん》書状写《うつし》によれば、むしろ定能側に譲歩を促すような内容であった。

このような武田氏側の対応に不満を抱いた定能が、子息信昌とともに家康に帰順したのであるから、家康にとっては山家三方衆の一角を切り崩す大きな成果となった。なお、定能の父定勝（道紋）は、引き続き武田氏に忠節を尽くすとして残った。

家康はこれを好機として、八月二十日付で奥平定能・信昌父子に起請文を出して懐柔に努めた。奥平氏の本地はもとより、遠江の知行地も安堵し、その他の各種知行や新知行の宛行《あてがい》も約束した。とりわけ破格の処遇になるが、信昌に家康の息女亀姫を嫁がせることを約したのである。のちに長篠城の守将となった信昌は、このような経緯があったため、長篠合戦の折には長篠城を死守することになった。

高天神城の攻略

秘喪中の三年間は合戦などは避けるようにとの信玄の遺言にもかかわらず、天正二年（一五七四）になると勝頼の軍事行動が活発になっていった。まず、正月二十七日に岩村城（岐阜県恵那市）に入り、明知《あけち》城（同前）を囲んで二月にはこれを攻略した。『信長公記』によれば、信長はこれを救援しようとしたが、山中の難所のため武田軍との交戦が叶わず、しかも城内での裏切りもあって落城したという。

『甲陽軍鑑』によれば、武田軍の攻勢はさらに続いたという。二月半ばから四月上旬にかけて、織田方の砦《とりで》や美濃先方衆《せんぽうしゅう》で信長に降った者たちの城など、一八ヵ所も攻め落としたという。こうして今回の勝頼の出馬により、武田方の勢力は東美濃・奥三河に広く及ぶことになった。

ついで五月に入ると、勝頼は二万五〇〇〇ともいわれる軍勢を率いて遠江に侵攻し、十二日には高天神城《たかてんじん》(静岡県掛川市)を囲んだ。この時の高天神城の守将は、かつて信玄の軍門に降った小笠原氏助であった。どうやら信玄の死後に家康が遠江で巻き返しを図った折に、あらためて家康に帰順して高天神城の守備を任されたものとみられる。

当時、家康が動かせた軍勢は八〇〇〇ほどとみられ、単独では後詰が叶わないため、家康はさっそく織田信長に援軍を求めた。ところが、畿内情勢のために信長の早急な出馬が叶わず、五月末には高天神城は危機的な状況になっていった。六月に入ると状況はますますきびしくなり、十一日付の大井高政《おおいたかまさ》宛勝頼書状によると、「昨日は塔尾《とうのお》と号する随分の曲輪《くるわ》を乗っ取った。本曲輪・二の曲輪はまだ残っているが、三日のうちには攻め破るつもりだ」といっており、まさに落城寸前という事態になっていた(図8参照)。

勝頼は高天神城を力攻めにするだけでなく、他方で和睦・開城の交渉も行なっていた。すなわち、五月二十三日付の穴山信君宛勝頼書状によれば、「小笠原の所望に任せて、誓詞を遣わすことにした。そのほか合力や領知《りょうち》などについてもすべて承知した」といっており、

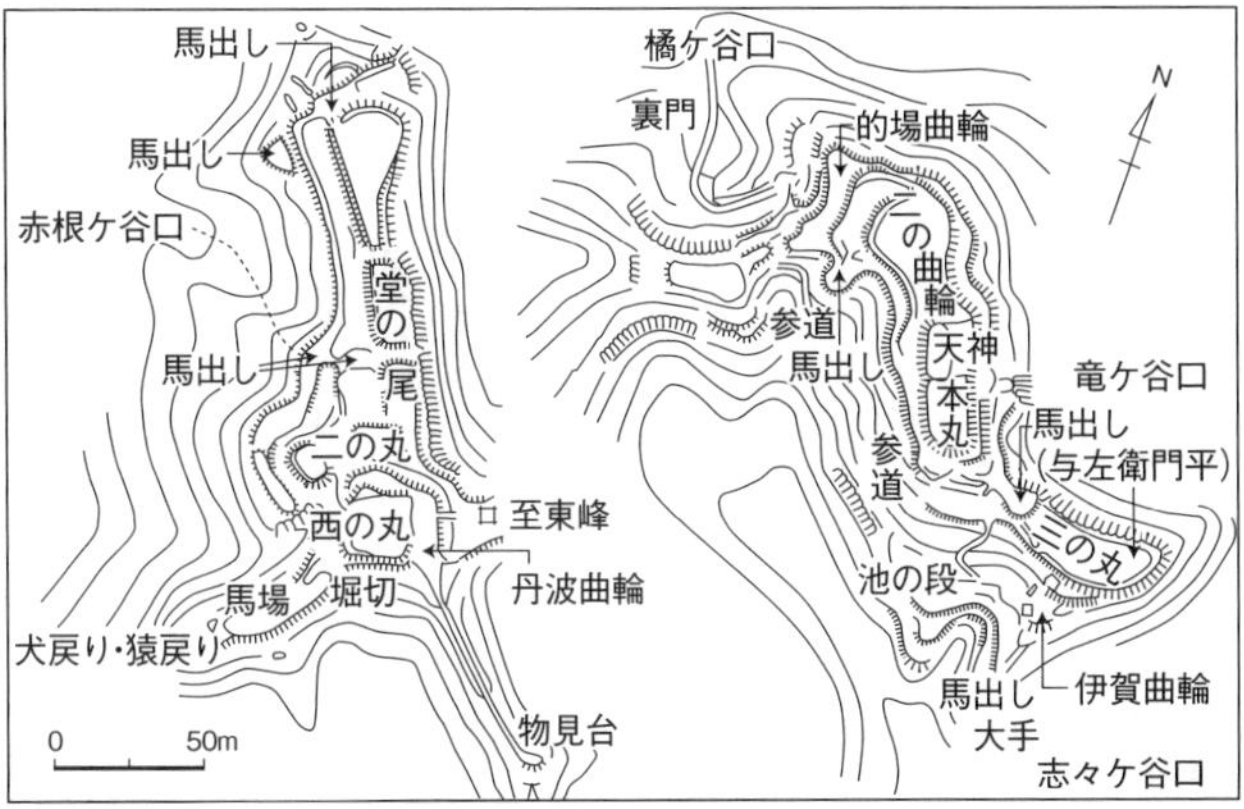

図8　高天神城縄張り図　『日本城郭大系9』をもとに作成

氏助の要望をすべて受け入れる起請文を書き、これを渡して開城を促すよう信君に指示していた。

五月中に勝頼から起請文を受け取りながら、氏助がなおも抵抗を続けたのは、城内で叔父の義頼《よしより》を中心とする一党が、和睦・開城に踏み切ることを強く拒んでいたからである。しかしながら抗しきれず、十七日についに降伏・開城に至った。義頼らは和議が調い、出城して浜松へと去っていった。

信長がやっと岐阜から出馬したのは、かなり遅れて六月十四日のことであった。十七日に吉田城（愛知県豊橋市）に着陣し、十九日に今切《いまぎれ》（静岡県湖西市）で渡海しようとしていたところに落城の知らせが入った。信長の嫡男信忠《のぶただ》は、高天神城がもう少し頑張ってくれていれば戦いで決着をつけられたのに、「無念」であるといっている。信長は当初勝頼を見くびっていたが、明知城に続いて高天神城も攻略されたということで、若輩とはいえ侮れないと認識を改めている。

他方で、武田氏に降伏した氏助は、そのまま武田氏の遠江先方衆として取り立てられ、「信」字と官途名《かんとめい》（官職の名称）をもらって「弾正少弼信興《だんじょうしょうひつのぶおき》」と名乗り、引き続き高天神城の守将となった。この後、天正五年（一五七七）十月頃に解任されるまでの二年余りであるが、信興は判物や朱印状を発給して、高天神城周辺の支配に携わった。遠江中部の要衝高天神城を落とされたことは家康にとっては大きな打撃であり、さっそく馬伏塚城《まむしづか》（袋井市）を修復して大須賀康高《やすたか》を入れ、備えを固めたのであった。

2　長篠の合戦

大岡弥四郎事件

天正三年（一五七五）は、信長・家康と勝頼とにとって、その明暗を分ける年となった。長篠の合戦で武田軍が大敗したことによって、両者の勢力関係の均衡が大きく崩れることになったからである。

この時の勝頼の三河への侵攻は、信長の本願寺攻めとのかかわりで、大坂の石山本願寺への支援を図ろうとしたものであったという見方がある。たしかに勝頼自身が四月二十八日付の書状で「信長が上洛して大坂本願寺へ取りかかるということなので、後詰を第一に考えた行《てだて》（軍事行動）である」といっているが、額面どおりに受け取ることはできない。畿内でなくとも、せめて美濃に侵攻して岐阜城を攻めるということであればともかく、三河へ侵攻した程度ではほとんど後詰の実効性がないからである。

それに対して、より直接的な三河侵攻の契機としては、徳川氏の内部に大岡弥四郎《おおおかやしろう》事件といわれた一種のクーデター計画があったことに求められる。元亀元年（一五七〇）に家康が居城を浜松に移すと、当時一二歳であった嫡子竹千代は八月に元服し、「岡崎次郎三郎信康」と名乗り、岡崎城主になった。この信康には、上級家臣の庶流と中下級家臣の付与による信康家臣団が成立しており、傅役《もりやく》が三人、町奉行も三人付けられていたという。

事件は町奉行三人のうちの大岡弥四郎と松平新右衛門の二人が中心となり、信康家臣中の同志を糾合し、武田軍を足助《あすけ》筋から岡崎城へ引き入れ、信康を擁した新徳川家を築こうとしたのである。最近ではこの事件の政治的背景として、武田氏の攻勢と徳川領国の勢力範囲減退という事態が注目されている（柴裕之「松平信康事件は、なぜ起きたのか？」）。信玄の遠江侵攻で国衆のかなりの者が武田方に降り、三方原の合戦では大敗し、事件の前年の天正二年（一五七四）には高天神城を攻略されるという現実があった。このため、家康を中心とした浜松城の対武田氏主戦派が進める外交路線に反発し、路線の見直しを求める動きが、岡崎城の信康周辺で生じたというのである。

この動きと連携して武田軍が三河に侵攻し、足助城（愛知県豊田市）や野田城（新城市）を攻略することになるが、岡崎城へ向かおうとした時に、一味の中で裏切り・通報する者があり、大岡弥四郎らの企ては発覚・失敗したのである。首謀者の弥四郎は鋸《のこぎり》引《び》きの極刑に処せられ、傅役兼家老の石川春重《はるしげ》は切腹となった。家康は事件を手早く処理し、徳川領国の動揺を最小限に食い止めたのである。もしこの企てが成功していれば、家康は大変な危機に陥るところであった。

足助城・野田城を落とした武田軍はその後吉田城を攻めたが、家康が支援にやってきて立て籠ったため、城下を焼き払っただけで長篠城へと向かった。こうして武田軍が長篠城を囲んだのは、『当代記』によれば五月一日のことであった。

長篠城と鳶ノ巣山砦

長篠城の守将は、天正三年（一五七五）二月に入城したばかりの奥平信昌であった。信昌は先に述べたように（七八〜七九頁参照）、二年前に父定能とともに家康に降り、起請文を下されて家康の娘婿になることが約束されていた。武田軍は長篠城が奥三河の要衝であるということだけではなく、このような信昌への遺恨からも、長篠城をきびしく攻めることになった。信昌もまたそのような事情から武田方に降るという選択肢はありえず、この後頑強に抵抗することになった。なお、信昌の「信」字は、信長の諱（実名）からとされることも多いが、これは武田氏の通字「信」を与えられたものとみる方がよいだろう。

勝頼は医王寺山《いおうじやま》に本陣を置き、一万五〇〇〇ともいわれる軍勢で長篠城を囲んだ。また、その後背にある鳶ノ巣山砦《とびのすやま》も押さえた。長篠城は南側は寒狭川《かんさがわ》（『信長公記』では滝沢川《たきさわがわ》）、東側を大野川《おおのがわ》（同、乗本川《のりもとがわ》）という二つの川を天然の堀とし、その合流点内側の段丘上に築かれた要害であった。

『当代記』によれば、武田軍は竹束によって鉄炮や弓矢から身を守りながら攻め寄せ、また金掘人足《かねほりにんそく》を使って堀や塀を切り崩し、昼夜を問わず攻め立てたという。窮状を訴える使者となったのが鳥居強右衛門《すねえもん》で、帰城にあたり武田軍に捕縛され、援軍は来ないというように強制されたが、家康らの来援が近いことを告げて城内の兵を励まし、磔《はりつけ》になったといわれている。

勝頼を侮りがたい敵として認識するようになった織田信長は、武田軍が三河に侵攻してくる前の三月初めに、家康に兵粮米を送るとともに、佐久間信盛を派遣して家康方の備えを検分させた。この兵粮米の件は、三月十三日付の信長宛家康書状によって確認される。『当代記』によれば兵粮米は二〇〇〇俵にものぼり、境目の城々へ入れ置くようにということで、家康は長篠城へは三〇〇俵を入れて籠城に備えさせた。

武田軍の三河侵攻を受け、家康はただちに信長に使者を送って援軍を求めた。ちょうど畿内での戦いが一区切りついたところでもあり、今回は信長もすばやく対応し、五月十三日には長篠城の後詰のため、嫡子信忠とともに岐阜から出馬した。十八日に有海原《あるみはら》に着くと、長篠城の救援に向かうことなく進軍を止め、この地に布陣することになった。結果的に決戦の場となったこの地は、これまでは「設楽原《したらがはら》」とよばれてきたが、『信長公記』や『三河物語』に従って「有海原」とする方がいいだろう。

信長は極楽寺山《ごくらくじやま》に本陣を構え、信忠は新御堂山《にいみどうやま》に陣を取った。窪地がある地形を利用することで、三万もの軍勢がそれほどにはみえないように、段々に配置したという。家康は前面に出て連吾川《れんごがわ》を前にして、高松山《たかまつやま》に陣を敷いた。そして武田軍の来襲に備えて、馬防のための柵《さく》を設けた。他方で、勝頼は信長・家康の軍勢が直接長篠城の救援に来ず、有海原にとどまり、馬防柵で守りを固めたのをみて、敵は臆《おく》したと考えたようだ。長篠城に押さえの軍勢を残し、自らは全軍を率いて有海原に進軍・布陣したことで、両軍は連吾川を挟んで対峙することになった。

『信長公記』によると、決戦前日に信長は策をめぐらし、酒井忠次と信長の馬廻衆《うままわりしゅう》で別働隊を編制し、鳶ノ巣山砦を襲撃することにした。二十日の戌《いぬ》の刻（午後八時頃）に出立し、翌二十一日辰《たつ》の刻（午前八時頃）に数百挺《ちょう》の鉄炮を放ち、鬨《とき》の声をあげて突撃した。砦の兵たちが敗走したため、これを追いながら長篠城の兵と合流し、長篠城の押さえの武田軍を追い払った。このため、有海原の武田軍はいわば退路を断たれたような状態となり、このことが決戦の場での勝敗を分ける一因となった。

有海原での決戦

『信長公記』をはじめとする諸書によると、戦いは早朝より始まり、未《ひつじ》の刻（午後二時頃）まで続いたようである。最初は小競り合い程度から始まったとみられるが、やがて鳶ノ巣山砦が落とされ、長篠城の押さえの兵も敗走したという情報が入ると、退路を断たれた武田軍は正面の徳川勢や織田陣営につぎつぎと攻撃を仕掛けるようになった。『信長公記』によると、一番山県昌景、二番武田信廉《のぶかど》（信玄の弟）、三番小幡憲重《おばたのりしげ》、四番武田信豊《のぶとよ》（信玄の甥）、五番馬場《ばば》信春《のぶはる》だったといわれている。

　武田軍はつぎつぎに突撃を繰り返したが、鉄炮と馬防柵に阻まれて、過半が打ち倒されて引いていった。昼近くになると次第に勝敗が明らかになり、武田軍の敗走が始まった。合戦では敗走時に死者が増えるのが常であり、武田軍は大敗し、山県昌景・馬場信春をはじめ、名のある武将たちが多数討死した。

図9　武田氏略系図

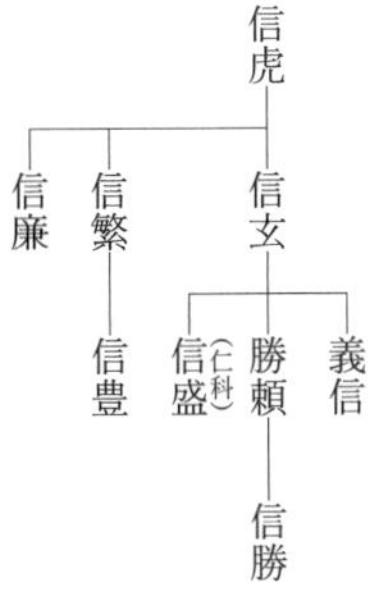

　ところで、この長篠の合戦（長篠城の攻防戦と有海原の決戦とを合わせていう）は、数ある戦国の合戦の中でも有名である。三〇〇〇挺の鉄炮を三段に分け、一〇〇〇挺ずつ代わる代わる撃つという信長の新戦術が大成功を収め、武田軍の騎馬隊を打ち破ったなどといわれてきた。

　このような通説的理解に対しては、早くから基本的な問題点が指摘されていた（藤本正行『信長の戦国軍事学』）。決戦の場が「あるみ原」であること、小《お》瀬《ぜ》甫《ほ》庵《あん》著『信長記《しんちょうき》』から始まる鉄炮一〇〇〇挺ずつの三段撃ちの〝新戦術〟などありえないこと、武田軍といえども全員が乗馬した部隊があったわけではなく、「武田騎馬軍団」という言葉は不適切であること、武田氏も鉄炮を軽視していたわけではなかったが、火薬の主原料硝石《しょうせき》や弾丸の原料に最適の鉛などの入手に不利だったことなどである。

その後も諸氏によって通説的な理解は次第に否定されていったが、ここでは煩雑になるため詳細は割愛する。最近になって、長篠合戦に関する新たな事例の発掘や新解釈がみられる著書が刊行され（平山優『敗者の日本史9　長篠合戦と武田勝頼』など）、新しい局面に入ったともいわれている。しかしながら、これに対しては内容もさることながら、先行研究への批判の作法ともいうべき点で問題があることが指摘されている（藤本正行『再検証　長篠の戦い』）。

新解釈の問題点ということで一例をあげると、三段撃ちの三段を三列に並べるというのは誤解・誤読であり、「段」とは部隊のことで、鉄炮衆だけで編制された三個の部隊を、三ヵ所に配置したといわれるのであるが、創作部分が多く、信憑性《しんぴょうせい》の乏しい甫庵『信長記』の「三」にこだわって読み替えてみても、あまり意味がないだろう。信憑性がある太田牛一の『信長公記』によれば、信長は一〇〇〇挺ほどの鉄炮を佐々《さっさ》・前田《まえだ》・野々村《ののむら》・福富《ふくとみ》・塙《はなわ》の五人の奉行に統括させて戦いに備えたといっている。それゆえ、三個の部隊などではなく、少なくとも五人の奉行にそれぞれ統括された、五個の部隊があったとみなければならないからである。

3　家康の高天神城奪還

合戦後の動静

長篠の合戦で武田軍が大敗したことによって、信長と家康とは愁眉《しゅうび》を開くことになり、それぞれの課題を解決しつつ、勢力の拡大を図っていくことになった。

まず信長についてみると、天正三年（一五七五）八月から九月にかけて、前年一向一揆に奪われた越前の平定に向かった。一揆勢を各地で殲滅《せんめつ》しながら、九月二日には北ノ庄《きたのしょう》（福井市）に入り、ここに柴田勝家《しばたかついえ》を置き、前田利家《としいえ》らを副《そ》えて越前の支配を任せた。また「越《えち》前国掟《ぜんくにおきて》」九ヵ条を定めているが、その第九条末尾では、信長への絶対的服従を求めている。

十月には入京し、十一月四日に従三位権大納言《ごんのだいなごん》に叙任されて公卿《くぎょう》に列し、七日には右大《うだい》将《しょう》をも兼任した。これによって、従三位権大納言兼征夷大将軍である足利義昭と官位でほぼ並んだ。十一月下旬には岩村城（岐阜県恵那市）を奪還し、二十八日には嫡男信忠に家督を譲り、岐阜城と尾張・美濃の両国を与えた。そして翌天正四年（一五七六）正月中旬からは安土《あづち》城（滋賀県近江八幡市）の普請を始め、二月には安土に御座を移し、「天下人」への道

図10　真田氏略系図

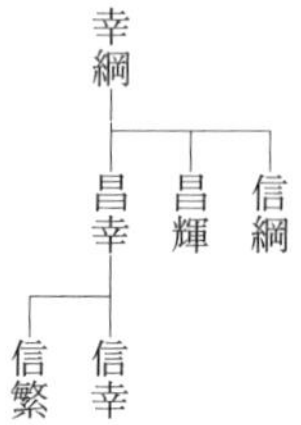

を歩み始めた。

ついで家康の場合は、信玄の遠江侵攻によって攻略された諸城を、つぎつぎに奪還していった。五月末から二俣城（浜松市天竜区）を囲み、六月には光明《こうみょう》城（同前）、七月には犬居城（同前）を相次いで落とした。勝頼は支援の指示を出すが叶わず、徳川方の攻勢は続き、七月には諏訪原《すわばら》城（静岡県島田市）に向かい、八月末にこれを攻略すると牧野《まきの》城と改めた。

さらに小山《こやま》城（吉田町）も囲んだが、守将の岡部元信をはじめとする諸士の奮戦がめざましく、しかも長篠の合戦での大打撃にもかかわらず、九月になって勝頼自身が後詰として出馬してきたため、これは落とすことができなかった。武田軍は引き続き高天神城に兵粮を入れ、その後引き揚げていった。徳川方が二俣城を落としたのは十二月のことで、守将の依田信蕃《のぶしげ》は降伏・開城して去っていった。こうして長篠の合戦があったその年中に、高天神城と小山城を除く遠江中部の諸城の奪還に成功したのであった。

他方で、大敗を喫した勝頼の方は、早急に態勢を建て直すことを余儀なくされた。駿河の支配については江尻《えじり》城（静岡市清水区）の城代であった山県昌景が討死したため、代わって穴山信君《のぶただ》が入った。討死した者が多かったため、その後継者を決めることも大変であった。しかるべき嫡男がいればともかく、そうでなければ息女に婿を取ったり、兄弟が継いだりした。よく知られているように、真田氏の場合は嫡男信綱・次男昌輝《まさてる》がともに討死し、しかもその遺児が幼かったため、武藤家の養子になっていた三男昌幸《まさゆき》が戻ってきて継いだ。

緊急の対応がほぼ落ち着いてきた十二月十六日付で、勝頼は「軍役条目」一八ヵ条を定めている。注目されるのは一〇条目で、現在は鉄炮が肝要（大切）なので長柄《ながえ》（柄《つか》が長い武具）を減らしてでも鉄炮を増やすようにと指示しており、長篠合戦で鉄炮の威力を実感した対応のようにみられる。

翌天正四年（一五七六）には、勝頼は外交関係でそれなりの成果をあげている。これまでは武田・上杉間の「甲越和与」は天正三年十月には成立したとみられてきたが、関係文書の年次比定が改められたことで、その交渉は天正四年以降であることが明らかになった（松島裕大「天正初期上杉・武田氏間和睦交渉再考」）。同年には足利義昭の備後国鞆《びんごのくにとも》（広島県福山市）への動座があり、「甲相越三和《こうそうえつさんか》」の調停も行なわれるが、その破綻《はたん》による「甲越和与」交渉であったという。他方で、毛利《もうり》氏との間では甲芸《こうげい》同盟が結ばれたようで、北条氏との間でも勝頼は氏政の妹桂林院殿《けいりんいんでん》を正妻に迎え、いっそうの同盟強化を図っている。

高天神城の攻防

家康による高天神城の奪還をめざす攻撃は、天正五年（一五七七）閏七月頃から本格的に始まった。この年十月からは、家康の家臣松平家忠による日記が残されているので、この後

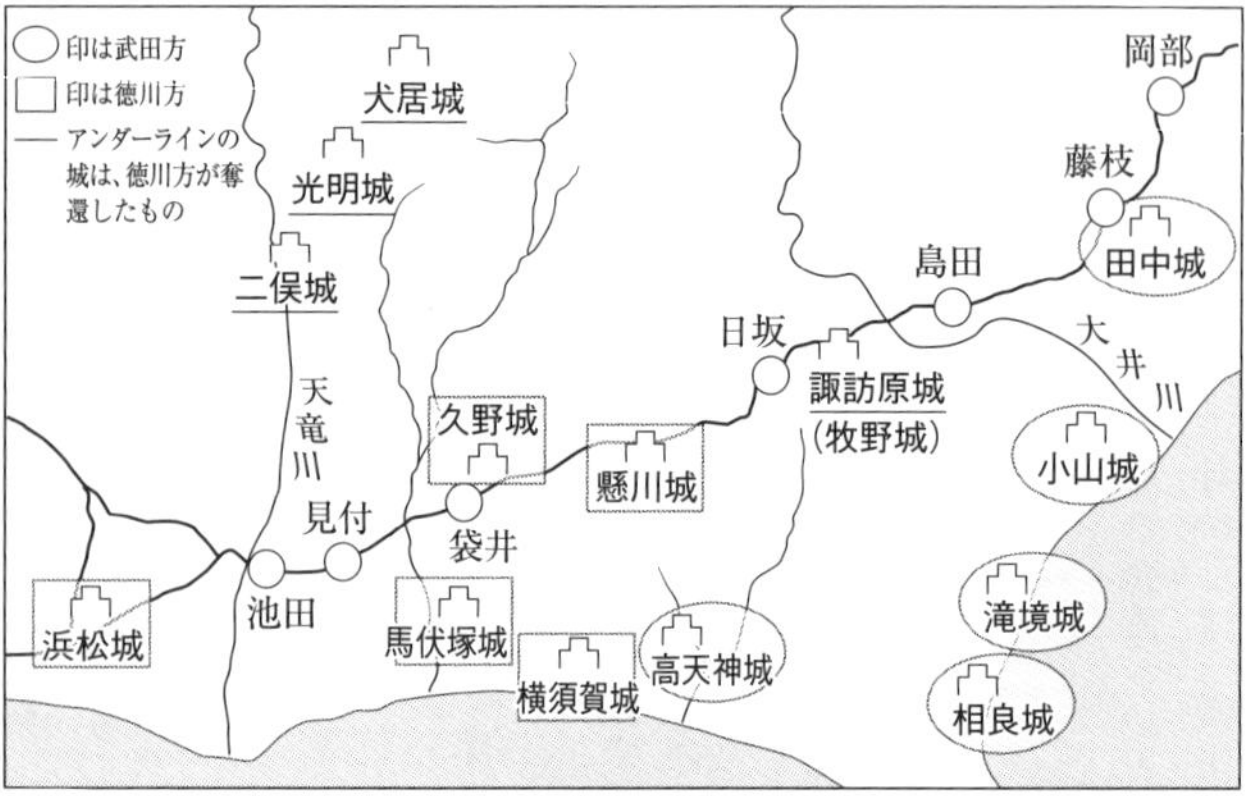

図11　武田・徳川攻防関係諸城

の徳川・武田両氏の攻防の経緯は、ほぼ正確にたどることができる。

『家忠日記』によると、両軍主力による激突に至ることはなく、ほぼ同じパターンで収束している。すなわち、甲府から出馬した勝頼による後詰は、基本的に江尻城→田中城→小山城→高天神城という経路で行なわれた。迎え撃つ家康側の対応は、翌天正六年七月の横須賀《よこすか》城（静岡県掛川市）築城以降はこれを最前線として武田軍に備え、さらに懸川城から牧野城のラインで牽制《けんせい》した。両軍攻防の関係諸城は、図11にみられるとおりである。

天正六年（一五七八）三月に上杉謙信が急死したことは、それまでの諸大名の連携の構図を大きく変えることになった。上杉氏では「御館《おたて》の乱」とよばれる後継者争いが起こり、謙信の甥景勝《かげかつ》（長《なが》尾《お》政景《まさかげ》次男、母は謙信の姉）と養子の景虎（北条氏政実弟、妻は景勝の妹）とが戦った。勝頼は両者の調停を図ろうとして介入したが、結局、六月になって景勝方を支援することになった。翌七年三月に景虎が自刃して乱は収束するが、勝頼の対応を怒った氏政により、甲相同盟は破棄されてしまった。

勝頼は景勝とのいっそうの関係強化を図り、八月には誓詞の交換を行ない、妹の菊姫《きくひめ》と景勝との婚姻をまとめ、これによって甲越同盟が成立した。また、北条氏に備えるため常陸《ひたち》の佐竹義重《さたけよししげ》とも交渉し、十月には誓詞の交換を行なって甲佐《こうさ》同盟も成立した。さらに、佐竹氏を介して「甲江和平《こうごうわへい》」（信長との講和）をめざしたが、これは信長が取り合おうとはしなかった。

勝頼の高天神城後詰は、天正六年（一五七八）には十一月に、翌七年には五月と十一月の二度に及んだ。そしてこれが、勝頼自身による後詰の最後となった。駿河・伊豆の国境地域における北条氏との抗争が激しくなり、もはや遠江への出馬が叶わなくなったからである。この間に北条氏の画策で、九月には家康との相遠《そうえん》同盟が復活したことも、勝頼にとっては脅威となっていた。

天正八年（一五八〇）に入ると、高天神城をめぐる攻防戦は最終局面を迎えることになった。『家忠日記』によると、高天神城の周辺に多くの砦を築き、次第に包囲網を狭めていった。またこの頃になると、高天神城の攻略問題は、信長の天下統一政策とのかかわりを強く持つようになっていた。信長と家康とは同盟関係とはいえ、家康はいわば目下の同盟者であった。しかも天正三年頃から信長が「天下人」として歩み出すと、信長から家康宛書状の書《しょ》札礼《さつれい》（書状の書き方・様式）をみても、対等から薄礼化していき、家康は次第に織田一門の部将のような立場になっていった。

天正八年末には信長から四名の御使衆《おつかいしゅう》が派遣され、徳川方の陣場を検分した。翌天正九年正月には、信長から水野忠重《ただしげ》らの援軍が送られてきた。とりわけ注目されるのは、正月二十五日付で水野に宛てた信長朱印状である。それによると、高天神の籠城衆から矢文によって降伏の申し出があり、助命されるならば高天神城のみならず、小山城・滝堺《たきさかい》城（静岡県牧之原市）も譲渡するといってきたようだ。しかし信長はそれを許さず、一、二年の間に駿河・甲斐へ攻め込むつもりだといい、①もし勝頼が後詰に出てくるようであれば、討ち果たして両国を手中にするし、②後詰をせずに三城を見捨てるようであれば、勝頼は信頼を失い、駿河の城なども抱え続けることはできなくなるだろう、といっている。

最終的な判断は家康に委ねられたが、家康は信長の意向に従って降伏を認めず、総攻撃の準備を進めた。降伏・開城の望みを絶たれた籠城衆は、三月二十二日にいっせいに打って出て、落城したのであった。こうして、家康は七年ぶりに高天神城を奪還したことで、信玄以来の遠江での武田氏との抗争に終止符を打ったのである。

4　松平信康事件

通説の問題点

この高天神城をめぐる勝頼との抗争の最中である天正七年（一五七九）に起こったのが、いわゆる「松平信康事件」であった。八月二十九日にその生母である築山殿が富塚《とみつか》（浜松市中区）で殺害され、ついで九月十五日には信康が二俣城（同天竜区）で自刃させられたというのが事件の結末であった。家康にとっては正妻と嫡男を失ったということで、事情の如何を問わず、痛恨事であったに違いない。

ところが、そのような重大事件であったにもかかわらず、『家忠日記』を除いて信頼できる関係史料がなきに等しく、その実態はいまだ十分には解明されていない。おそらく家康が天下人になり、「神君神話」が広がっていく中で、徳川氏にとって禍根・汚点になるような出来事については、関係史料の廃棄・隠蔽《いんぺい》が行なわれたからであろう。

これまでこの事件に関する通説的な見方は、つぎのような『三河物語』の記述によって形作られてきたものである。すなわち、信康の正妻徳姫が、信康や築山殿の不行跡を一二ヵ条にわたり列挙し、これを酒井忠次に持たせて父信長に訴えた。信長が忠次に質《ただ》したところ、一〇ヵ条まですべてそのとおりだと認めたため、あとの二ヵ条は聞かずに、「老臣がすべて承知しているということならば疑いない。これではとてもものにならないから、腹を切らせるよう家康に申せ」といわれた。忠次からこれを聞いた家康は、「忠次がいっさい弁明しなかった以上、腹を切らせるしかない。今は大敵を抱えていて、信長の命令に背くことはできない」とし、やむなく処罰に踏み切ったというのである。

ここでは、悪いのは信康を中傷した徳姫と、いっさい弁明しなかった忠次であり、家康は信長の命令でやむなく信康を処断したのだといっている。このような見方を採る研究者は、現在でもかなり多い。しかしながら、これは著者である大久保忠教《ただたか》の家康や信康を庇おうとする気持ちが強すぎて、事件の真相からはかなりかけ離れた見方である。

これに対して、「松平・徳川中心史観」を排し、あらためて関係史料を精査し、その後の研究の出発点となった見解がすでに示されている（新行紀一『新編岡崎市史』中世2、第四章第2節三）。筆者もまたこれを基本とし、あらためて研究史と関係史料とを見直すことで、少しでも事件の真相に近づくように努めてきた（拙稿「松平信康事件について」など）。それに基づき、以下、事件の経緯とその真相について考えてみたい。

なお信康の姓であるが、家康が徳川改姓を行なっているので、嫡男信康も当然徳川姓であるとみなされ、「徳川信康」とされることも多い。ところが、信長の文書で娘婿信康のことを「松平三郎」といっているものがあるので、信康は父家康とは異なり、松平姓のままであったことが明らかにされている。

事件の原因と決着

信康事件に至る直接の原因は、粗暴だといわれていた信康の資質と、徳姫との不和にあったと考えられる。たとえば『松平記』によれば、「武辺《ぶへん》は勝《すぐ》れ」ていても、「余りに荒き人にて、かりにも慈悲と云《い》うことを知らず」とまでいわれ、鷹狩《たかが》りに出かけた折に、僧侶《そうりょ》を無残に殺害するようなこともあったという。そのような振舞は家臣にも及び、『当代記』によると、「被官《ひかん》以下に無情に非道を行なわれる」といわれている。

徳姫との関係でいえば、当初は夫婦仲が悪いわけではなかったようであるが、『松平記』によると天正五年（一五七七）頃から不和になったという。二人の間で天正四年に女子が誕生した時には、「三郎殿も築山殿もそれほど悦《よろこ》ばれなかった」といい、翌五年にまた女子が誕生して、「三郎殿も築山殿も御腹立ちになった」といっている。これが不和の原因になったというのである。

二人の不和が深刻になる中で、『家忠日記』によれば、天正七年（一五七九）六月五日に家康が「仲直し」のため、わざわざ浜松から岡崎に出向いたようである。しかしながら、調停は不調に終わったようで、家康は信康処断の決意を固め、七月から九月にかけて一気にこの問題の決着を図った。

家康は七月十六日に酒井忠次を使者として信長のもとに遣わし、信康処断の方針を伝えて了解を求めた。信康は信長の娘婿だったというだけでなく、この頃には家康は家臣の立場であり、主君の了解を求めたということにもなる。

これに対して信長は、『当代記』や『松平記』によれば、「家康の存分次第」、つまり家康の思いどおりにするようにと返答した。『三河物語』にいうような、信長が信康の切腹を申し付け、家康がやむなくこれに従ったというようなことではなく、信康処断の決断は、あくまでも家康自身が行なったのである。家康にとって、まさに苦渋の決断であったことはいうまでもない。こうして、家康は八月三日に浜松から岡崎に向かい、翌四日に信康を糺《ただ》したうえで岡崎城から追い出し、大浜《おおはま》（愛知県碧南市）へと移した。そしてこのことも、八月八日付の堀久太郎《ほりきゅうたろう》（秀政《ひでまさ》）宛書状写で、ただちに信長に報じたのであった。

嫡男信康の追放という荒療治を行なったため、家康は家臣の動揺や反発に備えるため、手早く各種の対応策をとった。『家忠日記』によると、家忠が五日に岡崎城にやってきたところ、家康から「早々に弓・鉄炮の衆を連れて西尾へ行くように」と命じられ、ただちに西尾（西尾市）に向かっている。九日には信康は、大浜から堀江城《ほりえ》（浜松市西区）に移された。十日には家臣たちを岡崎城に集め、信康へ内々に手紙などを出したりしないよう、起請文を書かせた。これだけの措置をとり、岡崎城は本多重次を留守居として守らせ、十三日に家康は浜松に帰った。

信康にかかわる『家忠日記』の記事はそこまでで終わっているが、その後すでに述べたように、信康は九月十五日に二俣城で自刃させられ、築山殿もそれより早い八月二十九日に富塚で殺害されたのであった。のちに信康を供養するために建てられたのが清瀧寺《せいりゅうじ》（浜松市天竜区）で、境内《けいだい》には信康廟《びょう》もある。

事件の背景と本質

ところで、信康の資質や徳姫との不和が直接の原因だとしても、それだけでは、信康と築山殿を生害《しょうがい》するに及んだことについての説明としては不十分である。この点について、近年の研究動向をみると、徳川氏内部の家臣団の対立や、とりわけ外交路線問題での対立を重視する傾向が強い。

すなわち、徳川氏の家臣団の中で、家康＝浜松衆と信康＝岡崎衆との対立、浜松派と岡崎派の対立をみるのである。そしてその対立の原因として、外交路線で織田方か武田方かがあったとするのである。さらに、大岡弥四郎事件まで遡って、家康を中心とした浜松城の対武田氏主戦派と、その路線の見直しを求める岡崎城の信康周辺との対立があり、信康事件の背後には、この武田氏外交をめぐる路線対立があったというのである。

これに対して、筆者は今回の信康事件の背後に、ことさらに家臣団や外交路線の対立があったとみることには、疑問を感じている。たしかに、四年前の天正三年（一五七五）に起こった大岡弥四郎事件の時点では、岡崎城の信康周辺にそれなりの家臣が結集していたようにみられる。家康の浜松派家臣団にある程度対抗できるだけの信康の岡崎派家臣団が形成されており、路線対立があったといってもよいほどの家臣団の結集がみられた。

しかしながら、信康事件が起こった時点で、果たして浜松城の対武田氏主戦派と対抗できるような岡崎城の信康派家臣団など存在したのであろうか。大岡弥四郎事件の決着後、家康はこれを苦い教訓として、二度とそのような事態が起こらないように、岡崎城の信康周辺には細心の注意を払ってきた。

たとえば、『家忠日記』によれば、信康事件前年の天正六年（一五七八）九月五日に、「家康より鵜殿善六を御使として、岡崎在郷は無用であるとの由、仰せ越された」とあり、二十二日には吉田城の酒井忠次からも同様の通達が来ている。「岡崎在郷は無用である」とは、すでに諸氏が述べているように、岡崎に詰めることで国衆たちが信康と親密になることを回避しようとした措置であった。折に触れてそのような措置が講じられていたとすれば、家康を中心とする浜松派家臣団と外交路線で対抗できるほどの信康を中心とする岡崎派家臣団の形成などはありえなかったであろう。信康事件の際に、名のある家臣で処罰された者がみられないことも、そのような勢力がなかったことを示唆《しさ》する。

そうなると、信康や築山殿が生害されるにまで及んだ事情については別に求めなければならなくなるが、そこで注目されるのは、信康や築山殿の周辺に、謀叛《むほん》を疑われるような事態があったといわれていることである。大岡弥四郎事件ではたしかに武田方に通謀する企てがあったが、『松平記』によれば、これには築山殿の関与もあったとみられている。今川氏とゆかりが深く、家康とは不仲であった築山殿には、武田方からみれば付け入る隙《すき》があったのであろう。弥四郎事件の決着後も、築山殿の周辺には、引き続き武田方と通ずる動きが残されていた可能性がある。

注目すべきは、『信長公記』の初期のものといわれる『安土日記』に、「三州岡崎三郎殿に逆心の雑説《ぞうせつ》が申されている」といわれていることである。つまり、信康には「逆心」＝謀叛を疑われるような雑説（噂）があり、武田氏との通謀が疑われていた。

『家忠日記』の天正六年（一五七八）二月四日の条では、信康の母（築山殿）から音信《いんしん》（便り）があったといっているが、当時の社会通念からすれば異例のことであった。十日の条では、信康が深溝《ふこうず》（愛知県幸田町）にやってきたとあり、わざわざ家忠のもとを訪れているのも、関連した動きかもしれない。つまり、築山殿と信康サイドで、家臣に対するいわば多数派工作が行なわれていたとも受け取られかねない動きであった。

築山殿は弥四郎事件の際には罪を免れたものの、再度の謀叛の疑いで、女性でありながら生害を免れなかったのであろう。信康もどこまで主体的であったかどうかはともかく、築山殿と連動する動きがあり、それが謀叛の疑いということになっては、同じく成敗を免れなかったといえよう。

第五章　本能寺の変
——伊賀越えの苦難

1　武田氏の滅亡

織田軍の侵攻

天正十年（一五八二）は、家康にとってはまさに激動の年となった。武田氏の滅亡、本能寺の変と伊賀越え《いがごえ》、天正壬午《じんご》の乱というように、四一歳の家康にきびしい試練が相次いだからである。順次その経過をたどってみることとしよう。

武田氏滅亡の直接の契機は、この年の正月に信濃国衆で武田勝頼の妹婿でもあった木曽義昌が、織田方へ通じたことにあった。信長はこれを好機として、二月三日には武田領への諸口よりの侵攻を命じた。駿河口は家康、関東口は北条氏政、飛驒口は金森長親《かなもりながちか》、そして信濃伊那口は信長・信忠父子が二手に分かれて侵攻すると定めた。

このうち、伊那口の先鋒となった信忠軍の進撃は、まことにめざましいものであった。抵抗らしい抵抗をしたのは勝頼の異母弟仁科信盛《にしなのぶもり》が守将であった高遠城（長野県伊那市）ぐらいであったというが、これも三月二日にわずか一日の攻防で攻略されてしまった。

実は武田方のこの為体《ていたらく》は、高天神《たかてんじん》城攻略の折に信長が予測した②の見通し（九四頁参照）が、見事に的中した結果でもあった。すなわち、高天神の在城衆は武田氏のほぼ全領域から集められていたため、勝頼が後詰《ごづめ》をすることなく、城兵を「見殺しにした」という怨嗟《えんさ》の声が領国内に広まっていたのである。折しも、二月十四日には浅間山《あさまやま》の大噴火が起こったが、これさえも、武田氏滅亡の予兆と受けとめられるような有様であった。つまり、これらは人心が勝頼からすっかり離れていたことを示している。

勝頼も決して手をこまねいていたわけではなく、前年には新府《しんぷ》城（山梨県韮崎市）の築城を始め、防衛体制の強化を図ろうとしていた。木曽義昌の叛乱に対しては、ただちに一万五〇〇〇ともいわれる軍勢を率いて鎮圧に乗り出し、二月二日には諏訪上原《うえはら》（長野県茅野市）に陣を構えたという。ところが、二月二十八日に信玄の娘婿で一門の穴山梅雪《ばいせつ》（信君《のぶただ》は天正九年二月に出家して梅雪斎不白《ばいせつさいふはく》と名乗る）が叛《そむ》いたとの急報を受け、新府城に帰還したのであった。

信忠軍の快進撃は続いていたが、信長は補佐に付けた滝川一益《たきがわかずます》・河尻秀隆《かわじりひでたか》らに対し、この間繰り返し軽挙を慎むよう諫言することを命じていた。しかし信忠軍の進撃は止まらず、三月三日には諏訪大社の上社《かみしゃ》を焼き討ちにした。同じ日に、勝頼はいまだ完成していない新府城での抗戦をあきらめ、自ら城を焼いて退去し、重臣小山田信茂《おやまだのぶしげ》が守備する岩殿《いわどの》城（山梨県大月市）をめざした。

家康の出馬

信長より駿河口からの侵攻を命じられた家康は、『家忠日記』によれば、二月十八日に浜松城から出馬し、その日は懸川城まで進んだ。十九日に牧野城（静岡県島田市）に至り、諸勢は金谷《かなや》（同前）に陣取った。二十一日には駿府に入ったが、その間に武田氏の駿河先方衆の朝比奈信置《のぶおき》が守備する持舟《もちふね》（用宗《もちむね》）城（静岡市駿河区）を攻め、信置は二十九日に久能山《くのうざん》城（同前）に退去した。

そして、早くから内通していた江尻城の穴山梅雪を誘降し、三月四日にはこれと対面して相互に進物《しんもつ》のやりとりがあった。梅雪が降《くだ》ったことで、その後は甲斐に向けて順調に進軍することができた。

三月八日に興津を経て、十日には市川《いちかわ》（山梨県山梨市）に着陣した。ところが、翌十一日には織田方の滝川・河尻らに攻め込まれた勝頼が、田野《たの》（甲州市）で自害したのである。正妻桂林院殿・嫡男信勝や、最後まで付き従っていた重臣たちも、ともに自害して果てた。勝頼は享年三七歳、桂林院殿は一九歳、信勝は一六歳であったといわれている。勝頼は再起を図ろうとして岩殿城に向かったのであるが、小山田信茂にも裏切られた結果であった。

この十一日に甲府に入った織田信忠のもとに、家康は梅雪とともに出向いている。他方、かなり遅れて進軍してきた信長は、十四日に浪合《なみあい》(長野県阿智村)で勝頼父子の首実検を行なった。両者の首級は、その後まず信濃国飯田《いいだ》で、ついで京都で晒《さら》された。

信長はついで諏訪に向かうということで、十七日に家康も諏訪に向かった。十九日に上諏《かみす》訪《わ》(諏訪市)で、家康も信長を迎えている。その後、家康は二十三日に、諏訪から市川に戻ったのであった。

論功行賞

天正十年(一五八二)三月二十九日には、信長は武田氏を滅ぼした論功行賞を行なった。旧武田領に関するその知行割《ちぎょうわり》(家臣に知行を割り与えること)は、『信長公記』によればつぎのような内容であった。

甲斐国は穴山梅雪の本領を除き河尻秀隆、駿河国は家康、上野国《こうずけのくに》は滝川一益、信濃国については郡ごとに分割され、高井《たかい》・水内《みのち》・更級《さらしな》・埴科《はにしな》の四郡は森長可《もりながよし》に下された。さらに、木曽の本領と安曇《あずみ》・筑摩《つかま》二郡は木曽義昌、伊那郡は毛利秀頼《ひでより》、諏訪郡は穴山領の替地(代替地)として河尻秀隆、小県《ちいさがた》・佐久《さく》二郡は滝川一益であった。こうして、家康は三河・遠江・駿河の三国を領有する大名となったが、信長から知行を与えられたことによって、家臣としての立場がより明確になった。

いっさいの処置を終えると、信長は四月十日に甲府を発ち、帰路は東海道へ出て家康の領国を通ることになった。その道程は『信長公記』に詳しい。宿泊地をみてみると、十日は右左口《うばぐち》（山梨県甲府市）、十一日は本栖《もとす》（市川三郷町）、ここから駿河に入り、十二日大宮（静岡県富士宮市）、十三日江尻城（静岡市清水区）、十四日田中城（藤枝市）、ついで遠江に入り、十五日懸川城（掛川市）、十六日浜松城、さらに三河に入って、十七日吉田城（愛知県豊橋市）、十八日池鯉鮒《ちりゅう》（知立市）、その後は織田領で、十九日に尾張の清須城、二十日は美濃の岐阜城、そして二十一日に近江安土城へと凱旋《がいせん》したのであった。

この信長帰路の行軍に対して、家康は道中の安全を図るだけでなく、少しでも快適な旅となるよう万全の態勢をとった。城に泊る場合は比較的楽であったが、そうでない場合は御茶《おちゃ》屋《や》や御厩《おうまや》を建てて宿営を調え、それは昼食時の休憩場所でも同様であった。食事などにも贅《ぜい》を尽くして、饗応《きょうおう》にこれ努めた。このような家康の行き届いた心配りや一方《ひとかた》ならぬ苦労に対して、「信長公の御感悦は申すまでもない」といわれており、信長は家康の対応に大いに満足したのであった。

このような経緯もあってか、家康が梅雪をともなって所領の宛行《あてがい》・安堵の御礼のため五月十五日に安土城に祇候《しこう》すると、信長は明智光秀《あけちみつひで》に接待役を命じ、家康一行をまことに手厚くもてなした。二十日の大接待では、信長自身が膳《ぜん》を据えるほどの歓待ぶりであったといわれている。そして翌二十一日からは、家康は信長の勧めにより、京都・大坂・堺《さかい》への見物に出かけたのであった。

2 伊賀越え

信長の立場

武田氏を滅亡させて凱旋した信長に対して、朝廷はさっそくそれを祝う勅使を派遣した。そして天正十年（一五八二）四月二十五日には武家伝奏《ぶけてんそう》（武家の奏請を天皇・上皇に取り次ぐ公家《くげ》の役職）の勧修寺晴豊《かじゅうじはれとよ》が、信長側近で所司代《しょしだい》の村井貞勝《むらいさだかつ》のもとを訪れ、「三職推任《さんしきすいにん》」について話し合った。すなわち、安土に勅使を派遣し、信長を太政大臣《だじょうだいじん》・関白《かんぱく》・将軍のいずれかの官職に推任しようとしたのである。

信長は四年前の天正六年（一五七八）に、正二位《しょうにい》の位階はそのままに、官職については右大臣・右大将を辞して無官であった。朝廷としては最大の実力者である信長を、何とか朝廷の官職体系の中に取り込もうとして、前年には左大臣に推任したのであるが、これも信長は断っていた。五月三日に勅使の女房衆が安土城に派遣され、晴豊もこれに付き添った。信長は勅使に会うことを避けたが、晴豊のたっての願いで六日に面会はしたものの、三職について答えることはなかった。

この当時の信長は、いわゆる「天下統一」も十分視野に入る状況に至っていた。関東方面については、天正三年（一五七五）に信忠に家督を譲った同じ十一月二十八日付で、関東・南陸奥《むつ》の大名・国衆らに朱印状を送り、長篠合戦での勝利を知らせ、いずれ武田攻めを行なうので、その際には味方をするよう求めていた。いずれもほぼ同内容で、現在、常陸の佐竹義重、陸奥の田村清顕《たむらきよあき》、下野の小山秀綱《おやまひでつな》宛の三点が知られている。

こうして、常陸の佐竹氏や北関東の国衆たちは、小田原の北条氏に対抗するために、比較的早くから信長に好《よしみ》を通ずることになった。また、北条氏政も武田氏に対抗するため、天正七年（一五七九）九月には家康と同盟を結ぶようになり、さらに、翌天正八年三月には笠原《かさはら》康明《やすあき》らを使者として信長のもとに派遣し、服属の意思を表わしたのであった。そして今回、甲斐の武田氏を滅ぼしたのであるから、残るは柴田勝家と対戦していた越後の上杉景勝のみという状況となっていた。

図12　毛利氏略系図

元就―隆元―輝元―秀就
　├（吉川）元春―広家
　├（小早川）隆景
　└（穂井田）元清―（毛利）秀元

西国についてみると、中国地方ではこの時期羽柴《はしば》秀吉が備《びっ》中高松城《ちゅうたかまつ》（岡山市）で、毛利輝元《てるもと》（毛利元就の嫡孫）・吉川元春《きっかわもとはる》（元就の次男）・小早川隆景《こばやかわたかかげ》（元就の三男）らの毛利軍と対陣していた。そして秀吉の要請で信長自身が出馬する意思を固め、明智光秀・細川忠興《ただおき》（細川藤孝の長男）・池田恒興《つねおき》らに先陣を命じたので、降伏に追い込むのは時間の問題であった。四国では長宗我部元親《ちょうそかべもとちか》と対立していたが、まさに六月二日には信長の三男信孝《のぶたか》を総大将とする渡海軍が派遣される予定になっており、四国平定は目前であった。
九州では豊後の大友宗麟《おおともそうりん》・義統《よしむね》父子と薩摩《さつま》の島津義久《しまづよしひさ》との間で抗争が続いていたが、劣勢であった大友氏は信長に近づき、信長は天正七年（一五七九）十一月七日付の義統宛朱印状で、周防《すおう》・長門《ながと》の両国を与えると約束した。この時点では両国は毛利領であったため、大友氏に毛利氏の背後を突かせ、毛利氏滅亡後に宛行《あてが》うとの約束だったことになる。そのためにも「豊薩無事《ほうさつぶじ》」、つまり大友・島津両氏の和睦が必要になり、それを調停すべく、天正八年八月に島津氏、九月には大友氏に、それぞれその意向を伝えた。翌天正九年六月に島津義久が大友氏との長年の私恨を棄てて和睦案を受諾し、大友氏もまた受諾したことで「豊薩無事」が成立した。

　信長はすでに天正八年（一五八〇）閏三月に勅命講和によって本願寺と和睦し、翌四月に顕如が大坂から退去したことで、畿内を中心とする「天下静謐《せいひつ》」を実現していた。天下人としての歩みを着実に進め、これまでみてきたような諸国の情勢からすれば、信長による「天下統一」は実現間近になっていたといえよう。そのような歴史の流れが、天正十年六月二日未明の本能寺の変によって突然断ち切られたのであるから、その衝撃は大きかった。

明智光秀が家康の接待役を解かれ、中国筋への出陣を命ぜられて、坂本《さかもと》（滋賀県大津市）を経て丹波亀山《たんばかめやま》城（京都府亀岡市）に入ったのは天正十年（一五八二）五月二十六日のことであった。『信長公記』によれば、翌二十七日に愛宕山《あたごやま》（京都市右京区）へ参詣《さんけい》し、太郎坊の御前で二、三度鬮《くじ》を取ったという。一宿参籠して、二十八日には西坊《にしのぼう》で連歌《れんが》の会を催した。その発句《ほっく》は光秀で、「ときは今あめが下知る五月哉《さつきかな》」と詠み、西坊（行祐《ぎょうゆう》）と里村紹巴《さとむらじょうは》らが続いて百韻《ひゃくいん》（一〇〇句を連ねたもの）を神前に籠め置いた。

六月一日夜（最近、昼であった可能性が出てきた）に重臣らに謀叛の決意を語り、亀山から中国筋の三草《みくさ》越えには向かわず、東の老《おい》の山《やま》へ上り、それを左に下って桂川《かつらがわ》を越え、二日の明け方近くに京都に入った。後年の回想録「本城惣《ほんじょうそう》右衛《え》門《もん》覚書」によれば、従軍していた惣右衛門はなぜ京都に向かったのか不審に思い、あるいは上洛中の家康を討つためかと思ったといっており、まさか敵は本能寺とは思いもしなかったという。わずか二、三十人の小《こ》姓衆《しょうしゅう》を連れただけで本能寺に滞在していた信長は抗するべくもなく、四九歳で非業の最期を遂げたのであった。たまたま妙覚寺《みょうかくじ》にいた嫡男信忠も、二条御所に移って抵抗するが、やはり無勢のために自刃して果てた。

なお、最近『乙夜之書物《いつやのかきもの》』（金沢市立玉川図書館近世史料館蔵）の本能寺の変にかかわる記事が見直され、つぎつぎと新たな事情が明らかになって注目された（萩原大輔『異聞　本能寺の変』）。すなわち、『信長公記』では光秀が重臣たちに謀叛の決意を告げたのは一日の夜だったといわれているが、ここでは重臣の斎藤利三《としみつ》が昼頃に兵を率いて亀山城に到着した際に告げられたといわれており、昼だったということになる。また、夜中に桂川の河原に到着したところで光秀は兵粮を使うように命じ、その際、本能寺に取りかかるということを物頭《ものがしら》が軍勢に告げたといわれており、そうなると本城惣右衛門も、この時点では信長を討つと知ったことになる。

さらに、とくに注目されているのは、実際に本能寺に向かったのは斎藤利三らの二千余騎であり、光秀自身は本能寺には向かわず、鳥羽《とば》（京都市南区・伏見区）で待機していたといわれていることである。これらの情報は、斎藤利三の三男で本能寺の変にもかかわっていた利宗《としむね》が、甥で加賀《かが》藩士の井上《いのうえ》清左衛門に語った内容であるといわれており、それなりに信憑性があるとみられている。

いずれにしても、この本能寺の変ははなはだ衝撃的な出来事であったため、光秀がなぜ信長を討つことになったのか、その動機をめぐってこれまでに幾多の説が出されてきた。大別すると「怨恨」説と「野望」説が中心で、いずれにしても光秀の「単独犯行」説であった。ところがその後、光秀を陰で操っていたものがあったのではないかとする、まことに多様な「黒幕」説が登場するようになった。ただ、今ではそれらはいずれも成り立たないことが明らかにされている。

筆者は、本能寺の変とは、主として信長の四国政策の転換により窮地に陥った光秀が、信長と信忠とがいずれも少数の供回りで本能寺と妙覚寺に入り、他方で、光秀が疑われることなく軍勢を動員することができたという、まさに希有《けう》の状況下で決行したクーデターであったと考えている。

伊賀越えの敢行

家康と梅雪の一行が信長の側近長谷川秀一《はせがわひでかず》・西尾義次《にしおよしつぐ》（吉次《よしつぐ》）らの案内で堺に入ったのは、天正十年（一五八二）五月二十九日のことであった。翌六月一日には津田宗及《つだそうぎゅう》の茶会が催され、また堺代官松井友閑《ゆうかん》らの接待を受けた。

明けて二日の朝、家康・梅雪の一行は京都へ戻るべく、堺から出立した。ところが、先発していた本多忠勝が京都より急を知らせるため馬でやってきた茶屋清延《ちゃやきよのぶ》（四郎次郎《しろうじろう》）と枚方《ひらかた》（大阪府枚方市）辺りで出遭い、本能寺の変で信長が討たれたことを知らせた。二人は急ぎ家康のもとへと戻り、飯盛八幡《いいもりはちまん》（四條畷市）辺りでその報告を行なった。家康は当初、このまま上洛して知恩院《ちおんいん》で追腹《おいばら》（殉死）をしようとしたが、重臣たちの意見で思いとどまり、三河に帰って弔《とむら》い合戦を行なうことを決断したのであった。

こうして、家康一行は長谷川・西尾や茶屋とともに、苦難の伊賀越えを敢行することになった。『三河物語』によれば、同行していた梅雪は家康を疑って別行動をとったため、落ち武者狩りにあって宇治田原《うじたわら》（京都府宇治田原町）で討たれたという。家康一行もまた、同様

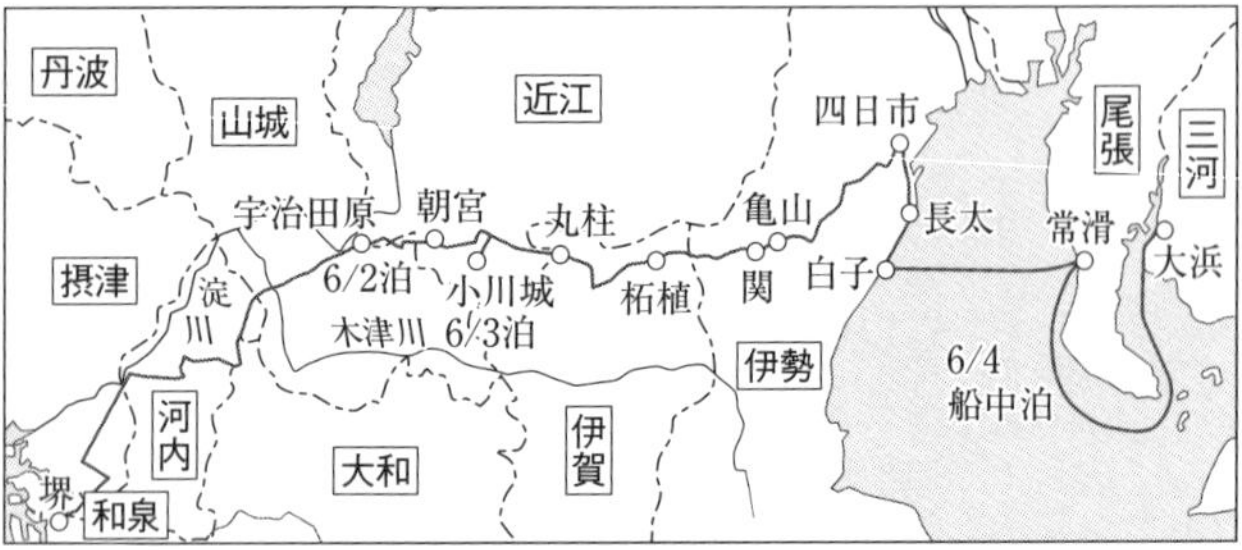

図13　家康の伊賀越えルート　平野明夫「「神君伊賀越え」の真相」をもとに作成

の運命に遭わないという保証はなかったのだ。

この伊賀越えの件でもっとも信頼すべき史料は「石川忠《いしかわただ》総留書《ふさとめがき》」であるが、それによると伊賀越えのルートは図13のように想定される。最近、堺から竹内峠《たけのうち》（大阪府太子町と奈良県葛城市の府県境）を越えて大和路を経由したのではないかとする説が出てきているが、ここでは通説の伊賀越え説を採る。なぜなら、大和路へ向かったということであれば、茶屋清延と出会うようなことはなかったということになるが、清延は伊賀越えで家康一行に同行していたからである。

その日は宇治田原の山口光広《やまぐちみつひろ》の館に泊ったが、堺からは一三里（約五二キロメートル）の行程で、かなりの強行軍であった。翌三日は山口館から南近江へ出て、朝宮《あさみや》（滋賀県甲賀市）を経て小川《おがわ》村（同前）に至り、多羅尾光俊《たらおみつとし》の小川城で一泊した。この行程は六里とやや短かった。四日は伊賀国の丸柱《まるばしら》（三重県伊賀市）・柘植《つげ》（同前）を経て伊勢国の加太《かぶと》（亀山市）に出て、関《せき》（同前）からは東海道で亀山

（同前）・四日市《よっかいち》（四日市市）に至った。この行程は一七里とまさに強行軍であった。そこからさらに白子《しろこ》（同前）まで行ったので、乗船したのは夜になっただろう。白子から知多《ちた》半島の常滑《とこなめ》を経て五日に大浜《おおはま》（愛知県碧南市）に着船し、やっと岡崎城に帰ることができた。

『家忠日記』によれば、六月三日の酉《とり》の刻（午後六時頃）には、本能寺の変で「上様」（信長）が討たれたことが伝わっていた。四日の条では、家康が堺にいることや、伊勢路を経て大浜に上陸することを知って、大浜へ迎えに出向いている。いち早く正確な情報が伝わっていることに驚かされる。五日に岡崎城に出仕したところ、出陣の用意をするよう仰せられ、本拠の深溝《ふこうず》（幸田町）に帰っている。

信長の弔い合戦を目的とした家康の出馬は、当初の予定からやや遅れて十四日になった。ところが、十九日に羽柴秀吉より山崎《やまざき》（京都府大山崎町）の合戦で光秀を討ち果たしたので帰陣されたいとの要請が来たため、津島《つしま》（愛知県津島市）から軍を返し、二十一日に浜松城へ帰陣したのであった。

3　天正壬午の乱

信長知行割の崩壊

本能寺の変の衝撃は、とりわけ新領国である武田氏旧領に入部して日の浅い織田系武将たちを直撃した。上野国に入った滝川一益は厩橋城《まやばし》（群馬県前橋市）に本拠を置いていたのであるが、本能寺の変を知った北条氏が上野の回復をめざして動き始めたため、危機的な状況に陥った。氏直《うじなお》・氏邦らが率いる北条軍が二万ともいわれる大軍でやってくると、一益は天正十年（一五八二）六月十九日の神流川《かんながわ》の戦いで大敗し、やっとの思いで箕輪城《みのわ》（高崎市）に逃げ込んだ。ついで信濃に入り、依田信蕃《のぶしげ》らの助けを借りながら小諸《こもろ》（長野県小諸市）から諏訪・木曽を経て、七月一日にかつての本領伊勢長島城《ながしま》（三重県桑名市）に帰還したといわれている。

信濃の川中島《かわなかじま》四郡（長野市を中心とした地域）を与えられていた森長可は、柴田勝家に呼応して越後の春日山城《かすがやま》（新潟県上越市）へと迫っていたのであるが、本能寺の変の報を受けて本拠の海津城《かいづ》（長野県長野市）に戻った。ついで深志《ふかし》（松本市）から木曽を経て、やはりかつての本領美濃兼山城《かねやま》（岐阜県可児市）に帰還した。

甲斐国は河尻秀隆に宛行《あてが》われていたが、本能寺の変後に各地で一揆が起こったため、家康は家臣の本多忠政《ただまさ》を派遣して援護しようとした。ところが、秀隆は徳川方に領土的野心があるのではないかと疑い、忠政を殺害してしまった。これに怒った本多家の家臣たちは一揆と結んで蜂起し、十八日に秀隆を討ち取ったのである。このため、甲斐国は無主の地となってしまった。

こうして、本能寺の変の結果、武田氏滅亡後に信長によって行なわれた上野・信濃・甲斐の知行割は、跡形もなく崩壊したのであった。これら武田氏旧領の争奪をめぐり、この後、家康と北条氏との間で抗争になるが、天正十年（一五八二）は壬午《じんご》（みずのえうま）の年であったため、これら一連の動乱を「天正壬午の乱」といっている（平山優『天正壬午の乱』）。

北条氏との抗争

このような甲斐・信濃の状況に対して、家康はすばやく手を打った。甲斐については大須賀康高と武田旧臣である岡部正綱《まさつな》や曽根《そね》昌世《まさただ》らを送り、武田旧臣を取り込みながら平定を進めた。信濃には同じく武田旧臣である佐久の国衆依田信蕃を小諸城に入れ、信蕃はさっそく佐久郡や小県郡の諸士の懐柔を行なっている。

ついで六月末には第二陣ともいうべき酒井忠次、大久保忠世《ただよ》、石川康通《やすみち》、本多広孝・康重《やすしげ》父子らを派遣し、甲斐からさらに信濃の経略を指示した。『家忠日記』によれば、家康自身も七月三日に浜松から出馬し、九日には甲府に着陣した。同十四日には酒井忠次宛に五ヵ条の定書《さだめがき》を下し、「信州十二郡」の統治を命じた。

ところで、本能寺の変によって信長による支配は瓦解《がかい》したのであるが、信長が築いた「織田政権」の枠組み自体はただちに崩壊したわけではなかった。六月二十七日にはいわゆる清須会議が行なわれ、信長・信忠亡き後の「織田政権」を継承する体制について協議された。その結果、信長の次男信雄《のぶかつ》と三男信孝はいずれも他家の養子となっていたため（信雄は北畠《きたばたけ》

図14　織田氏略系図

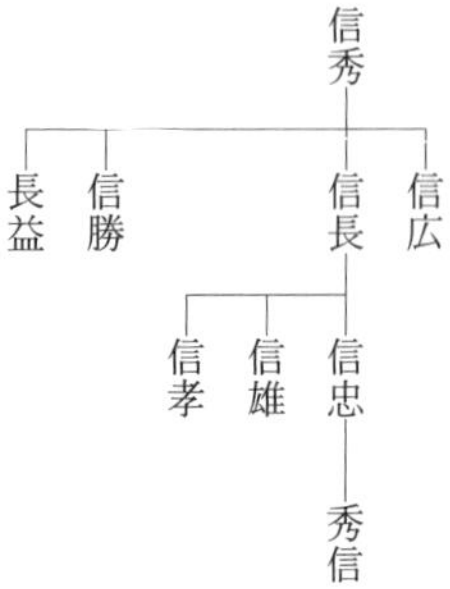

家、信孝は神戸《かんべ》家。のち織田に復する）家督継承者とはなりえず、嫡男信忠の遺児三法師《さんぼうし》（のち織田秀信《ひでのぶ》）が織田家の家督を継ぎ、これを羽柴秀吉・柴田勝家・丹羽《にわ》長秀《ながひで》・池田恒興の四宿老が支えるという新たな「織田政権」が誕生したのである。ここではこれを「織田体制」とよぶことにするが、織田家の家臣であった家康もまたこの体制に加わり、この新たな「織田体制」の承認を得て、甲斐・信濃の経略を進めていったのである。実際にも、信雄家臣の水野忠重が家康への援軍として甲斐に派遣されただけではなく、実現はしなかったが、「織田体制」として援軍を送る計画さえあったのである。

　他方で、滝川一益を上野国から追いやった氏直が率いる北条氏の大軍は、七月十二日には碓氷《うすい》峠を越えて信濃国に入った。このため、真田昌幸や諏訪頼忠《よりただ》らをはじめとする信濃の国衆らは、つぎつぎと北条氏に降っていった。依田信蕃が懐柔した佐久郡の諸士たちの多くも、北条氏に出仕するようになった。

　信濃に入った北条軍は、まず北信濃の制圧をめざした。森長可が川中島四郡から撤退すると越後の上杉氏がやってきて、さっそく飯山《いいやま》城（長野県飯山市）や長沼《ながぬま》城（長野市）を押さえた。さらに、海津城（同前）の城代春日信達《かすがのぶたつ》が服属を申し出たことにより、上杉勢が川中島四郡へと進出してきたからである。この信達が北条方に内通してきたため、これを好機として北条氏直は上杉方と勝負を決しようとした。ところが、この謀議が露顕して信達が処刑されたことで、氏直は北信濃をあきらめ、甲斐の領有をめざすことになった。こうして、八月七日には若神子《わかみこ》城（山梨県北杜市）に着陣し、以後はここに本陣を置いた。

このため、徳川方でも迎撃の準備を急ぎ、諏訪方面に展開していた酒井忠次・大久保忠世らを甲斐に呼び戻した。家康は甲府の守備は鳥居元忠らに任せると、自らは八月十日に新府城（韮崎市）に陣を移し、ここを拠点として北条方と対峙した。二万ともいわれる北条方の大軍に対し、徳川方は一万にも満たないほどの軍勢ということで、まさに多勢に無勢、大きな試練に直面することになった。

戦いの帰趨《きすう》は徳川方にとって危うくみえたが、八月十二日の黒駒《くろこま》（笛吹市）の合戦が戦いの局面を大きく変えた。すなわち、北条氏政は氏直を支援すべく、弟氏忠《うじただ》に一万余りともいわれる軍勢で御坂《みさか》峠を越えて東八代《ひがしやつしろ》郡に進撃させた。これを甲府留守居の鳥居元忠の部隊が、黒駒で撃破したのである。討ち取った三〇〇余りともいう首級を若神子の陣に向けて晒したため、北条方は大いに戦意をそがれて戦線は膠着《こうちゃく》状態に陥った。

その後、八月末には木曽義昌が、また九月末には真田昌幸が帰順したことは、劣勢だった徳川方にとって大いに力になった。さらに北条方の砦《とりで》を奇襲によって攻略し、補給路を断つような事態となったため、氏直は家康に和睦を申し入れるに至った。家康も織田信雄・信孝兄弟からの勧めもあり、和睦に応ずることにした。和睦は十月二十九日に成立したが、その条件は主としてつぎの二点であった。

第一は国分《くにわけ》協定で、北条方が押さえていた信濃佐久郡と甲斐都留《つる》郡の二郡は徳川方に割譲し、上野国は西上野の沼田《ぬまた》領も含めて北条領とすること、第二に、家康の次女督姫《とくひめ》を氏直の正妻に迎え、両家は同盟を結ぶ、というものであった。この後者は翌天正十一年(一五八三)八月に実現するが、前者の沼田領は実際には真田氏が支配していて、のちに北条氏滅亡につながる大きな火種となった。

甲斐の支配

こうして、家康は北条氏との抗争を経て、甲斐と佐久郡より以南の南信濃を手中にし、それまでの三河・遠江・駿河を合わせて、五ヵ国を領有する大大名となった。とりわけ甲斐を手中にし、多くの武田旧臣を配下に取り込んだことは、家康のこの後の飛躍にとって大きな意味を持つことになった。そこでこの甲斐支配の意義について、もう少し具体的にみてみることとしよう。

領国の支配を実際に担当したのは、奉行人や代官たちであった。徳川氏の支配は天正十年(一五八二)に駿河から甲斐・信濃へと広がっていったが、その過程でみられる支配方式の大きな変化として、発給文書の形式の問題がある。三河・遠江支配までの段階では、家康の

表4　天正10・11年の徳川家康朱印状

奉者名	天正10年(1582)									天正11年(1583)										計
	2月	3月	6月	7月	8月	9月	10月	11月	12月	①月	3月	4月	5月	6月	7月	9月	10月	11月	12月	
阿部善九郎(正勝)	1				1	4			1								1			8
阿部善九郎・松平五郎左衛門	1																			1
弥三左衛門・善阿弥	2																			2
山本帯刀(成氏)	1																			1
本多作左衛門尉(重次)		1																		1
大久保新十郎(忠泰・忠隣)				1	8	6	1	3	1									1		21
井伊兵部少輔(直政)					17	2		29	15							3				66
本多弥八郎・高木九助					1			1	46		1								1	50
本多弥八郎(正信)					2		1	1	2						2	2				10
高木九助(広正)					2			1	3											6
岡部次郎右衛門(正綱)					5															5
榊原小平太(康政)					3		1													4
松平玄蕃允・内藤三左衛門					1	1														2
内藤三左衛門(信成)					1															1
戸田三郎右衛門(忠次)					1	1														2
成瀬吉衛門尉・日下部兵衛門尉					1	5			9			11				6	2			34
成瀬吉右衛門尉(正一)					2															2
阿部善九郎・山本帯刀						3														3
大久保新十郎・成瀬吉右衛門						1														1
本多弥八郎・大久保新十郎							2													2
松平玄蕃允(清宗)							2													2
市川左内							1													1
芝田七九郎(康忠)								3	9											12
榊原小平・神谷弥五郎(重勝)								1												1
日下部兵右衛門尉(定吉)									2											2
井出甚之助(正次)										1			3				10			14
倉橋三郎五郎(政範)										1										1
加々爪甚十郎・本多千穂(正純)																1				1
三宅弥次兵衛尉(正次)																			1	1
直状式印判状(奉者不明分を含む)	1	7	1	8	5	1	1	2	11	19	12	61	3	3	1	3	1		2	142
総　計	6	8	1	9	50	24	9	41	99	21	13	72	6	3	3	15	14	1	4	399

判物（花押が据えられた文書）による直接支配が主であった。印判《いんぱん》状《じょう》（朱印または黒印による文書）の使用が始まっていても、奉者《ほうじゃ》（主君の命を奉じた発給者）がいない直状式《じきじょうしき》のものであった。ところが、とくに甲斐経略の過程で、武田旧臣や寺社に宛てて、表4にみられるように大量の奉書式《ほうしょしき》印判状が出現するのである。それとともに、多数の奉行人が登場することになった。なお、これら印判状で使用された朱印は、図15のように印文は「福徳《ふくとく》」で、直径約五・七センチメートルのかなり大きな朱印であった。

図15 「福徳」朱印

当時の奉者＝奉行人の多くは、また武将としての側面を合わせ持っていた。奉者別でもっとも点数の多い井伊直政《いいなおまさ》についてみると、直政は徳川氏の典型的な有力部将であり、武田旧臣の多くはこの直政の旗本部隊に組み込まれた。これによって井伊の「赤備《あかぞなえ》」と称される勇猛果敢な軍団を構成することになるが、本領を安堵することで多くの武田旧臣を取り込んだことは、まずは軍事的に大きな意義があったといえよう。

甲斐支配の民政組織についてみると、郡内《ぐんない》領は鳥居元忠に任せられ、河内《かわうち》領は梅雪の子息穴山勝千代《かつちよ》の所領とされたため、徳川氏による直接支配は国中《くになか》地域（山梨《やまなし》・巨摩《こま》・八代《やつしろ》の三郡）に限られた。そこでは武田氏時代の職制がほぼ踏襲され、甲府の甲斐郡代平岩親吉《ひらいわちかよし》を頂点に、両職《りょうしき》（両奉行）に成瀬正一《なるせまさかず》・日下部定好《くさかべさだよし》を配置し、さらに四奉行（公事《くじ》奉行）には武田旧臣を取り立てた。甲斐においてこのような態勢が整ってくるのは、天正十一年（一五八三）後半頃からであった。

天正十五年（一五八七）以降になると、大久保長安《ながやす》らの代官の進出が著しくなった。彼らの多くは武田氏時代の蔵前衆《くらまえしゅう》（代官）の系譜をひき、地方《じかた》（農村）支配に巧みであった。彼らは五十分一役《ごじゅうぶんのいちやく》（年貢から二パーセントを徴収する臨時課税。一六八頁で詳述）の賦課《ふか》や夫丸《ぶまる》（人夫）・鐚銭《びたせん》（品質が粗悪な銭貨）などの徴収に当たっており、民政支配一般にかかわる四奉行とは役割を異にしていた。

いずれにしても、これら武田旧臣の四奉行や代官らは、領国内の民政支配・地方支配にかかわって手腕を発揮していたのである。それは甲斐支配のみに限らず、大久保長安に代表されるように、この後徳川領国全体に及んでいった。その意味でも、甲斐を領国化して武田旧臣を取り込んだことは、意義が大きかったといえるのである。

第六章　小牧・長久手の合戦
――中央権力との対決

1　合戦に至る過程

「織田体制」内の抗争

天正十年（一五八二）六月の本能寺の変後も、織田信長が築いた「織田政権」の枠組みは残り、清須会議を経て新たな「織田体制」が成立したことはすでに述べた（一一七〜一一八頁参照）。しかしながら、この「織田体制」は内部での主導権争いが激化して、早くもこの年のうちにほころびが生じ、長く続くことはなかった。

すなわち、当初は織田信雄と信孝とによる織田家家督三法師の「名代」争いに始まり、やがて信雄を支援する羽柴秀吉と、信孝を支援する柴田勝家の争いへと発展していったからである。三法師は安土城に入る予定であったが、修築されるまでの間、清須会議で美濃一国を領有することになった信孝が後見人となり、岐阜城に入った。

ところが、三法師を擁した信孝は「織田体制」を主導しようとする振舞が多くなり、信雄や秀吉がこれに反発するようになった。他方、秀吉の台頭を快しとしない柴田勝家は信孝に加担し、信雄・秀吉と信孝・勝家との、両者の対立が激しくなっていった。十月十五日に秀吉が京都大徳寺《だいとくじ》で信長の葬儀を強行したことは、信孝・勝家と秀吉との関係をいっそう悪化させることになった。

このような状況の中で、秀吉は十月二十八日に京都本圀寺《ほんこくじ》で四宿老のうちの丹羽長秀・池田恒興と語らい、信孝・勝家が謀叛を起こしたという名目で、新たに信雄を織田家家督に擁立することとした。十一月一日付石川数正宛羽柴秀吉書状によれば、この間の事情を記すとともに、「家康にも御意《ぎょい》を得たいと思っていたところ、ちょうど書状をもらって満足している」と述べている。これを受けて家康は、十二月二十二日付の秀吉宛書状で、信雄が家督を相続したことについて、「われわれも大悦これに過ぎません」と祝意を表したのであった。

十二月になると秀吉はいよいよ軍勢を動かし、勝家が深雪で動けない隙を狙《ねら》って、まず勝家の養子勝豊《かつとよ》が入っていた長浜城《ながはまじょう》（滋賀県長浜市）を攻撃し、これを降《くだ》した。ついで岐阜城の信孝に迫ったところ、勝家の援軍を期待できない信孝は、降伏して三法師を差し出した。三法師は秀吉軍によって、ただちに修復中の安土城に移された。信雄は翌天正十一年（一五八三）正月末に安土城に入り、以後三法師の「名代」かつ織田家家督として政務を執ることになった。

二月になると、秀吉は伊勢に戻っていた滝川一益討伐のため北伊勢に向かったが、信雄も出陣して一益の居城長島城（三重県桑名市）などを攻撃した。ところが、柴田勝家が近江国北部に出撃してきて柳ヶ瀬《やながせ》（滋賀県長浜市）に布陣したため、秀吉も軍勢を送って木之本《きのもと》（同前）に本陣を置き、しばらく対峙することになった。

四月になると、勝家の出陣に呼応するように信孝が岐阜城で挙兵した。秀吉は信孝を討つために十六日に大垣城《おおがき》（岐阜県大垣市）に着陣したが、この機をとらえて二十日に勝家の甥佐久間盛政《もりまさ》が秀吉方の中川清秀《なかがわきよひで》を討ち取った。この報に接した秀吉は急遽《きゅうきょ》兵を木之本に返し、翌二十一日に動揺して兵を引こうとした佐久間軍を攻撃して切り崩し、ついで賤ヶ岳《しずがたけ》（滋賀県長浜市）で柴田軍と交戦し勝利を収めた。いわゆる賤ヶ岳の合戦であるが、この合戦で福島正則《ふくしままさのり》・加藤清正《かとうきよまさ》らの馬廻衆が戦功をあげたことは、「賤ヶ岳の七本槍《しちほんやり》」としてよく知られている。

秀吉軍は敗走する柴田軍を追って越前に入り、勝家の居城北ノ庄城（のちの福井城。福井県福井市）を包囲した。勝家は抗しきれず、二十四日にお市の方とともに自害して果てた。お市と浅井長政との間に生まれた三人の女子（茶々・初・江）は、落城前に城から出て、秀吉に委ねられた。信孝は勝家に与《くみ》したため、賤ヶ岳での勝利を受けて信雄が岐阜城の信孝を攻撃した。信孝は降伏するが、信雄の命により、五月二日に大御堂寺《おおみどうじ》（愛知県美浜町）で自刃した。さらに六月には一益も降伏した。

こうして、信雄・秀吉に対抗する勢力が一掃されたことにより、これまでの「織田体制」は、織田家当主の信雄とそれを宿老の秀吉一人が補佐するという新たな体制となった。信雄は五月二十一日には前田玄以《げんい》を京都奉行に任命するなど、政務への意欲を示していた。しかしながら、両者の蜜月が長く続くことはなかった。なぜなら、秀吉が「織田体制」から脱して、自らが天下人になろうとする意欲を示し始めたからである。

信孝が自刃し美濃国が空白になると、秀吉は摂津を領有していた池田恒興・元助《もとすけ》父子を美濃に移し、恒興は大垣城に、元助は岐阜城に入った。秀吉は摂津を領有することで畿内の要衝大坂を手中にし、ここに自身の居城を置くべく、九月から大規模な改築に着手した。他方で信雄は、賤ヶ岳の合戦後にそれまでの尾張に加えて伊勢・伊賀も領有することになるが、安土城からは追われて伊勢長島城に入った。三法師は近江坂本に移され、秀吉の庇護《ひご》下に置かれるようになった。こうして、信雄と秀吉との関係は次第に険悪になっていき、『家忠日記』の十一月二十日条によれば、信雄が上方《かみがた》で切腹したという風聞が流れるほどの事態となっていた。

家康の動静

天正十年(一五八二)十月二十九日に北条氏との和睦が成立して天正壬午の乱が終結する

と、両軍は人質を取り交わし、兵を引くことになった。氏直はただちに撤退を始めたが、家康はなお甲府にとどまり、甲斐・信濃の経略に努めた。和睦の際の領土協定は「手柄次第」（「切り取り次第」ともいう）ということで、新たな領国を統治できるかどうかは、それぞれの実力と才覚に委ねられたからである。甲府には甲斐郡代に任じた平岩親吉を置き、都留郡には鳥居元忠を配置し、甲府を出発したのは十二月十二日のことで、浜松には十六日に帰着した。

翌天正十一年（一五八三）、家康は正月を浜松城で迎えるが、『家忠日記』によると、十六日に岡崎へ行き、十八日には星崎《ほしざき》（名古屋市南区）で織田信雄と会見したという。信雄が秀吉に擁されて織田家家督となり、安土城に入る直前の時期のことであり、どのような話し合いがあったのか気になるところであるが、残念ながらその内容は不明である。その後、信雄の重臣飯田《いいだ》半兵衛より、信雄が安土城に安着し、宿老たちが馳走《ちそう》（もてなし）したとの報告があったようで、閏正月五日付の半兵衛宛家康書状において、大変喜ばしいことだと祝意を表している。

この年、家康は引き続き甲斐・信濃の経略を重視し、閏正月十四日付で多くの武田旧臣たちに、いっせいに本領安堵の朱印状を発給した。二月十二日には前山《まえやま》城（長野県佐久市）にいた依田信蕃《のぶしげ》に書状を送り、前山城の番替《ばんがえ》（城の防備の交替）を伊奈《いな》郡衆に命じたとし、相《あい》木《き》城（北相木村）の兵員を減らしてはどうかといい、すべて芝田康忠《やすただ》と相談するようにと伝えている。また、三月十四日には信濃屋代城《やしろ》（千曲市）の屋代秀正《ひでまさ》が、酒井忠次を頼って帰属を申し出たのを受けて、その本領更級郡を安堵した。さらに、三月二十一日には信濃知久《ちく》平城《だいら》（飯田市）の知久頼氏《ちくよりうじ》とその弟頼龍《よりたつ》にそれぞれ書状を出し、佐久・小県両郡の敵を成敗するため軍勢を差し遣わしたので、頼氏は来月一日か二日に兵を率いて新府まで来るようにと命じ、頼龍には先手《さきて》として甲府へ来るようにと命じた。

先の依田氏やこの知久氏宛の書状では、自らも甲府へ向かうといっていたが、実際にも、天正十一年（一五八三）には二度にわたり自ら甲府まで出馬している。この三月にはほぼ予告どおり、二十八日までには甲府に入った。この甲府滞在中の四月に、実に七〇を超える甲斐の寺社領の安堵を行なった。そして、甲斐・信濃の諸士に各種手当てをし、浜松に帰着したのは五月九日のことであった。

この間に、先に述べた賤ヶ岳の合戦と柴田勝家の滅亡などがあり、浜松に帰った家康は五月二十一日に石川数正を坂本在城中の秀吉のもとに遣わし、大名物《おおめいぶつ》の茶壺《ちゃつぼ》である初花肩衝《はつはなかたつき》を贈って戦勝を賀した。おそらくはその返礼ということで、秀吉は八月六日に浜松に使いを遣わし、家康に不動国行《ふどうくにゆき》の名刀を贈っている。

八月十五日には、天正壬午の乱の和睦条件の一つであった、家康の次女督姫の北条氏直への輿入れが行なわれた。それを見届けて、家康はふたたび甲府に出馬し、一ヵ月余り、主として武田旧臣への対応を行なった。これによって甲斐の仕置《しおき》（統治）をほぼ終え、十月二日には甲府から江尻、ついで駿府に移ってしばらく駿河の仕置に当たり、浜松に帰着したのは十二月四日のことであった。

この間の問題として注目されるのは、いわゆる関東における「惣無事《そうぶじ》」（戦いがない平和な状態）の問題である。実は信長の最晩年の段階で、関東の「惣無事」は完成間近になってい
た（一〇九頁参照）。本能寺の変さえなければ、武田氏の滅亡後に上野国《こうずけのくに》を領有し、厩橋城《まやばし》（群馬県前橋市）に本拠を置いた滝川一益のもとで、関東「惣無事」の成立は時間の問題であったといってもよかった。ところが、本能寺の変によりこの流れは瓦解し、ふたたび北条氏と佐竹氏・宇都宮《うつのみや》氏をはじめとする北関東の反北条氏勢力との抗争が復活したのである。

この状況を打開し、関東の「惣無事」を実現する役割は、「織田体制」のもとでも家康に期待されるところとなった。ところが、家康はこれまでみてきたように、天正壬午の乱を経て新たに領国となった甲斐・信濃両国の経略を優先的に進めたのであった。さらに、北条氏と和睦し、氏直と督姫との婚姻が成立して同盟関係が結ばれると、北条氏と反北条方の北関東諸氏との間を調停する公平な立場が取れなくなるという事態を生ずることになった。このため、反北条方の北関東諸氏の中には家康から離れ、「織田体制」のもとで急速に頭角を現わした秀吉を頼り、自らの生き残りを図ろうとする者が現われてきた。

家康への返書である十月二十五日付参河守《みかわのかみ》殿（家康）宛秀吉書状の中には、そのような流れを受けたとみられる記述がある。すなわち、「関東の「無事」を図るといわれてきたの

に、いまだに遅延しているのはどういう事情でしょうか。上様(信長)が御在世の時にいずれも「疎略」のない方々ですから、早速「無事」が調ってもおかしくありません。万一何かと延引しようとする者があれば、信雄と相談して必ず成敗します」といっている。

この「万一何かと延引しようとする者」とは、暗に北条氏を指しているため、この書状を受け取った家康は、さっそく十一月十五日付で北条氏政宛に書状を出した。そこでは、「関東惣無事」の儀について羽柴方よりこのようにいってきたといい、右の書状を朝比奈泰勝《やすかつ》に持たせ、ご覧いただくようにするとし、よくよくお考えになってご返事をいただきたいといっている。秀吉が家康を通じてとはいえ関東の「惣無事」に立ち入ってきたこと、しかもそれが同盟関係になった北条氏とかかわって問題になってきたことで、家康は強い緊張感を覚えたものと思われる。

2　長久手の合戦での勝利

羽黒の合戦

天正十二年(一五八四)にはいわゆる小牧《こまき》・長久手《ながくて》の合戦となるが、前年末頃には、織田信雄と羽柴秀吉との関係は、いつ決裂してもおかしくないような状態になっていた。単独では秀吉に対抗できない信雄は、次第に家康を頼みにするようになり、他方で家康の方は、

「織田体制」のもとで一貫して信雄を支持していた。前年正月には星崎で会見しており、この年二月には使者を信雄の居城伊勢長島城に遣わし、何事かを密談したという。家康は信雄と連携し、急速に台頭しつつある秀吉と対決する決断をしたのであった。

信雄は三月六日に三人の重臣を長島城に呼び寄せ、秀吉に内通したとの嫌疑で殺害した。これは信雄による秀吉に対する宣戦布告であり、家康も七日には吉田から岡崎に戻るなどすばやく対応していて、まさに両者が示し合わせた行動であった。十三日には両者は清須城で会見し、今後の作戦につき協議した。

両軍とも当初は北伊勢辺りが戦場になるとみていたようで、家康方の先陣酒井忠次は、十四日には伊勢桑名（三重県桑名市）に着陣した。秀吉方も多くの武将を関（亀山市）方面に展開させ、早々と南伊勢をほぼ制圧した。ところが、この局面は美濃勢の動向によって大きく変わることになった。

すなわち、大垣城の池田恒興、その嫡男で岐阜城の元助、その娘婿で兼山城（岐阜県可児市）の森長可らが、十三日に織田方の犬山城《いぬやま》（愛知県犬山市）を攻略したのである。恒興の母養徳院《ようとくいん》は信長の乳母《めのと》であったため、信長とは乳兄弟《ちきょうだい》ということで、信雄はその帰属を期待していて備えが疎かになったのである。しかしながら、恒興は清須会議以降、ほぼ秀吉と行動をともにしており、今回も秀吉方となった。家康はただちに酒井忠次隊を尾張に向かわせたが、これ以後、戦いの主要な舞台は伊勢ではなく尾張になったのである。

三月十七日には犬山城から南下してきた池田・森隊と、これを迎え撃った酒井忠次隊との間で、羽黒《はぐろ》（犬山市）の合戦があった。森隊が池田隊からやや離れてしまったその間隙《かんげき》を突いて、酒井隊がこれを襲撃・撃破したのである。織田・徳川連合軍はこの勝利によって、やっと態勢を立て直すことができた。

その武勇によって鬼武蔵《おにむさし》とまでいわれた森長可にとって、羽黒での敗戦はこの上ない不名誉であった。そのため、その後は討死を覚悟して戦う決意を固めたとみられ、二十六日付で「むさし」と署名した六ヵ条の遺言書を認《したた》めた。武士であることの一面での悲哀を感じさせる、珍しい内容となっている。

家康はその後、二十八日に小牧山城（小牧市）を占拠し、信雄とともにここに本陣を置いた。他方で秀吉も、軍勢の多くを尾張に展開し、二十九日には小牧山にほど近い楽田《がくでん》（犬山市）に本陣を置いた。両軍の軍勢は、『当代記』によれば、家康・信雄勢が一万五、六千、秀吉勢は一〇万といっている。一〇万とはやや誇大であり、陣立書《じんだてしょ》（合戦における部隊の配置などを記したもの）から推測される秀吉方の軍勢は六万余りとみられているが、いずれにしてもかなりの兵力差があったことはたしかである。家康にとって秀吉との対決が、大きな試練になったことはいうまでもない。

こうして、両軍は小牧山と楽田とにそれぞれ本陣を置き、かなり間近で対峙することになった。小牧山城は、信長が斎藤氏を滅ぼして岐阜城へ移るまでのわずかな期間であったが、居城として築城した石垣造りの堅牢な城郭であった。また、兵力差が大きいとはいえ、籠城軍を攻撃するのは味方の犠牲も大きくなることを覚悟する必要があった。そこで秀吉は小牧山城を力攻めにするのではなく、まずは家康方の軍勢を小牧山城に釘付《くぎづ》けにし、その間に家康の本拠岡崎城を突いて後方から攪乱《かくらん》するという戦法を採ることにした。そのための具体的な方策が、別働隊による三河侵攻という作戦であった。

秀吉はこの岡崎城を突こうとする三河侵攻作戦を、四月六日に決行した。四月八日付丹羽長秀宛秀吉書状などによれば、甥の三好信吉《のぶよし》（のちの豊臣秀次《とよとみひでつぐ》）を総大将とし、先陣は池田恒興・森長可の部隊で、軍監として堀秀政・長谷川秀一を付け、およそ二万四、五千という軍勢であった。九鬼義隆《くきよしたか》の水軍も三河に差し遣わしたといわれており、かなり大がかりな作戦だったことがわかる。

この秀吉方の動きを察知した家康は、小牧山城の留主《るす》部隊として酒井忠次・石川数正・本多忠勝らを残し、信雄とともに四月八日の夜には小幡城《おばたじょう》（名古屋市守山区）に入った。先の丹羽長秀宛秀吉書状では、別働隊が小幡城の二の丸まで攻め入り、首一〇〇余りを討ち取ったといっているので、別働隊が先へ進んだ後、家康方が奪い返して入城したことになる。

そして翌九日早朝、家康方は榊原康政・大須賀康高らを先陣として、戦線が伸びた別働隊最後尾の三好隊を急襲した。三好隊は不意を突かれたというだけではなく、戦意も乏しかったようで、たちまち総崩れとなった。これを知った堀・長谷川隊は、岩崎城《いわさき》（愛知県日進市）を攻略していた先陣の池田・森隊にこれを急報するとともに、ただちに引き返して長久手の檜ヶ根《ひのきがね》で応戦し、かろうじて家康方の先陣を撃退した。

他方で、井伊直政の旗本部隊などを中心とする家康本隊は、仏ヶ根《ほとけがね》まで引き返してきた池田・森隊と激戦になった。激しい銃撃戦と白兵戦の中で、池田恒興・元助父子は討死し、森長可も絵図によれば眉間《みけん》を撃たれて即死した。別働隊はまさに壊滅的な敗戦となり、昼過ぎには戦いの決着がついた。

家康はさっそくこの勝利を、甲斐の平岩親吉・鳥居元忠宛に報じているが、「今日九日午《うま》の刻（正午頃）、岩崎口において合戦に及び、池田紀伊守《きいのかみ》（元助）・森庄蔵《しょうぞう》（長可）・堀久太郎（秀政）・長谷川竹《たけ》（秀一）、そのほか大将分（身分）はことごとく、人数一万余りを討ち取った。すぐに上洛を遂げるので、本望を察せられたい」といっている。家康方はこの勝利を、北条氏をはじめ、各方面へ大々的に喧伝《けんでん》した。

信雄もまた翌四月十日付の某氏宛書状で、岩崎方面において合戦に及び、大将分は皆、人数七、八千を討ち取ったといっており、さらに「さんざんくたびれたので、（花押はやめて）印判にした」といっている。同日付の吉村氏吉宛書状では、昨日巳《み》の刻（午前十時頃）、岩崎方面で一戦に及び、一万余りを討ち取ったといっている。こちらには言い訳はないが、やはり花押ではなく黒印である。

これらからすれば、岩崎城から引き返してきた池田・森隊との長久手の合戦は、午前十時から十二時頃にかけて戦われたものとみられる。先の家康書状には「卯月《うづき》九日申刻」と、午後四時頃との刻付《こくづけ》があるので、戦いから間もなくして出されたことがわかる。また、戦いの場所が「岩崎口」「岩崎表」とあるのは、長久手古戦場から岩崎城まではわずか三・五キロメートルほどと近接しており、実際には長久手で戦われたとしても、岩崎は尾張・三河間の街道の要衝の地であることからよく知られているので、岩崎方面で戦ったといったのであろう。さらに、討ち取った人数が七、八千から一万というのは、戦勝報告によくみられる誇張した数字であり、「顕如上人貝塚御座所日記《かいづかござしょにっき》」によれば、「その外軍兵一万余り討死」に小さく註記して、その後の情報によれば三〇〇〇ほどだったといっている。仮に三〇〇〇としても大変な数字であり、家康方が圧勝したことには変わりがなかった。

3　和睦の内実

各地での抗争

三好隊敗走の急報は、天正十二年（一五八四）四月九日昼頃には楽田の秀吉のもとにも届けられたと思われ、秀吉はただちに大軍を率いて救援に向かい、家康との決戦を挑もうとした。しかしながら、家康はすでに小幡城に引き揚げた後で、両軍主力の決戦には至らなかった。家康はその日のうちに小牧山城に戻っていて、まことに鮮やかな勝利であった。家康の上洛は実際には実現することはなかったが、秀吉方の敗報が京都に伝わると、かなりの騒動になったといわれている。

この小牧・長久手の合戦では、結果的にみて、両軍の合戦らしい合戦は長久手の合戦のみであった。四月末には秀吉は楽田の本陣から撤退して岐阜城へと引き揚げ、その後は両軍主力が激突するようなことはなかった。

五月になると秀吉方は、木曽川《きそがわ》沿いの諸城の攻撃を始めた。まず、加賀野井城《かがのい》（岐阜県羽島市）を包囲し、七日にはこれを攻略した。ついで、十日からは竹鼻城《たけがはな》（同前）の攻撃に向かったが、ここは地勢を見計らい水攻めにすることとした。大規模な堤防をめぐらすことになるが、既存の輪中《わじゅう》堤防を利用したため、一週間足らずで完成したという。

秀吉が加賀野井城などの攻撃を行なった意図について、五月九日付毛利輝元宛書状においてつぎのようにいっている。家康が小牧山城に立て籠っていっさい出てこないので、加賀野井城を取り囲めば必ず「後巻《うしろまき》」（後詰《ごづめ》）をするであろうから、この口へ引き出して一戦に及び討ち果たそうと待っていたところ、いっこうに出てこないので、七日にこれを攻略した。竹鼻城は明日十日から取り囲む。

すなわち、加賀野井城の攻囲などは、家康を小牧山城から引き出したうえで、兵力差にものをいわせて決戦を挑もうとするものであった。時間をかけることになる竹鼻城の水攻め戦法も、同様の意図を持ったものであることはいうまでもない。しかしながら、家康はこの挑発には乗らず、両城とも後詰を行なうことはなかった。こうして、援軍を期待できなくなった竹鼻城の守将不破広綱《ふわひろつな》は、信雄の指示もあって秀吉に降参し、六月十日に開城して長島城に去っていった。

この小牧・長久手の合戦は、また当初より外交戦でもあり、信雄・家康と秀吉の両陣営とも、遠国《おんごく》勢力との連携による包囲網の形成を積極的に進めていった。信雄・家康陣営では、小田原の北条氏をはじめ、信濃の小笠原氏や保科《ほしな》氏、越中《えっちゅう》の佐々成政、大和の越智《おち》氏、丹波の蘆田《あしだ》氏、土佐《とさ》の長宗我部氏、さらに和泉や紀伊の一揆勢などがあった。他方、秀吉の陣営では、中国の毛利氏、越後の上杉景勝、越前の前田利家、関東では佐竹氏などの反北条氏勢力などである。

これら対抗勢力同士が、それぞれの地域で戦うこともあり、たとえば、四国では長宗我部氏と秀吉方の三好氏、北国では佐々成政と前田利家などである。とりわけ大規模な戦闘が行なわれたのは、北条氏と反北条氏との関東での沼尻《ぬまじり》の合戦であった（齋藤慎一『戦国時代の終焉』）。

すなわち、先に述べたように（一三一頁参照）、本能寺の変後に関東の「惣無事」状況は崩壊し、北条氏政・氏直と佐竹義重・宇都宮国綱《くにつな》（義重の甥）らの反北条氏勢との間の抗争が再燃することになった。北条方の北関東への侵攻はきびしく、天正十一年(一五八三)九月には厩橋城(群馬県前橋市)を攻略していた。他方で、反北条方は同年十一月に小泉城《こいずみ》(大泉町)を攻めるが攻略できず、これが前哨戦《ぜんしょうせん》となった。天正十二年二月になってもなお落とせずにいたところ、北条方では氏政・氏直父子が揃《そろ》って利根川《とねがわ》を越えて小泉城の救援に向かった。反北条方も迅速に対応し、ともに五月初めに藤岡《ふじおか》城(栃木県栃木市)の北にある沼尻(同前)で対陣することになった。両軍とも大軍であったというが、結局目立った合戦がないままに長期戦となった。七月十五日に沼尻の戦場から北方にある交通の要所岩船山《いわふねさん》を北条勢が攻め取ったことを契機に和睦の話が出て、二十二日に早くも和睦が成立し、翌二十三日にそれぞれ退陣したのであった。

この合戦は小牧・長久手合戦と連動していた。佐竹氏ら反北条方は秀吉と連携しており、七月初めに上杉景勝が上野国に進出して北条方の背後を突いたのも、秀吉からの要請であった。他方、北条氏は前年八月に氏直と督姫の婚姻が成立し、家康とは同盟関係にあった。小牧・長久手の合戦に際しては家康から援軍の要請があり、北条方でもそのための用意はしたようだが、この沼尻での対陣となったため、援軍を送ることはできなかった。このように、この時期の関東での沼尻の合戦は、小牧・長久手の合戦とも深くかかわっていたのである。

和睦の成立

こうして、長久手の合戦後は大きな戦いはなく、尾張・美濃・伊勢で一進一退の攻防が続いた。信雄・家康方も防戦一方ということではなく、天正十二年（一五八四）六月十六日に蟹江《かにえ》城（愛知県蟹江町）に入った秀吉方の滝川一益を攻め、七月三日に一益は降伏・退城している。しかしながら、次第に兵力に勝る秀吉方の優位が明らかになっていった。九月になると和睦の話が出てきたが、これは条件が合わずに決裂した。その後十月になって、秀吉は信雄の居城である長島城を直接攻撃する構えをみせた。まず桑名城に対して付城《つけじろ》（攻撃の拠点として敵城の近くに構えた砦《とりで》）を築いて圧力をかけたため信雄はついに屈し、十一月十二日に秀吉の陣所に出向いて和睦が成立した。

翌十三日に秀吉が諸氏に出したほぼ同内容の朱印状によれば、人質として信雄と織田長益《ながます》（信長の弟。のち出家して有楽斎《うらくさい》）は実子を出し、重臣たちもまた人質として実子や母を差し出すこととされた。信雄の所領も、尾張国と北伊勢四郡になった。和睦とはいっても対等のものではなく、信雄は秀吉に敗北したのである。「織田体制」は最終的に消滅し、織田家当主であった信雄と秀吉との主従の立場は、ここに逆転したのである。

この十三日の秀吉朱印状では、家康についても触れている。「家康も懇望しているようだが、今度は信雄を引き入れ、秀吉に対して重々不届きなことがあった。そのため三河方面に押し詰め、思いどおりの処置をするつもりであったが、家康の実子や石川数正以下が人質を出し、何事も秀吉次第と種々懇望している。しかし秀吉は家康に対する存分が深く、どうすればよいかまだ考えがまとまっていない」などといっている。

結局、信雄の執りなしもあり、家康についても人質を出すことで決着がついた。こうして和睦が成立し、家康は十六日に兵を引くことになり、松平家忠も小幡より岡崎まで戻ったといっている。十二月十二日には家康の立場からは養子ということで、次男の於義伊《おぎい》（のちの結城秀康《ゆうきひでやす》）を秀吉のもとへ送り、石川数正の子息勝千代《かつちよ》（のち康勝《やすかつ》）と本多重次の子息仙千代《せんちよ》（のち成重《なりしげ》）とがこれに従った。実質的には人質ということで、これによっても秀吉優位の和睦であったことがわかる。

第七章　石川数正の出奔
――「家康成敗」の危機

1　第一次上田合戦

秀吉の関白任官

小牧・長久手の合戦は、緒戦で長久手合戦の勝利があったとはいえ、全体としては秀吉方が優位に推移し、ともかくも和睦という形で終結した。翌天正十三年（一五八五）になると家康の立場は次第にきびしいものとなっていった。とりわけ、この年の後半に起こった第一次上田合戦と石川数正の出奔とは、家康にとって大きな試練となったが、順次みていくこととしよう。

他方で、秀吉についてみると、家康とは逆に着々と天下人への歩みを加速していった。小牧・長久手の合戦終結直後の天正十二年（一五八四）十一月には、朝廷から従三位権大納言に叙任された。ついで、翌十三年二月二十二日に織田信雄が大坂城に出仕し、秀吉に臣従する姿勢を明確に示すと、三月一日に信雄を同じく従三位権大納言に推挙した。そして秀吉自身は、その直後の三月十日に正二位内大臣《ないだいじん》となり、かつて主君として奉じた信雄の官職を凌駕《りょうが》し、天下人の立場に立ったことを世間に知らしめた。

さらにこの年、秀吉は小牧・長久手の合戦時に、織田・徳川連合軍と気脈を通じていた諸勢力を、つぎつぎに降《くだ》していった。まず三月から四月にかけて自らも出馬して紀州攻めを行ない、根来寺《ねごろでら》（和歌山県岩出市）や雑賀《さいか》一揆を鎮圧し、高野山金剛峯寺《こうやさんこんごうぶじ》（高野町）も服従させた。ついで弟秀長《ひでなが》を総大将とした四国攻めが行なわれ、一時は四国を席巻《せっけん》する勢いであった長宗我部氏は、八月になって和議を結ぶことで、やっと土佐一国を安堵された。並行して秀吉自らが出馬した北国攻めも行なわれ、八月末には佐々成政が剃髪《ていはつ》・降伏した。

この間に、秀吉は近衛前久《さきひさ》の猶子《ゆうし》（名目上の養子）になり、藤原姓で七月十一日に従一位関白に叙任され、武家関白として政権を担うことになった。ついで九月には朝廷に申請し、源平藤橘の四姓に並ぶ「豊臣」姓を下賜《かし》された。それによって藤原姓を改め豊臣秀吉となるが、名字はあくまでも羽柴であり続けたともいう。ただ本書では、適宜「豊臣秀吉」「豊臣政権」「豊臣大名」などを使用することとする。なお、天正十四年（一五八六）十二月には太政大臣に任官したので、従一位・関白・太政大臣と官位を極めることになった。

真田昌幸の動静

さて、まず第一次上田合戦であるが、ここで家康に敵対した主役は真田昌幸であった。昌幸は真田幸綱《ゆきつな》の三男で、武田氏に人質として差し出されたのであるが、信玄の信任を得て武田親類衆の名門武藤家の養子となり、武藤喜兵衛尉《きひょうえのじょう》昌幸と名乗っていた。ところが、天正三年（一五七五）の長篠の合戦で、幸綱の嫡男信綱・次男昌輝がともに討死してしまったため、真田家に復帰して家督を継ぐことになった。

武田氏配下の真田氏は、信濃小県《ちいさがた》郡の砥石《といし》城（長野県上田市）を本拠にしながら西上野《こうずけ》に進出し、吾妻《あがつま》郡の岩櫃《いわびつ》城（群馬県吾妻町）を攻略すると信綱はこれを居城とした。家督相続した昌幸はこれを受け継ぎ、さらに天正八年（一五八〇）には利根《とね》郡の沼田城（沼田市）も攻略した。ところが、武田氏が滅亡すると信長による知行割が行なわれ、上野一国と信濃の小県・佐久二郡は滝川一益に与えられた。このため昌幸は、沼田・岩櫃の両城を一益に引き渡さざるをえなくなり、信濃小県の砥石城に戻ったとみられる。

ところがさらにまた、天正十年（一五八二）に本能寺の変が起こると信長の知行割は崩壊し、滝川一益は伊勢へと逃げ帰った。昌幸は当初上杉景勝を頼ろうとしたようだが、北条氏直が率いる大軍が上野から信濃へと侵攻してきたため、北条氏に出仕することになった。その後、北条軍は甲斐へと向かい、家康と対峙するようになったことは、すでに「天正壬午の乱」の節（一一五～一二三頁参照）で述べたとおりである。

昌幸はその間に沼田・岩櫃の両城を回復するとともに、天正十年九月末には依田信蕃《のぶしげ》や実弟加津野昌春《かづのまさはる》の働きかけもあって家康に降った。ところが、十月末に徳川・北条間で和睦が成立すると、上野国は北条方に引き渡すこととされた。昌幸にとってはまさに青天《せいてん》の霹靂《へきれき》ともいうべき事態となったが、昌幸は家康の勧告にもかかわらず、沼田・岩櫃は自らの実力で獲得した所領であるとして、これに応ずることはなかった。この和睦にともなう領土協定は「手柄次第」ということであったから、昌幸が引き渡しに応じない限り、北条方は実力でこれを奪い取らなければならず、この後たびたび沼田城の攻略を図ったが、昌幸は沼田城に重臣矢沢頼綱《やざわよりつな》を置き、これらをしのぎ切ったのである。

天正十一年（一五八三）に入ると、昌幸は小県郡の制圧を進めるとともに、三月になると北信濃を押さえている上杉方の最前線である虚空蔵山城《こくぞうさん》（長野県上田市と坂城町との境）を攻めた。四月には、昌幸は援軍として小県郡に入った徳川軍の支援を受けながら、尼ヶ淵《あまがふち》の段丘上に築城を開始した。いわゆる上田城（伊勢崎《いせざき》城や尼ヶ淵城ともいわれた。上田市）であるが、家康は上杉方に対する最前線の城としてこの築城を積極的に支援した。

この頃までは家康と昌幸との関係は比較的良好であり、『当代記』によれば、昌幸はこの年四月に松本城《まつもと》（深志城より改称。松本市）の小笠原貞慶《さだよし》、金子《かねこ》城（諏訪市）の諏訪頼忠、高遠城（伊那市）の保科正直《まさなお》などの信濃国衆らとともに、甲府に来ていた家康のもとへ出仕している。昌幸の場合は、築城の御礼をも兼ねたものとみられる。

しかしながら、八月に氏直と督姫との婚姻が成立し、徳川・北条間に攻守同盟が結ばれると、家康・昌幸の関係は次第に微妙なものとなっていった。氏直が家康に対してあらためて沼田・岩櫃両城の引き渡しを要請し、家康もこれに対応せざるをえなくなったからである。

上田城攻め

翌天正十二年（一五八四）は小牧・長久手の合戦となったが、これが和睦という形で収束して天正十三年になると、いよいよ家康から昌幸に対して沼田・岩櫃両城の引き渡し命令が出たようである。これに反発した昌幸はついに家康を見限り、あらためてこれまで敵対していた上杉景勝を頼ることになった。そのために、昌幸は次男の弁丸《べんまる》（のち信繁《のぶしげ》。幸村《ゆきむら》として知られている）を人質として上杉方に送った。六月二十一日付矢沢頼幸《よりゆき》宛真田昌幸朱印状によれば、弁丸に供奉《ぐぶ》した頼幸宛に乗馬衆五名・足軽衆一二名を同心衆として付けるといっているので、弁丸はこれらの衆とともに、六月には越後に向かったものとみられる（丸島和洋『真田四代と信繁』）。

当初は疑念を抱きながらも、これを受け入れた景勝は七月十五日付で昌幸に対して起請文を送り、九ヵ条にわたり種々の保証を行なった。沼田・吾妻・小県三郡や埴科郡内坂木庄《さかきしょう》の知行を安堵することをはじめとして、屋代秀正の旧領更級・埴科二郡やその他の所領を新たに宛行《あてが》うとされた。とりわけ、敵方（徳川氏や北条氏など）からの軍事行動があった場合には、小県はもとより、沼田・吾妻方面へも後詰《ごづめ》を行なうとされたことは、昌幸にとって心強かったであろう。

こうして、昌幸が上杉方に降って旗幟《きし》を鮮明にすることになると、徳川方との軋轢《あつれき》は強まらざるをえなかった。八月になると家康は真田攻めを決意し、鳥居元忠・大久保忠世・平岩親吉らに、七〇〇〇ともいわれる軍勢を付けて小県郡に向かわせた。また、八月二十日付で小笠原信嶺《のぶみね》など五名の伊那衆に対して、鳥居らと相談し、敵が出てきたら根切り（根絶やし）にすべく、一刻も早い出陣を催促した。

これを迎え撃った真田勢は、二〇〇〇に満たない軍勢だったという。昌幸はさっそく上杉方に援軍を要請したが、ちょうど北信濃の国衆の多くは春日山城（新潟県上越市）の方へ動員されていた。海津城（のちの松代《まつしろ》城。長野県長野市）の須田満親《すだみつちか》から注進を受けた景勝は、八月二十六日付で北信濃の井上源四郎ら一一名に宛てて、海津城への参陣を求めている。上杉方の援軍は、八月末には曲尾《まがりお》（上田市）方面に入った。

第一次上田合戦は閏八月二日に始まり、同月十三日付で昌幸の嫡男信幸《のぶゆき》（のち信之《のぶゆき》と改名）が恩田《おんだ》氏など沼田衆に宛てた書状によれば、「遠州より軍勢を出してきたので、去る二日に国分寺《こくぶんじ》（上田市）で一戦を遂げ、一三〇〇余りを討ち捕らえた」といっている。『三河物語』によれば、徳川勢は上田城に押し寄せ、二の丸まで乱入し、城に火を懸けようとしたところ、芝田康忠が城に攻め込んだ味方まで出ることができなくなるといい、沙汰止《さたや》みになった。そのため、城から打って出た真田勢のために、混乱した徳川勢は敗北してしまった。

さらに、撤退する徳川勢に対して、砥石城から出撃した信幸の軍勢が急襲した。徳川勢は千曲川《ちくまがわ》の支流神川《かんがわ》まで追い詰められ、川を渡ろうとしたところ急な増水で多数が押し流されたという（神川合戦）。信幸がいう国分寺での戦いとはこの合戦を指すとみられるが、一三〇〇余りというのは誇大としても、『三河物語』でいう三〇〇よりは多く、四、五百程度は討ち取られたとみられ、いずれにしても徳川方の大敗であった。

その後、閏八月下旬にかけて丸子《まるこ》城（上田市）での攻防戦もあったが、これも徳川勢は攻略することができなかった。九月には支援に来た上杉方の助力によって、上田城の増改築工事が行なわれている。またこの間に、昌幸は初めて秀吉に書状を送ったようで、秀吉からは十月十七日付で返信が届いた。そこでは、事情はよくわかったとして昌幸の進退を保証するとともに、昌幸よりも早く秀吉に通じていた小笠原貞慶ともよく相談し、落度がないようにと命じている。

こうして、上田城攻めは膠着状態となり、徳川方では新たに五〇〇〇の兵を率いた井伊直政が、増援部隊としてやってきた。ところが十一月に入ると徳川勢が撤退を始めたため、十一月十七日付で昌幸は上杉氏の重臣直江兼続《なおえかねつぐ》宛に書状を送り、徳川方でどのような相談があってのことか、甲州辺りに目付《めつけ》を遣わし、様子がわかれば注進するといっている。

2　石川数正の離反

石川数正の立場

実はこの天正十三年（一五八五）十一月十三日に、徳川氏の重臣で岡崎城代であった石川数正（前年あたりに康輝《やすてる》と改名しているが、本書では数正のままとする）が、こともあろうに秀吉のもとへ出奔するという大事件が勃発していたのだ。昌幸はその事情を、十一月十九日付の秀吉からの書状によって知るところとなるが、そこでは「数正が去る十三日に足弱（老人や女・子供）などを引き連れて、尾張までやってきた」といっている。数正はその後京都を経て、秀吉がいる大坂城に上っている。

数正は、家康の竹千代時代には随行者の筆頭として近侍し、叔父の石川家成が永禄十二年（一五六九）に懸川城代になると、代わって西三河の旗頭となり、また数々の合戦で戦功をあげてきた。その数正がこのような叛逆に及んだのは、どのような事情があったからであろうか。結論からいうと、徳川氏内部で秀吉に対する対応の仕方について、融和派と強硬派との外交路線上の対立があったことである。

数正は天正十一年（一五八三）に初めて秀吉のもとに遣わされ、賤ヶ岳の戦勝と越前の平定を賀し、大名物初花を贈った。それ以後もたびたび秀吉への使者になり、秀吉の実力を熟知していた。とりわけ天正十三年になると秀吉は関白に就任して天皇の権威を背景とした政権を確立し、また小牧・長久手の合戦時に織田・徳川連合軍に与《くみ》していた諸勢力が、つぎつぎと秀吉の軍門に降るという現実があった。数正は徳川氏の安泰を図るためには、秀吉との講和を進めることが必要だと考えており、その意味で融和派の代表であった。

これに対して、酒井忠次や本多忠勝らの強硬派は、三河譜代の気概や長久手合戦での戦勝などで、秀吉に屈することを潔しとしなかった。徳川家中では、この強硬派が圧倒的に多かった。数正が取り持っていた松本城の小笠原貞慶が秀吉方に奔《はし》ったことも、数正の家中での発言力を低下させることになった。こうして、数正の立場は徳川家中にあって次第に孤立したものになっていったのである。

出奔の直接の契機になったのは、新たな人質問題であった。小牧・長久手合戦の和睦で次男の於義伊《おぎい》を証人（人質）として送ったものの、上洛・出仕のない家康に対して、秀吉は表裏あるものとみなし、数正を通じて新たに重臣たちの人質提出を求めたのである。『家忠日記』によれば、十月二十八日に国衆たちは浜松城に招集され、人質を出すか出さないかにつき談合（相談）したところ、強硬論が圧倒的に多く、結局出さないことに決した。このため数正は徳川家中でまったく立場を失い、おそらくは秀吉からの事前の誘いもあって、翌十一月十三日に出奔するに至ったのである。岡崎城からの出奔に際して、数正が徳川方の人質になっていた小笠原貞慶の子息を同道していることも、何らかの連携があったものとみなされるだろう。

酒井忠次と並び両宿老ともいうべき数正の出奔は、徳川氏にとってはもとより大きな打撃であった。この緊急事態の発生は、ただちに各地に伝達された。深溝《ふこうず》（愛知県幸田町）の松平家忠は当日亥《い》の刻（午後十時）に注進を受け、ただちに岡崎城へ駆けつけている。翌十四日辰の刻（午前八時）には、吉田城（豊橋市）の酒井忠次が三河国衆とともにやってきた。十六日には家康も浜松城から岡崎城に到着し、ここで緊急の対応策が諮《はか》られた。

その結果、①防衛体制を固めるため、岡崎城をはじめとする領国内諸城の改修を進める。②徳川方の軍事機密を熟知する数正であったため、武田氏の軍書を収集して軍法を改正し、三備《みつぞなえ》の軍制を再編成する。③三河国衆の婦女子は、岡崎から浜松に避難させる、などの措置をとることにした。

秀吉の「家康成敗」

第一次上田合戦での敗北、重臣石川数正の出奔という苦難の最中に、さらに追い打ちをかけるように、家康に大きな危機が襲ってきた。先の天正十三年（一五八五）十一月十九日付真田昌幸宛秀吉書状の内容は六ヵ条からなるが、一条目で石川数正が出奔した事情について述べ、ついで二条目で秀吉は重大なことを述べている。

すなわち、家康が人質の提出を拒んだため、秀吉は軍勢を出して家康を成敗することに決めたといい、ただ秀吉の出馬は今年はもう日がないので、来春正月十五日前に出馬するといっている。この「家康成敗」が本気であったことは、十一月二十日付で美濃大垣城主一柳《ひとつやなぎ》直末《なおすえ》に宛てた秀吉書状でもほぼ同様の事情を述べ、来春正月十五日以前に大垣城へ出向くので、油断なく陣の用意をするよう申し付けていることからも明らかである。もしこの秀吉による「家康成敗」の出馬が実行されたならば、家康は秀吉によって軍事的に屈服させられ、仮に滅亡は免れたとしても、大幅に所領を削減され、どこかへ転封《てんぽう》（国替《くにが》え）されることになった可能性が高い。秀吉からの人質提出の要求を拒み、敵対の色を露《あら》わにしたため、家康は大変な危機に直面することになった。

ところが、家康にとってはまさに天佑《てんゆう》ともいうべく、その直後の十一月二十九日に天正大地震が発生したのである。『家忠日記』の同日条によれば、「大なえ（地震）が亥の刻にゆれた。前後を覚えないほど鳴動し、小ゆりは数を知らず」、晦日《みそか》の条でも「なえがゆれた。丑《うし》の刻（午前二時頃）にまた大なえがゆれた」といっている。十二月に入っても余震は続いたが、そのような中でも、家忠は連日城普請に当たっていた。

実はこの大地震は、三河では城普請を継続できたように、それほど大きな被害ではなかった。むしろ激甚地として被害が大きかったのは、畿内から尾張・美濃、北陸方面にかけてであった（矢田俊文『近世の巨大地震』）。まさに秀吉の勢力範囲で、大きな被害となったのである。このため、秀吉による「家康成敗」は予定どおりに実行することがむつかしくなり、なおしばらくは「家康成敗」を標榜《ひょうぼう》しつつも、次第に融和政策へと転じていくことになった。家康は運も味方にして、大きな危機を回避したといえよう。

3　秀吉への臣従

上洛と臣従

こうして、天正十四年（一五八六）に入るとあらためて和睦交渉が始まり、最初の交渉は不調に終わったが、正月二十七日には織田信雄が岡崎城にやってきて秀吉との間を取り持ったことで、家康もこの和睦調停を受け入れた。実力で優位な立場にあった秀吉はこれを受けて家康を赦免し、築山殿が亡き後、正妻がいなかった家康のもとへ、妹の旭姫《あさひひめ》を嫁がせることにした。

家康と旭姫との祝言《しゅうげん》は、当初は四月二十八日の予定であった。ところが、秀吉のもとへ祝言の御礼として天野景能《かげよし》（のち康景）を遣わしたところ、知らない人物だとして秀吉が立腹し、酒井忠次・本多忠勝・榊原康政のいずれかを寄越すよう求めた。この秀吉の意向を伝えられた家康は、「事切れ」（和睦の破棄）もやむをえないかと思ったが、信雄の使者が、それでは取り持った信雄が面目を失うと説得し、二十三日にあらためて本多忠勝を遣わすことになった。このような経緯の末、旭姫は五月十四日に浜松の家康のもとに輿入れしたのであった。これによって、家康は秀吉の義弟となった。

他方で、家康はこの婚礼に先立って、三月九日（八日とする史料もある）に伊豆の三島に赴き、北条氏政と対面している。十一日には、逆に氏政が駿河の沼津にやってきてふたたび対面し、その後場所を変えて酒宴となり、交歓したという。この対面は、両者の同盟関係の再確認であるとともに、家康が秀吉と和睦することに対する北条方の疑念を和らげようとするものであった。

旭姫との婚姻が成立すると、秀吉は家康にできるだけ早い上洛を求めた。九月二十四日には秀吉方から、上洛を催促する使者が岡崎にやってきて、家康も浜松から岡崎に来た。そして使者の浅野《あさの》長吉《ながよし》（のち長政《ながまさ》）らと協議し、上洛に際しては秀吉の母大政所《おおまんどころ》を三河に下向させるとの保証もあったので、二十六日に家康はついに上洛を決意した。上洛することは秀吉に臣従することを意味し、家康は四五歳にして大きな決断をしたのである。

翌二十七日にいったん浜松へ戻り、上洛のために浜松を発ったのは十月十四日のことであった。十八日には大政所が岡崎に到着し、それを確認して二十日に岡崎を発った。二十六日に大坂に着き、宿所とされた秀吉弟秀長の屋敷に入った。家康の上洛を待ちかねていた秀吉は、その夜自ら宿所を訪れ、家康を歓待したという。そして翌二十七日、家康は大坂城に上って秀吉に謁見し、正式に臣従したのであった。ここでも贈答品のやりとりがあり、また秀吉からは、在京賄料《ざいきょうまかないりょう》（上洛・在京の費用を賄う知行地）として近江で三万石が与えられた。

こうして、家康は羽柴家親類衆として、豊臣大名となった。十一月五日には秀吉に従って秀長らとともに参内《さんだい》し、秀吉の推挙で秀長と同じく正三位権中納言に叙任された。七日には正親町《おおぎまち》天皇の譲位式に参列し、一連の行事を終えて八日に京都を発ち、十一日に岡崎に戻った。翌十二日には井伊直政に命じて、大政所を丁重に送り返した。

関東・奥両国「惣無事」政策

臣従した家康が秀吉からあらためて委ねられた大きな課題は、いわゆる関東《かんとう》・奥両国《おくりょうごく》（陸奥・出羽《でわ》）の「惣無事」政策の推進ということであった。家康が臣従した直後の十一月四日付上杉景勝宛秀吉書状によれば、家康が上洛してきて「入魂《じっこん》」となり、何事も関白様次第と申したといい、「関東の儀」については家康と相談し、「諸事」家康に任せることにしたといっている。また、下妻《しもつま》（茨城県下妻市）の多賀谷重経《たがやしげつね》、岩城《いわき》（福島県いわき市）の白土右馬助《しらとうまのすけ》、米沢《よねざわ》（山形県米沢市）の片倉景綱《かたくらかげつな》（伊達政宗《だてまさむね》の重臣）など、関東・奥羽《おうう》の諸氏からの来信に対して、十二月三日付秀吉直書《じきしょ》でいっせいに返信し、「関東惣無事」や「関東・奥両国迄《まで》惣無事」については、「今度家康に仰せ付けた」と報じている。

豊臣政権の全国統一過程に関するいわゆる「惣無事令」論は、一九七八年に初めて発表され、次第に進化を遂げて、一九八五年にまとまった形で提起されることになり、その後の研究に多大な影響を与えた（藤木久志『豊臣平和令と戦国社会』）。そこでは、大名の平和＝惣無事令、村落の平和＝喧嘩停止令《けんかちょうじれい》、百姓の平和＝刀狩令《かたながりれい》、海の平和＝海賊停止令とされ、「惣無事令」はこれら「豊臣平和令」を構成する「法令」の一つとして位置づけられた。ところが、この「惣無事令」論はその後さまざまな面から検討・批判され、現在ではそれが提起されたままの形では維持できないものとなっている（竹井英文『織豊政権と東国社会』など）。たしかに、立論の要《かなめ》となる史料の年次比定が変わったこと、「惣無事令」といわれるような「法令」はなかったこと、「平和的」な建前とは裏腹な独善的・好戦的な側面があったことなどは、いずれもそのとおりであろう。

しかしながら、筆者は豊臣政権による天下統一が一方的な武力による平定過程ではなく、「国郡境目相論」とよばれた戦国大名間の紛争を、豊臣政権の裁定によって「平和的」に解決を図ろうとしたとする当初の意図は、今でもそれなりに認めてよいのではないかと考えている。その統一過程をわかりやすくまとめると、つぎのようになる。

①まず大名同士の戦争は私戦として禁止する停戦命令が出される。②双方がそれを受諾すれば、豊臣政権による国分《くにわけ》、つまり領土の裁定が下される。③双方がそれを受諾すればそこで紛争は解決となるが、もし裁定に従わず反発すれば、「平和」を侵害したものとみなして武力討伐の対象とする。

具体的な事例として、いわゆる九州の島津攻めをみてみよう。九州では主として薩摩の島津氏と豊後の大友氏とが争っていた。①の停戦令は天正十三年（一五八五）十月二日付の秀吉直書によって双方に発せられ、そこでは、まず敵味方とも戦争をやめよといい、これは叡《えい》慮《りょ》（天皇の命令）であるといっている。ついで万一これに従わなければ成敗するので、よくよく考えて諾否を返答せよと命じている。②では、合戦で不利だった大友氏は翌十一月にただちにこれを受諾した。島津氏も翌天正十四年三月に、やっと勅命だから受け入れるとして使者鎌田政広《かまたまさひろ》を大坂に送った。しかしそこで示された秀吉の国分案は、島津氏にはとても受け入れられるものではなく、九州各地での戦闘を再開し、十二月には大友氏や四国勢の長宗我部氏・仙石《せんごく》氏らを戸次川《へつぎがわ》の戦いで撃破し、大友氏を豊後から追いやった。

このため、③翌天正十五年三月一日に秀吉自らの出馬による九州征伐となった。二十五日に赤間関《あかまがせき》（山口県下関市）に着き、ここで弟秀長が一五万余りで日向口《ひゅうがぐち》から、秀吉自身は一〇万余りで肥後口《ひごぐち》から、それぞれ薩摩をめざすことを決めた。島津氏は各地の戦いで敗れ、ついに五月八日に当主の島津義久が、薩摩川内《せんだい》（鹿児島県川内市）泰平寺《たいへいじ》の秀吉本陣に剃髪して駆け込み降伏した。秀吉はこれによって島津氏を赦免し、薩摩一国を安堵した。

豊臣政権による「惣無事」政策とは、それを通じて諸大名の臣従化を図ろうとするものであり、まさに権力による「平和」ではあった。ただそれは、武力による討伐を当初から意図したものではなく、豊臣政権への出仕＝臣従化があれば、秀吉自身が出馬して滅亡寸前にまで追い込まれた島津氏の場合でさえ、大名としての存続が許されたのである。

なお、家康にかかわる天正十四年（一五八六）の出来事として、もう一点触れておくべきことは、居城を浜松から駿府に移したことである。家康の領国は長らく三河・遠江の二ヵ国であったが、天正十年には駿河・甲斐・南信濃を含めた五ヵ国に拡大した。そのため、新領国を含めた五ヵ国の支配・経営のためには浜松ではなく、駿府を拠点にすることが望ましかったからである。

その駿府での屋敷普請は天正十三年から始まり、『家忠日記』の閏八月二十三日条によると、この日に普請を終わったといっている。翌天正十四年九月七日条では、家康が十一日に「駿府御屋渡《おやわた》り」のため、今日七日にやってきたという。そして予定どおり、十一日には「御屋渡りの御祝言」が行なわれているので、この日に居城を駿府に移したとみてよいであろう。

第八章　小田原攻めと関東転封
――豊臣政権の重臣へ

1　駿府築城と領国総検地

天正期の駿府築城

家康は天正十五年（一五八七）に入ると、駿府での築城を本格的に進めることになった。前章で述べた新領国経営のための必要性のみならず、北条氏を当面の対象とする「関東・奥両国惣無事」政策の推進という、豊臣政権からの要請に応えるためにも、必要な事業であった。すでに天正十三年から駿府普請は始まっていたが、これは基本的に屋敷普請とみられ、『当代記』では、駿府築城普請は秀吉との緊張関係があった間はさして進まなかったが、秀吉に臣従して入魂《じっこん》になったのを受けて、順調に進むようになったといっている。

この点は『家忠日記』の記述によっても裏付けられ、本格的な築城開始は天正十五年（一五八七）二月からであった。そこで、その関係記事を表5としてまとめたので、これによりながら駿府築城の過程を具体的にみてみることとしよう。

正月二十一日に吉田城の酒井忠次から連絡が来て、駿府で普請があるということで出かけた。二月五日には二の曲輪《くるわ》の堀普請を行ない、十三日にこれが出来上がると石垣の石の準備をした。三月三日には石垣の根石《ねいし》（礎石）を置き、二ヵ月近くかかって四月二十五日に石垣普請を終えた。九月十七日にはふたたび忠次から駿府城普請の連絡があり、家忠は晦日《みそか》に駿府に参着した。十月七日には「こまのだん」の石垣を築いている。十二日には本城の堀普請が行なわれ、十一月四日からは二の曲輪の石垣普請があった。晦日には普請を終え、十二月二日に深溝《ふこうず》（愛知県幸田町）に帰った。

天正十六年（一五八八）の年明け早々の五日に、また忠次から駿府普請の連絡があり、家忠は二月一日に駿府に参着している。翌二日には石垣の準備があり、四日からは本城の堀浚《ほりざら》えが行なわれた。とくにこの年に注目されるのは、「てんしゅ」（天守）の建築があったことである。三月二十八日には「才（材）木とゝけ（届）候」と、天守閣のための材木の調達が行なわれており、二十九日の記事によればどこからかは不明ながら、用宗湊《もちむねみなと》に運び込まれた材木であった。おそらくは領国内の大井川や天竜川の上流から切り出されたものであっただろう。家忠は五月十二日には、天守材木の手伝《てつだい》普請《ふしん》に当たったといっている。

翌天正十七年（一五八九）二月二日からは、また石垣普請となった。十一日に「小伝主《しょうてんしゅ》」

表５　『家忠日記』の駿府城普請関係記事

日　付	内　容
天正15. 1. 21	吉田より駿川御普請、来二日より之由申来候
同　. 1. 29	駿府迄越、花養院ニ陣取候
同　. 2. 5	御かまへ二のくるわ堀普請候
同　. 2. 13	城普請出来候、**石とり候**
同　. 3. 3	**石かけの根石をき候**
同　. 4. 25	普請出来候
同　. 9. 17	来朔日より駿河御城御普請候由、酒左衛門督より申来候
同　. 10. 1	普請ハ家康様田原より御帰候ハて無之(三日に帰城)
同　. 10. 7	**こまのだん石かけ候**
同　. 10. 12	本城堀普請候
同　. 11. 4	**二のくるハの石かけ候**
同　. 11. 晦	普請出来候て、藤枝迄帰候
天正16. 1. 5	駿河酒左衛門督所より来十五日已前ニ駿府御普請越候へ之由申来候
同　. 2. 1	駿府迄参着候
同　. 2. 2	**石とり候**
同　. 2. 4	御本城さらへ候
同　. 3. 28	才木とゝけ候
同　. 3. 29	もち舟より才木とゝけ候
同　. 5. 12	**てんしゆ**の才木てつたい普請あたり候 家康様より、普請ニせいを入とて御使給候
同　. 5. 14	普請出来候(16日深溝に帰着)
同　. 6. 3	駿川へ普請衆五人つかハし候
同　. 12. 28	駿府迄参着候
天正17. 1. 5	普請衆置候て、懸川迄かへり候
同　. 1. 7	ふかうす帰候、相残候普請衆こし候
同　. 1. 28	駿府御普請ニあらい迄こし候、鵜殿藤介二川より同道候
同　. 1. 晦	駿府へ参着候、まりこより雨降
同　. 2. 2	**石かけ普請**まいり候
同　. 2. 11	**小伝主**てつたい普請当候、彼連歌御城にて今日被成候
同　. 2. 19	**石くら根石すへ候**
同　. 4. 10	普請出来候(13日深溝に帰着)
同　. 4. 29	晩ニ駿川普請奉行衆より、**御本城石つミ崩候間**、早々こし候へ之由申来候
同　. 5. 10	するか普請ニ、人数計こし候
同　. 5. 25	普請出来、普請衆かへり候(28日深溝に帰着)
同　. 7. 16	駿御普請、夫丸計出候(９日に富士山大仏材木引の通知が来る)

註　増補続史料大成『家忠日記』を基本とし、駒澤大学の原本も参照した。

（小天守）の手伝普請に当たっているので、時期的にみて、おそらく小天守のための石垣普請だったのであろう。十九日には「石くら」の根石を据えたりしているが、一連の石垣普請は四月十日には終わった。ここで注目されるのは、小天守の築城も行なわれたといわれていることで、家康の天正期の駿府城は、大天守《だいてんしゅ》・小天守の連結式だったとみられる。

天正期天守台の発見

ところで、静岡市では二〇一六年から四ヵ年計画で、大御所家康の慶長期の天守台跡発掘調査を行なってきた。当初はこの慶長期の天守台跡は六一×六八メートルもあり、現存する江戸城の天守台四二×四六メートルよりもはるかに大きいことで注目された。

ところが、二〇一八年度の調査で、この慶長期天守台跡の中から、何と三三×三七メートルの天正期の天守台跡と大量の金箔瓦《きんぱくがわら》（三六三点）とが発見された。当初、天正期の天守台などは、慶長期の駿府城大改築の際に破壊されてしまっただろうとみられていたので、まさに大発見となった。しかも大量の金箔瓦まで出てきたということで、城郭研究者らの意見を受けて、静岡市はこの天守台は豊臣秀吉が家臣の中村一氏《なかむらかずうじ》（天正十八年〔一五九〇〕に家康が関東へ転封した後、駿河一国を与えられ駿府城に入った）に命じて築かせた「秀吉の城」であると発表し、全国的に注目された。

しかしながら、筆者は先に述べた『家忠日記』の記述からみられるように、新発見の天正期天守台跡はやはり家康の築城になるもので、中村一氏は家康が築いたばかりの天守閣にそのまま入ったのではないかと考えていた。翌二〇一九年度の調査で新たに小天守台跡も発見されると、さすがに『家忠日記』の記述を無視できなくなり、中村一氏築城説を唱えていた城郭研究者も、家康の築城になるものと認めるようになった。ただし、その天正期天守台跡の石垣などは、秀吉の大坂城本丸詰段（詰の丸）で検出された石垣をはるかにしのぐ見事な技術であって、家康が単独でそのような石垣を築くことは、当時の家康の立場や技術的な面からみても無理であったといわれた。

実はこのような評価は、当初から家康の築城になるものではないかとしていた研究者にもみられる。すなわち、当時の家康は秀吉の要請に応えるだけの財力や技術・工人を持っていなかったため、秀吉は家康に築城を命じただけではなく、指図と支援も行なったであろうというのである（前田利久「徳川家康の天正期駿府築城について」）。たしかに、家康は上洛・臣従し、「関東・奥両国惣無事」政策を委ねられたという状況のもとで、豊臣政権の意向や要請にともなう駿府築城という側面はあったとはいえよう。

しかしながら、筆者は、当時の家康には独自に石垣を築いたり天守を造ったりする技術も工人もなく、豊臣政権の支援なくしては築城は不可能であったとするこのような見方に対しては、かなりの疑問を感じていた。実際の築城にあたっては、家康の独自性をもう少し積極的に評価してもよいのではないかとする立場から、二〇二〇年九月五日に行なわれた静岡大学・読売新聞連続市民講座で、「家康の駿府築城と天守台」と題する講演を行なった。そこでは天守台の石垣と金箔瓦について検討したが、石垣についていえば、つぎのような諸点を指摘した。

第一に、家康のもとには、石垣普請に通じた家臣たちがいたことである。総石垣の城郭が誕生したのは、いうまでもなく信長の安土城が最初であったが、その後石垣技術は急速に発達した。『信長公記』によると、この安土築城の石奉行として、西尾小左衛門ら四名が任命されていたことがわかる。西尾小左衛門とは信長の家臣義次（吉次）のことで、本能寺の変の折には家康の堺遊覧の世話役を務めていた。そのため、家康の「伊賀越え」にも同行し、そのまま家康の家臣になった。天正十五年（一五八七）から始まった駿府築城に際しては、安土城石奉行としての経験を大いに発揮したことであろう。また、松平家忠のように、堀普請・石垣普請に熟達した家臣たちもいたのである。

第二に、家康のもとには、「石垣積」といわれる専門の工人がいたことがわかる。正月二十七日付平岩七助（「之」の脱落だろう）宛家康書状によれば、甲斐の侍たちに触れて、一《いち》条小山《じょうこやま》（のちの甲府城の地）の普請を申し付けよといい、近いうちに「石垣積」を差し遣わすといっている。この書状は天正十一年（一五八三）に年次比定されてきたが、その確証はない。天正十七年説もあるが、それはありえない。平岩七之助（親吉）は天正十六年四月に従五位下主計頭《かずえのかみ》に叙任されているので、それ以前のものとなる。いずれにしても、家康は甲斐郡代の平岩親吉に山梨郡一条小山での築城を命じており、その際「石垣積」を派遣するといっているのであるから、天正十五年から始まった駿府築城に際しても、これら「石垣積」が力を発揮したことはいうまでもない。

第三に、天正期の家康の家臣の中に、なお素朴であるとはいえ、隅角石《すみかどいし》（石垣の角に用いられる石）を調えた石垣を造っている者がいたことである。三河市場《いちば》城（愛知県豊田市）の鱸《すずき》氏や、大給《おぎゅう》城（同前）の大給松平氏などがあげられる。家臣でさえ石垣を持った築城を行なっているのに、駿府築城に際して、家康が独自に石垣を築けなかったとは考えにくい。

右にみたような石垣問題や用宗湊から揚陸した材木などにより、天正期の駿府築城にあたって、天守台・小天守台や大小の天守は、家康が独自に築いたものとみる余地は十分にあるのではないかとしたのであった。ただし、このような筆者の見解に対しては、やはり豊臣氏からの技術提供があったのではないかとする立場からの批判がすでに出ている。他方で、天正期の石垣はいわゆる穴太《あのう》式の野面《のづら》積みであるが、穴太衆は流動性が高く、家康はいつでも最新の技術を入手することができたとする意見もある。もしそうであれば、家康はあえて豊臣政権から技術提供を受けるまでもなく、独自に最新の技術による石垣を築けたということになる。いずれにしても、今後さらなる検討が必要である。

五十分一役と領国総検地

天正十五年（一五八七）以降の徳川氏の領国支配において、五十分一役《ごじゅうぶんのいちやく》と領国総検地とが重要な政策として注目される（拙著『初期徳川氏の農村支配』）。まず五十分一役であるが、これは天正十五、十六の両年に、給人《きゅうにん》領（家臣の知行地）・寺社領・蔵入地（直轄領）を問わず、信濃を除く全所領にいっせいに賦課したものであり、年貢賦課基準高（甲斐国国中《くになか》領では知行高）のうちから「五十分一」＝二パーセントを徴収したのである。

なぜそのような政策が採られたかというと、その主な要因は二点あった。一つは豊臣政権に臣従したことにより、その後の度重なる上洛や諸役の負担などで、出費が増大したからである。今一つは、より徳川氏自身の問題として、連年にわたる駿府城普請や新領国の経営のための出費があった。要するに、このような出費の増大に直面した徳川氏が、緊急の増収策として二年間にわたり賦課したものであった。

このような臨時の増収策にとどまらず、より根本的に全領国の人と土地とを把握すべく、天正十七年（一五八九）二月から翌年正月にかけて家康が実施したのが領国総検地である。以前は五ヵ国総検地といっていたが、信濃についてはこの時の総検地帳《そうけんちちょう》や七ヵ条定書《さだめがき》が一点も残されていないため除外することとし、あらためて領国総検地とよぶことにする。

この領国総検地の実施過程を簡単にまとめると、①検地の実施→②七ヵ条定書の交付→③年貢目録の交付→④年貢請文《うけぶみ》（承諾した旨の返書）の提出、となっている。

まず①検地の実施については、比較的良質の検地帳（土地台帳）がよく残されている遠江の事例によれば、原則として徳川氏直属の奉行人によって、給人領・寺社領・蔵入地の区別なく、郷村《ごうそん》単位でいっせいに行なわれたことがわかる。検地役人が実際に郷村に入り、耕地の一筆《いっぴつ》（田・畠の一区画のこと）ごとに丈量《じょうりょう》（土地の面積の実測）を行なう厳密なもので、その丈量単位は太閤検地《たいこうけんち》の一反《たん》＝三〇〇歩《ぶ》、小割《こわり》（反を小さく分けた単位）は畝《せ》（三〇歩）ではなく、中世以来の一反＝三六〇歩、小割は大（二四〇歩）・半（一八〇歩）・小（一二〇歩）の旧制であった。

検地が終了すると検地帳が作成されるが、たとえば旧引佐《いなさ》郡三岳《みたけ》村（浜松市北区）の検地帳でみると、耕地の一筆ごとに、上・中・下・下々の等級、面積、田・畠《はたけ》の区別、名請人《なうけにん》（耕作者かつ年貢納入責任者）の順に記載されている。名請人は徳川検地の特色である分付《ぶんづけ》記載になっており、たとえば「上衛門分九郎衛門作」というように、分付主と分付百姓が書き上げられている。三岳村でみられるように、このうちの後者が現実の耕作者であった。

②の七ヵ条定書は、この時期の家康の代表的な印文「福徳」の朱印状であるが、原則として検地奉行人がその奉者となり、自ら検地を行なった郷村に交付したものである。以前は検地の施行原則を示すものとされたこともあるが、そうではなく、総検地をふまえた年貢・夫《ぶ》役《やく》（労働で納める課役）の賦課基準を示したものである。筆者が把握しているものは、四ヵ国にわたり二一七点にのぼる。その奉者別・国別の内訳を示すと表6のごとくである。奉者

表6　七ヵ条定書奉者別・国別内訳

	奉　者	文書数	三河	遠江	駿河	甲斐
1	伊奈家次	45		23	9	13
2	原田種雄	15		13		2
3	天野景能	14		4	10	
4	小栗吉忠	14	8	5	1	
5	阿部正次	13	5	5	3	
6	渡辺　光	13		7	6	
7	神屋重勝	11	3	6	2	
8	彦坂元正	11	4	7		
9	水野秀忠	11	4	7		
10	嶋田重次	10	2	8		
11	丹羽氏久	10		7	3	
12	倉橋昌次	8		8		
13	酒井重勝	8		5	2	1
14	寺田泰吉	8		2	1	5
15	大久保忠左	6		5	1	
16	森河秀勝	6	2	3	1	
17	加藤正次	5	2	1	2	
18	大久保忠利	4		2	2	
19	渡辺守綱	3		1	2	
20	芝田康忠	2		2		
	総　計	217	30	121	45	21

は伊奈《いな》家次《いえつぐ》（のち忠次《ただつぐ》）をはじめ二〇名に及び、国別では遠江が圧倒的に多い。内容については、長くなるので割愛する。

七ヵ条定書が交付されると、その原則に基づいて年貢・夫役が賦課され、それぞれの郷村に確定された③年貢目録が作成され、検地奉行人から交付される。それを受け取った郷村側が納得すれば、④年貢請文が検地奉行人宛に提出され、これによって検地の実施から始まる一連の過程が終了するのである。

この徳川氏による領国総検地は、右のような過程を経て厳密に施行されたのであるが、その際に採られた年貢賦課の基準は、徳川氏に特徴的な俵高《ひょうだか》制（下方枡《しもかたます》の三斗俵、甲斐では甲州枡の二斗俵）によるものであった。しかもこれは年貢賦課にとどまらず、知行制の統一基準でもあった。徳川氏は総検地終了後に、あらためて従来の貫高《かんだか》制ではなく、俵高制に基づく給人領・寺社領の安堵を行なっている。

こうして、徳川氏の領国総検地は、丈量単位は旧制であったり、石高《こくだか》制ではなく俵高制を採ってはいたが、同じ天正年間の太閤検地と比べても、まったく遜色《そんしょく》のない内容を示していた。徳川氏の領国支配は、この領国総検地を経ることによって、近世的な態勢へと大きく転換したのであった。ただ実際には、この領国総検地の直後に家康は関東に転封させられてしまったため、徳川氏のもとでこの成果が生かされることはなかった。

2　北条氏の滅亡と関東転封

北条氏と家康の対応

さて、天正十五年（一五八七）の家康をめぐる政治状況として注目されるのは、信濃国衆である上田の真田昌幸と松本の小笠原貞慶とが、二月に大坂城の秀吉のもとへ出仕したところ、家康への帰属を命じられたことである。両名はその帰途、酒井忠次に連れられて三月十八日に駿府にやってきて、家康配下の与力小名《しょうみょう》となった。木曽義昌も同じく家康への帰属を命じられていたため、これまで家康から離反したり、上田攻めのように対立した信濃の国衆たちが、豊臣政権のもとでこぞって家康に服することになったのである。

島津氏を降伏に追い込み、九州平定を果たした秀吉は、七月十四日に大坂城へ凱旋した。家康はさっそくその戦勝を賀するため、八月五日に上洛した。八日には秀吉の奏請により、秀長とともに従二位権大納言に叙任されている。こうして、ますます豊臣大名としての立場を強めていくことになった。

他方、小田原の北条氏の方は、前年の天正十四年三月に三島・沼津で家康と会見して同盟関係を確認し合ったのであるが、秀吉に対する危機感を強め、急速に臨戦態勢を整えるようになっていった。同年半ばから天正十六年にかけて、北条氏が行なった領国の防衛政策としては、①人質の徴収、②人改め令と緊急動員、③武器の増産と城普請の推進、④籠城態勢固めの本格化、などがあげられる。

天正十五年に九州が平定されると、「関東・奥両国惣無事」政策の執行がいよいよ本格化する情勢となった。同年七月晦日付で、北条氏は相模・武蔵の諸郷村に対していっせいに定書を発給し、緊急時に差し出す人員の書き上げ、弓・鑓・鉄炮や腰指物《こしざしもの》の準備などを命じている。

天正十六年(一五八八)に入ると、四月十四日から五日間にわたり、後陽成《ごようぜい》天皇の聚楽第(豊臣秀吉が京都に造営した城郭風邸宅)行幸《ぎょうこう》があり、その二日目に秀吉は東海以西の諸大名に起請文をあげさせた。三ヵ条からなるが、その眼目は三条目にあり、関白秀吉の命令には何事であってもいささかも違背しないと誓わせたのである。

この頃になると豊臣政権の内部では、出仕のない北条氏に対する強硬意見が次第に強まっていった。同盟関係にある家康はこのような状況を見兼ねて、北条氏政・氏直父子に五月二十一日付で三ヵ条にわたる起請文を送った。①北条父子については秀吉の前で悪し様《あざま》にいわず、また北条領国を望むようなことは決してしない。②今月中に氏政の兄弟衆が上洛して、御礼を申し上げること。③もし出仕について納得しないのであれば、家康の娘（氏直の正妻督姫）を返してほしい。この三条目は同盟の解消を意味することになり、家康の強い危機感が表われている。

ところが、このような家康の切実な慫慂《しょうよう》にもかかわらず、兄弟衆の上洛はなかなか実現しないばかりか、北条氏はますます臨戦態勢を固めていったのである。実は、北条氏の内部では、家康の勧告を受け入れようとするいわば融和派の氏直・氏規と、上洛を拒否しようとする強硬派の氏政・氏照兄弟との対立があったとみられる。

翌閏五月になると、さすがに北条氏も妥協に傾いたようで、氏政の弟で韮山城主の氏規を上洛させることになった。六月にはその上洛経費を賄うため、領国内に分銭《ぶんせん》（臨時の年貢銭）がかけられている。それでもなお、はかばかしくは進まなかったため、家康は七月十四日付で北条氏との取次《とりつぎ》（交渉役）の任に当たっていた朝比奈泰勝に対し、氏規が一刻も早く上洛するよう催促させた。こうして氏規はやっと上洛し、八月二十二日に聚楽第で秀吉に謁したのであった。

北条氏の滅亡

豊臣政権側では、氏規が上洛したことにより、北条氏が「関東惣無事」政策を受け入れ臣従したものとみなし、領国境目の確定に着手した。この豊臣氏による領土裁定の焦点は、真田・北条両氏間の係争地である上野国《こうずけのくに》沼田領（吾妻領を含む）問題であり、これに対する豊臣政権による国分《くにわけ》裁定は、つぎのような内容であった。①真田氏が押さえている沼田領の三分二は、沼田城とともに北条氏に与える。②残る三分一は、その中にある城も含めて真田氏に安堵する。③北条氏に下された三分二に相当する替地は、家康から真田氏に補償する。

北条氏はこの三分二裁定に不服であったが、翌天正十七年（一五八九）六月に当主氏直はこれを受け入れ、十二月上旬には氏政が上洛すると約した。こうして豊臣政権による沼田領裁定は執行される運びとなり、七月に上使として富田一白《とみたいっぱく》（知信《とものぶ》）・津田盛月《もりあき》が沼田へ派遣され、家康も榊原康政を派遣して実務に当たらせ、二十一日に沼田城は北条方に引き渡された。これを受け取った北条氏邦は、沼田城に家臣の猪俣邦憲《いのまたくにのり》を入れた。またこの措置に合わせて、家康は真田氏に替地として、伊那郡箕輪《みのわ》領（長野県箕輪町）を与えた。

これによって長年の懸案であった沼田領問題も、無事に決着したかにみえた。ところが、十月末になって沼田城の猪俣邦憲が、真田方の名胡桃《なぐるみ》城（群馬県みなかみ町）を奪取するという事件が起こった。真田信幸はさっそくそれを家康に報じ、十一月三日にこれを受け取った家康は、富田・津田両人を通じて秀吉に急報した。秀吉の怒りは激しく、北条方の弁明の使者石巻康敬《いしまきやすまさ》は三枚橋《さんまいばし》城（静岡県沼津市）に留め置き、十一月二十四日には氏直宛に五ヵ条からなる最後通牒《つうちょう》を送りつけた。

この期に及んでも、北条方では事態の深刻さを認識できず、十二月七日付の氏直条書ではなお強気の弁明を行なっていた。秀吉はこの条書の到着以前に、それを見越して十二月に入ると北条氏の討伐に踏み切った。家康は急遽《きゅうきょ》上洛し、十二月十日に聚楽第で小田原攻めの軍議に与《あずか》った。そこで家康はおよそ三万の軍勢を率いて先鋒となり、翌年正月二十八日に出馬することになった。

天正十八年（一五九〇）に入るといよいよ小田原攻めとなるが、それに先立ち、家康は三男ではあるが嫡男とされた長丸《ちょうまる》（のちの秀忠）を、正月三日に駿府から上洛させ、豊臣政権への服従の態度を明確に示した。ただこの上洛は、長丸と織田信雄の娘で秀吉の養女になっていた当時六歳の小姫君《こひめぎみ》との婚姻も目的であった。二人は正月二十一日に聚楽第で祝言をあげるが、この婚姻が長く続くことはなかった。小姫君が翌年七月に死去したからである。なお、この間の正月十四日には、家康の正妻旭姫が聚楽第で死去した。また、長丸はそのまま人質として上方《かみがた》に残されることはなく、秀吉の配慮で帰国することになった。

家康の当初の出馬予定は雨天のせいもあってやや遅れ、駿府から出馬したのは二月十日であった。この出陣に際して、家康は一五ヵ条の軍法を定め、出陣する部将たちに周知した。三月一日には秀吉も京都から出馬し、二十七日に沼津に着陣した。これを受けて、すでに山中《やまなか》城（三島市）や韮山城（伊豆の国市）への攻撃態勢を整えていた豊臣軍は、二十九日にいっせいに攻撃を開始した。山中城は半日で落城し、その後豊臣軍は小田原に向けて順調に進軍した。

四月以降、豊臣軍は小田原城を完全に包囲し、秀吉は小田原城を見下ろす笠懸山《かさかけやま》に石垣山《いしがきやま》城（神奈川県小田原市）を築き、ここに本陣を移した。「石垣山一夜城」として知られているが、本格的な築城が行なわれ、東国では最初の石垣城であった。家康が布陣したのは、小田原城の東方になる酒匂川《さかわがわ》方面であった。小田原攻めの軍勢は二〇万ともいわれ、しかも豊富な補給物資をもって攻め込んできたのであるから、北条氏は豊臣政権の実力をまったく見誤っていたといわなければならない。北国勢の上杉景勝・前田利家らも関東に入り、北条方の諸城をつぎつぎに攻略した。九鬼・毛利・長宗我部氏らの水軍が、兵粮米などを運び込むとともに、海上の封鎖も行なっていた。

追い詰められた北条方は、まず六月二十四日に韮山城の氏規が家康の陣所に来て投降し、ついで七月五日には、当主氏直が滝川雄利《かつとし》の陣所に駆け込んで降伏し、開城することになった。こうして、初代早雲《そううん》以来五代、一〇〇年にわたって関東に雄飛した北条氏も、ついに滅亡したのであった。秀吉は氏政・氏照兄弟と重臣二名に自決を命じ、氏直は家康の娘婿ということで助命され、高野山へ追放となった。氏規もこれに従って、高野山に赴いた。なお、氏直は翌天正十九年（一五九一）に嗣子《しし》なくして死去したため、近世の北条氏は氏規の系統で存続し、のちに河内狭山《さやま》藩（大阪府大阪狭山市）で一万石を領した。

家康の関東転封

天正十八年（一五九〇）七月十三日に小田原城へ入った秀吉は、ここで小田原攻めの論功行賞を行なった。家康にはほぼ北条氏の旧領である伊豆・相模・武蔵の全域、上総《かずさ》・下総《しもうさ》・上野の大半と下野の一部が与えられた。三河・遠江ほか家康の旧領五ヵ国は、織田信雄に与えられることになったが、信雄が尾張・伊勢にこだわってこれを拒んだために改易《かいえき》（取り潰し）され、下野那須《なす》（栃木県那須町）二万石に移された。

このため東海道の諸城については、豊臣系大名がいっせいに配置されることになった。すなわち、駿河一国は中村一氏に与えられ、一四万五〇〇〇石で駿府城に入った。遠江では、懸川城には五万石で山内一豊《やまうちかつとよ》、浜松城には一二万石で堀尾吉晴《ほりおよしはる》、横須賀城には三万石で渡《わたら》瀬《せ》繁詮《しげあき》、三河では、吉田城には一五万二〇〇〇石で池田輝政《てるまさ》（池田恒興の次男）、岡崎城には五万七四〇〇石で田中吉政《よしまさ》であった。

この家康の関東転封は、豊臣政権による「関東・奥両国惣無事」政策の一環として行なわれたものであった。そのことは、一〇万石を超える徳川氏の最上級家臣について、その知行高や入封地についてまで、秀吉の指示があったことでも知られる。すなわち、上野箕輪（群馬県高崎市）一二万石の井伊直政、同館林《たてばやし》（館林市）一〇万石の榊原康政、上総万喜《まんぎ》（千葉県いすみ市。のち大多喜《おおたき》〔大多喜町〕）一〇万石の本多忠勝がそうであった。

関東へ転封した家康は、それまでの北条氏の居城小田原城ではなく、北条氏の一支城《しじょう》であった江戸城に入った。なぜ江戸だったのかについては、近世以来さまざまな説が唱えられてきた。かつては江戸は東国の一寒村であり、徳川氏の入部によって発展したといわれたこともあったが、最近では当時の江戸は関東では政治的にも経済的にも重要な地となっていたことが明らかにされている。それとともに、豊臣政権の関東から奥羽まで含めた東国支配政策とのかかわりから、江戸入部もとらえられるようになってきている。

たとえば、家康の江戸入部は、秀吉の会津《あいづ》出陣にともなう小田原〜会津間の街道整備と同時並行して行なわれており、その場合、江戸は南関東から北関東・奥羽方面へ向かう「主要道」＝「東とおり」と「西とおり」の起点となっていることが注目された。上方から「東海道」を経て、関東各地のみならず、奥羽へと向かう交通の一大中継地となった江戸の重要性が上昇し、そのような江戸に秀吉は家康を入部させたというのである（竹井英文「徳川家康江戸入部の歴史的背景」）。

北条氏を滅亡させ、「関東惣無事」を達成した秀吉は、引き続き「奥両国惣無事」政策の実現をめざし、七月十七日に小田原から奥羽に向かった。すでに奥羽の伊達政宗・最上《もがみ》義《よし》光《あき》・南部《なんぶ》信直《のぶなお》らは小田原で出仕していたのであるが、いわゆる奥羽仕置の執行のためであった（小林清治『奥羽仕置と豊臣政権』）。北関東の佐竹義宣《よしのぶ》・宇都宮国綱らも小田原に出仕していたが、彼らはただちに北条方の忍《おし》城（埼玉県行田市）攻めなどに動員された。

二十六日に下野国宇都宮に至り、ここで奥羽仕置の第一段階となるが、新たに安東《あんどう》（秋《あき》田《た》）実季《さねすえ》・相馬義胤《そうまよしたね》らが出仕した。また伊達・最上両氏には、奥羽仕置の補佐（案内）が命じられた。他方で、大崎《おおさき》・葛西《かさい》・和賀《わが》・稗貫《ひえぬき》諸氏の所領没収などが決定されている。家康も宇都宮に出仕しており、七月二十八日には秀吉の直書が下され、翌二十九日付で家康は黒田《くろだ》孝高《よしたか》（官兵衛）・水野忠重宛の請文を呈している。これによって家康の関東転封の態勢が最終的に確認されるとともに、次男秀康が結城氏の跡目を継ぎ、一〇万一〇〇〇石が与えられた。

八月九日には、秀吉は会津黒川《くろかわ》（福島県会津若松市）に到着し、奥羽仕置が行なわれた。そこでは新たに白川《しらかわ》・田村ついで石川の諸氏が所領没収となった。他方で、葛西・大崎氏の旧領は木村吉清《きむらよしきよ》に与えられた。伊達政宗は会津領は没収されたが本領は安堵されて米沢城に入り、伊達氏の会津などの旧領は、代わって会津黒川城に入った蒲生氏郷《がもううじさと》に宛行《あてが》われた。その他、諸大名の妻子の上洛（人質の差し出し）、検地・刀狩・城破《しろわり》（城郭の破却）などの諸政策の執行を命じて、秀吉が京都に凱旋したのは九月一日のことであった。

こうして、秀吉による天下統一がなったのであるが、実は、事はそう簡単には終わらなかった。豊臣政権による奥羽仕置のためにやってきた大軍が去ると、この天正十八年（一五九〇）の末から翌十九年にかけて、奥羽各地でこの仕置に反発する一揆が起こったのである。主なものとして、大崎・葛西一揆、和賀・稗貫一揆、九戸《くのへ》一揆などがあった。家康もその平定のため出馬することになったが、九月四日に九戸政実《まさざね》が降伏することで、やっと決着がついたのである。それゆえ、秀吉による天下統一は、これら奥羽での一揆を平定することによって、最終的に成し遂げられたといえよう。

3　豊臣政権下の家康

朝鮮出兵

天正十九年（一五九一）十二月二十八日に、豊臣政権内で大きな変化が起こった。秀吉が関白職を辞し、甥の秀次がこれを継いだのである。秀次はこの年二月十一日に正二位に昇叙し、十二月四日には内大臣に任ぜられ、従二位権大納言の家康の官位を超えていた。秀吉が関白を譲った事情は二点あり、まずは、八月五日に長男鶴松《つるまつ》がわずか三歳で死去したことがきっかけとなり、ついで、この後始まる「唐入り《からいり》」（明国《みんこく》への侵攻）に専念することであった。関白の政庁であった聚楽第も秀次に譲り、自らは伏見《ふしみ》に隠居所となる城郭を構えた。ただし、関白職を譲ったとはいえ、太閤（関白の位を譲った者の尊称）として引き続き実権を握っていたことはいうまでもない。

秀吉の「唐入り」の意欲は、すでに四国平定・北国平定後の天正十四年（一五八六）九月頃からみられたのであるが、全国平定を成し遂げたことで、いよいよ本格化してきたのである。朝鮮国に対して「征明嚮導《せいみんきょうどう》」（「唐入り」のための先導）を要求し、間に立って交渉にあたった対馬《つしま》の宗《そう》氏は、これを「仮途入明《かどうにゅうみん》」（「唐入り」のため道を借りること）にすり替えて折衝したが、もとより朝鮮側がこれに応ずることはなかった。

こうして、天正二十年（十二月に文禄《ぶんろく》と改元、一五九二）三月に渡海軍の出撃を命じ、四月に釜山《プサン》に上陸した第一陣の宗義智《よしとし》・小西行長《こにしゆきなが》が攻撃を開始し、いわゆる文禄の役（壬辰倭《じんしんわ》乱《らん》）の勃発となった。日本側の渡海拠点は肥前名護屋《ひぜんなごや》（佐賀県唐津市）であり、秀吉はここに本格的な築城を行ない、その城下に諸将は屋敷を構えた。二月二日に江戸を発って上洛していた家康も、三月十七日には伊達政宗・上杉景勝らとともに京都を発ち、一万五〇〇〇という軍勢を率いて名護屋に向かった。なお、関東領国の統治にあたる江戸の留守居は、前年正月に元服し、従四位下侍従に叙任されていた秀忠であり、これを井伊直政・榊原康政らが補佐した。

図16　豊臣氏略系図

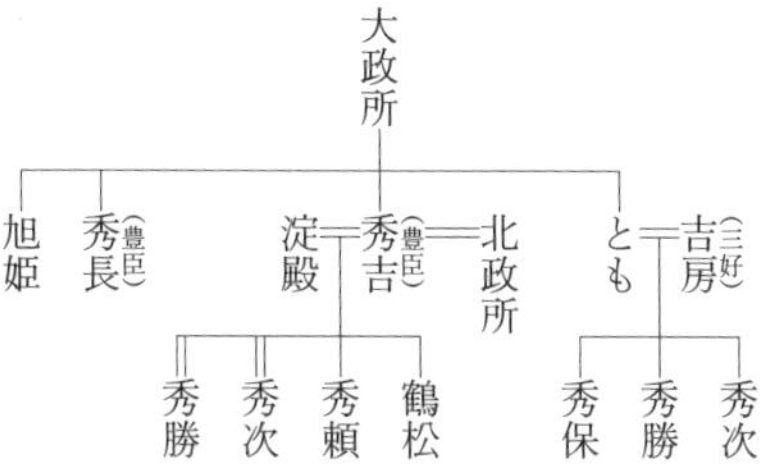

渡海軍は第二陣が加藤清正・鍋島直茂《なべしまなおしげ》ら、第三陣が黒田長政《ながまさ》（黒田孝高の嫡男）・大友義統《よしむね》らで、以下第九陣まで一五万余りという大軍であった。日本側の進撃は当初は順調で、五月三日には早くも首都の漢城《ハンソン》（京城《ソウル》）を陥落させ、六月には平壌《ピョンヤン》も落とした。この漢城陥落の報に接した秀吉は、遠大な「三国国割《くにわり》」構想を発表した。すなわち、後陽成天皇を明国の首都北京《ペキン》に移し、秀次をその関白とし

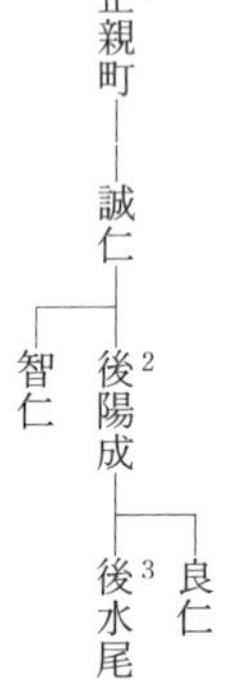

図17　天皇家略系図（数字は皇位継承の順序）

て付け、日本の帝位は皇子良仁《かたひと》親王か皇弟智仁《としひと》親王に継がせ、関白には秀次の弟秀保《ひでやす》か宇喜多秀家《うきたひでいえ》（正妻は秀吉の養女）を充てる。また朝鮮国には秀次の弟秀勝《ひでかつ》か宇喜多秀家を、九州には羽柴秀俊《ひでとし》（のち小早川秀秋《ひであき》）を置くとしている。さらに天皇の御料所や公家領として都付近で一〇ヵ国を進上し、関白秀次領として一〇〇ヵ国を渡すとしている。そして秀吉自身はしばらく北京にとどまったのち、寧波府《ニンポーふ》に居所を定めるといっている。まことに壮大な構想であるが、当時の東アジアの国際認識を欠いた机上の空論でしかなかったというほかない。

しかしながら、秀吉とその周辺では案外真面目《まじめ》に考えられていたようにもみられ、実際に秀吉と石田三成《いしだみつなり》らは、秀吉自身の渡海を強行しようとしたのである。これに対して、家康と前田利家はその危険性を説いて必死に諫止《かんし》したため、とりあえず秀吉の渡海は翌文禄二年（一五九三）三月まで延期されることになった。

他方で、当初は快進撃を続けた日本軍であったが、その後は朝鮮の義兵の決起、明からの大勢の援軍、さらに李舜臣《イスンシン》が率いる朝鮮水軍の日本水軍撃破などがあり、次第に苦境に陥ることとなった。そこへ秀吉の母大政所の危篤の報が入り、秀吉は急遽大坂へ帰るが、名護屋を発った天正二十年（一五九二）七月二十二日に大政所は死去したという。その留守を預かったのは家康と前田利家であり、秀吉が名護屋に戻ったのは十一月一日のことであった。

その後も戦況は芳しくなく、翌文禄二年（一五九三）四月には明との間で講和交渉が始まったが、秀吉が六月に戦勝者として七ヵ条にわたる過剰な要求を突きつけたため交渉は難航した。ところが、八月三日に大坂城で淀殿《よどどの》（お市の長女茶々）が男子拾《ひろい》（のち秀頼《ひでより》。以下、本書では秀頼で統一する）を出産し、この報を受けた秀吉は喜んで大坂城へ帰り、その後二度と名護屋城に戻ることはなかった。名護屋で越年していた家康も、秀吉の後を追うように上洛し、さらに暇《いとま》を許されて、十月には二年ぶりで江戸へ下った。

明との講和交渉は、のちに述べる秀次事件を挟んで続き、文禄五年（十月に慶長と改元、一五九六）には明の使節がやってきて、秀吉は九月一日に大坂城でこれを引見した。ところが、その後の対応に問題があって秀吉は激怒し、講和交渉は決裂して翌慶長二年の再出兵、いわゆる慶長の役（丁酉《ていゆう》倭乱《わらん》）となった。加藤清正が蔚山《ウルサン》城で明・朝鮮の大軍に囲まれ、大変な苦戦を強いられたことはよく知られているが、この年の戦いであった。他方で、日本軍は戦功の証拠として朝鮮人の耳や鼻をそぎ、これを塩漬けにして日本へ送るといった残虐行為を行なっている。このような朝鮮半島に多大な惨禍をもたらした戦役が、秀吉が死去するまで続いたのである。

豊臣家康

秀吉の諸大名統制策の一つに、自らと同じ羽柴名字を与え、さらに本姓も豊臣に改姓させることがあった。それによって、豊臣家を頂点とした擬制的な豊臣一族・一門体制を構築しようとしたのである。家康もまたこの政策により、豊臣政権の中にしっかりと取り込まれることになった。

家康は、当初は永禄四年（一五六一）や翌五年の文書で、「源家康」と署名しているように、自らは源氏であるという意識を持っていた。ところが、永禄九年に朝廷へ官位の働きかけを行なった際には、近衛前久を通じて、藤原姓で「従五位下三河守」に叙任されたのである。それ以後は、天正十四年（一五八六）九月七日付の三点の文書で、いずれも「三位中将藤原家康」と署名しているように、ずっと藤原姓であった。

その家康が、天正十五年（一五八七）八月八日付で従二位に昇叙した際の口宣案《くぜんあん》（叙任の勅命を伝えた文書の写《うつし》）では、「正三位源朝臣家康」と、「源」に復姓していた。そのため、翌天正十六年四月十五日付で聚楽第行幸の折に提出された「内大臣平信雄（織田信雄）」をはじめとする有力大名六名の起請文でも、家康は「大納言源家康」と署名したのであった。

ところが、文禄三年（一五九四）九月二十一日付で家康に宛てた豊臣秀吉知行方目録によれば、「羽柴江戸大納言殿」となっていて、家康は何と羽柴名字になっているのである。翌文禄四年七月の秀次事件直後に出された起請文案でも、「羽柴武蔵大納言家康」と署名していて、これは原本ではなく案文《あんもん》（控《ひかえ》または下書《したがき》）であるとはいえ、羽柴名字であったことはまず確実である。そして、羽柴名字を与えられると、同時に豊臣姓も与えられるので、本姓も「源」から「豊臣」に改姓され、「豊臣家康」になったものとみなされるのである（堀新「豊臣秀吉と「豊臣」家康」）。聚楽第行幸以降の武家の官位は、すべて豊臣姓による叙任となったので、文禄五年五月八日の家康の正二位内大臣叙任も、豊臣姓によるものであったことはいうまでもない。

のちに幕藩体制が成立すると、家康が羽柴名字・豊臣姓であったことは、徳川氏にとっては屈辱であると感じるようになった。とりわけ家康を崇敬していた三代将軍家光《いえみつ》は、正保《しょうほう》四年（一六四五）に朝廷に要請して、失われた口宣案などを作成しなおすのみならず、口宣案などに記された「藤原家康」や「豊臣家康」などをすべて「源家康」に書き改めさせた。現在、日光東照宮《にっこうとうしょうぐう》に残されている口宣案・宣旨・位記《いき》（位階を与えた旨を記した文書）などが、すべて「源家康」となっているのは、このような事情によるのである。

秀次事件

文禄二年（一五九三）八月三日に秀頼が誕生したことは、その行く末を案ずる秀吉と関白秀次との間に微妙な軋轢《あつれき》を生ずることになった。名護屋から伏見城に戻った秀吉は、九月四日に秀次を伏見城に呼び出し、日本国を五つに分け、そのうちの四つを秀次に与えるという国内分割案を示した。ついで十月一日には、いまだ生後二ヵ月の秀頼と秀次の娘との縁組みを進めることとし、熱海《あたみ》へ湯治に出かけていた秀次が帰洛次第、前田利家・まつ夫妻から伝えることにした。このように、秀吉は秀頼の誕生により、さっそく秀次とどのように折り合いをつけるか、腐心していたようにみえる。

他方で秀吉は、十一月十九日に尾張・三河へ鷹狩りということで下向した。そして二十八日付で九ヵ条にわたる条書を発しているが、その第一条では、尾張国では在々が衰微し、田《た》畠《はた》が荒れている様子をご覧になり、上様（秀吉）の御生国《ごしょうこく》（生まれ故郷）であるだけに、とりわけ不憫《ふびん》に思われたといっている。尾張国の荒廃状況をみて、その復興を命ずる条書であるが、尾張は秀次領であったから、その失政を突いているものともみられる。

また、秀吉は隠居所として建設を進めていた伏見城を、秀頼を迎え入れるために、朝鮮出兵で動員しなかった諸大名に命じて、大改築することにした。渡海しなかった家康も、この普請を行なっている。翌文禄三年（一五九四）秋にはこれが竣工し、秀頼は十一月二十一日に大坂城から伏見城へと移徙《いし》（転居）した。このことは、秀吉・秀頼と聚楽第の秀次との関係を、いっそう複雑化することになった。

このように、秀吉と秀次との間では次第に緊張感も高まってきたのであるが、文禄三年二月には、秀吉は生母大政所の三回忌法要で高野山青巌寺《せいがんじ》に参詣するのに託《かこつ》けて、吉野《よしの》で花見の宴《うたげ》を催した。二十五日に秀吉は大坂から、秀次は京都から、いずれも美麗を尽くした行装で出かけ、二十七日には吉野の桜本坊《さくらもとぼう》という寺院で秀吉・秀次は同宿した。この吉野の花見には准三宮道澄《じゅさんぐうどうちょう》（近衛家出身の僧で、京都聖護院門跡《しょうごいんもんぜき》）をはじめとする僧侶や公家たち、武家では家康をはじめ織田常真《じょうしん》（信雄）・宇喜多秀家・伊達政宗らが供奉《ぐぶ》していた。

京都に戻った家康は、その後は拠点を伏見に移したようで、九月九日や十一月二十五日には、秀吉が伏見の家康邸を訪れている。この頃までは、秀吉と秀次との関係は緊張感はありながらも、表面的には穏やかに過ぎていった。これが暗転したのは、翌文禄四年七月のことであった。

すなわち、当時の公家の日記などに拠ってみると、七月三日頃から秀吉・秀次間が不和となり、種々の雑説《ぞうせつ》が飛び交った。秀次には謀叛の疑いがかけられて、八日に秀次は伏見の秀吉のもとに弁明に向かうが、会うことさえできなかった。秀次は無実を示すためにその日の夕刻に元結《もとゆい》（髷《まげ》を結ぶ細い緒）を切り、高野山へと落ちていった。宇治玉水《たまみず》（京都府宇治市）で一泊したが、翌九日には秀吉方からも護送の立場の者二名が付けられた。十日には諸大名に秀吉朱印状などで、秀次に不届きの廉《かど》があり、高野山に追放したと伝えた。十二日には高野山の僧木食応其《もくじきおうご》と惣中に対し、三ヵ条にわたる秀次住山時の処遇に関する秀吉朱印状が出されている。

十三日には秀次の御内衆《みうちしゅう》である熊谷直之《くまがいなおゆき》ら三名が切腹させられ、その首を持った福島正則ら三名が高野山の秀次のもとへ遣わされた。これは秀次に切腹を迫るもので、福島らは検死の役を務めることになり、秀次は十五日の四つ時（午前十時頃）に切腹して果てた。この報は、早くも翌十六日には京都に達し、『お湯殿《ゆどの》の上《うえ》の日記』の同日条では、「関白殿が昨日十五日の四つ時に御腹を切られた、とのことである。無実のゆえに、このようなことになった、とのことである」と記している。

ところが近年、この部分について、秀次が切腹したことを、高野山の木食上人が申してきたとし、無実であるから、その証明のためにこのようなことになったと解釈し、これを起点とした考察で、秀次は秀吉の命令によってではなく、自ら切腹するという思わぬ事態になったとする新説が出され（矢部健太郎『関白秀次の切腹』）、この説への支持が広がっていた。しかしながら、その後関係史料を精査し、厳密な解釈をもとに、秀次の切腹はやはり秀吉の命令によるものであったとする論文が発表され（藤井讓治「秀次切腹をめぐって」）、筆者もこの見解を支持する。

五大老・五奉行制

この秀次事件が起こった時期に、長大な神文《しんもん》（神に誓約する文）を持つ「霊社上巻起請文《れいしゃじょうまききしょうもん》」とよばれる特徴的な起請文が作成されている。七月中のものとその署判者をみると、A七月十二日付増田長盛《ましたながもり》・石田三成、B七月二十日付宇喜多秀家、C七月二十日付前田利家、D七月二十日付織田常真等二八名、E七月付小早川隆景・毛利輝元・徳川家康である。

いずれも五ヵ条からなり、第一条では秀頼に表裏別心なく忠誠を誓うことでほぼ同文ながら、Cの利家は傅役《もりやく》を命じられている。第二条は太閤様の法度《はっと》・置目《おきめ》（掟《おきて》）を守ることでほぼ同文である。第三条は秀頼に疎略であったり太閤様の置目に背くものがあれば、糺明《きゅうめい》のうえ成敗をするとほぼ同文であるが、Dでは後半の表現が異なっている。第四条はかなり違いがあり、A~Cは、我等に万一分別のないことがあれば、置目を仰せつけられる衆の異見を受けるとしている。Dでは、太閤様の御恩を深く受けているので、当人たちはいうまでもなく、子々孫々までも公儀《こうぎ》のために忠功を尽くすといっている。Eでは、坂東《ばんどう》の法度・置目・公事篇《くじへん》（訴訟）は家康に、坂西《ばんせい》は輝元・隆景に申し付けるとしている。第五条も違いがあり、AではDの第四条とほぼ同文である。B・Cでは、不断に在京して秀頼に奉公し、勝手に下国してはならないとする。Dでは、諸傍輩《ほうばい》間で私的な遺恨で公儀に述懐（不平・不満を漏らすこと）してはならないとしている。Eでも不断の在京を求め、万一用があって下国する時は、家康・輝元が交互にすることとしている。

　ところで、これらの起請文はこれまでは秀次事件という政治的に危機的な状況の下で作成されたと考えられてきた。ところがそうではなく、直接の契機は十日か少なくとも十二日以降に秀吉の病が重篤になったという状況の下で、秀吉の死を想定して作成されたものだとする新説が出された（藤井譲治「文禄四年の霊社上巻起請文をめぐって」）。そこには秀吉死後を想定した、新たな政権構想がみられるとするのである。すなわち、秀頼を頂点に、在京を原則とした徳川家康ら有力大名の「大老《たいろう》」と、石田三成ら奉行衆《ぶぎょうしゅう》による新たな「公儀」体制への指向である。ただしこの政権構想は、八月五日には秀吉の病が本復したため、この時点で実現することはなかった。
八月二日には洛中を引き回されたあげくに、三条河原《さんじょうがわら》で秀次の妻子や侍女たち三〇名余りが斬殺《ざんさつ》されるというおぞましい事件も起こった。その翌三日付で、「御掟《おんおきて》」「御掟追加」が発令された。

前者は五ヵ条からなり、小早川隆景・毛利輝元・前田利家・上杉景勝・宇喜多秀家・徳川家康の連署による発給である。①大名間の婚姻は、秀吉の御意を得て行なうこと。②大名・小名が相互に盟約を結び、誓詞などを取り交わすことを禁止する。③万一喧嘩・口論が起こった時は、堪忍《かんにん》（こらえしのぶこと）した方を道理があるとみなす。④無実と申し上げる者があれば、双方を召し寄せて、きびしく糺明する。⑤乗物赦免の衆について。これらは主として武家（大名・小名）の統制をめざしたものである。

後者は九ヵ条で、公家・門跡、寺社、武士、百姓など、まさに支配全般にかかわる法令であった。のちの江戸幕府の「武家諸法度《ぶけしょはっと》」や「禁中並公家中諸法度《きんちゅうならびにくげちゅうしょはっと》」に受け継がれた条項も含まれている。こうして、この「御掟」「御掟追加」の発令によって、太閤政権のもとで豊臣公儀が最終的に確立したのである。

前述の豊臣政権による政権構想とも相まって、ここで連署している有力六大名は、豊臣政権末期の慶長三年（一五九八）に成立したいわゆる五大老・五奉行制の五大老の前身ともいえよう。そこでは文禄四年（一五九五）の秀吉死後を想定した政権構想が顕現し、小早川隆景は前年六月に死去していたので、五大老は隆景を除く五名であった。秀吉遺言書の宛先順でいえば、徳川家康・前田利家・毛利輝元・上杉景勝・宇喜多秀家となり、家康は二五〇万石という抜きんでた実力、正二位内大臣という高官位なども相まって、まさに豊臣政権の五大老筆頭ともいうべき立場であった。なお五奉行は、前田玄以・浅野長政・石田三成・増田長盛・長束《なつか》正家《まさいえ》の五名である。

第九章　関ヶ原の合戦
——天下分け目の戦い

1　秀吉の死去

遺言と起請文

慶長三年（一五九八）八月十八日、豊臣秀吉は伏見城で六三年にわたる波瀾万丈のその生涯を閉じた。死期を悟った秀吉は遺言を残しており、また文禄四年（一五九五）の秀吉重篤時以上に、各種起請文が取り交わされた。秀吉死後の豊臣政権は、政権末期に成立した五大老・五奉行制のもとで、これらの遺言と起請文とを拠り所として運営されることになった。そしてこの体制を、家康はなし崩し的に変質させながら、関ヶ原の合戦へと至ったのである（水野伍貴『関ヶ原への道』）。

八月五日付で五大老に宛てた秀吉遺言は有名で、そこでは、「秀頼が成り立つように、この書付けの衆としてお頼みします。何事もこの外には、思い残すことはありません」。さらに「追而書《おってがき》」(追伸)で、「返す返す、秀頼のことをお頼みします。五人の衆(五大老)お頼みします。委細五人の者(五奉行)に申しわたしています。なごり惜しいことです。以上」といっている。

さらに全一一ヵ条の「遺言覚書」が重要で、秀吉の意向が書き留められている。①一条目は家康、②前田利家、③徳川秀忠、④前田利長《としなが》(前田利家の嫡男)、⑤宇喜多秀家、⑥上杉景勝・毛利輝元と、それぞれに対して秀頼の取立《とりたて》を要請している。家康と利家は高齢であったから、つぎの世代である③秀忠と④利長にも頼んでいる。⑦五奉行は法度違反の訴えがあった場合、双方に意見して仲裁するよう命じている。⑧五奉行は蔵入地(直轄領)などの算用を行ない、家康・利家の検閲を受けることとしている。⑨何事も家康・利家の御意を得て行なうこととしている。⑩家康は伏見城にあって政務を執ること、城の留守居は前田玄以と長束正家が務めるようにとの御意である。⑪利家は大坂城にあって秀頼を補佐し、城の番は皆で務めるようにとの御意である。先の文禄期には家康と輝元・隆景とが重視されたのであるが、今回の臨終に際しては、主として家康と利家とに後事が託されていることが注目される。

秀吉死去の前後から、家康と奉行衆、とくに石田三成との不和が表面化し、権力闘争が激しくなった。そのため各種起請文が交わされたが、とりわけ慶長三年(一五九八)九月三日付の五大老・五奉行による連署起請文、いわゆる「十人連判誓詞」が重要であった。全七ヵ条で、①諸傍輩間で遺恨を持ったり、②讒言《ざんげん》に与《くみ》したり、③徒党を組んだりすることを禁じている。④この衆中で悪口する者があれば、互いにその人を告げること。⑤諸事の御仕置などは、一〇人の衆の多数決によって決める。⑥一〇人の衆と諸傍輩間で、いっさい誓詞を取り交わしてはならない。⑦秀頼様に対して悪逆のことがあっても、出し抜きの生害《しょうがい》（勝手な成敗）は禁止する。

こうした五大老・五奉行制のもとで、最初に取り組まれた施策は、朝鮮在陣中の将兵をすみやかに撤収させることであった。そのため年末まで、秀吉の喪は秘された。上杉景勝は在国中で上洛は十月七日であったため、それまでは四大老の連署書状で朝鮮在陣の諸将に通達がなされた。

たとえば、八月二十八日付黒田長政宛の四大老書状によれば、つぎのような諸点が伝えられている。①帰国を命ずる秀吉の御朱印・覚書を携え、両使徳永寿昌《とくながながまさ》・宮城豊盛《みやぎとよもり》を朝鮮に派遣する。②引き揚げ用の船も必要だと上様（秀吉）が仰せ付けられ、新艘（新造の船）や諸浦にある船を送る。③博多《はかた》には毛利秀元《ひでもと》（毛利輝元の養子）・浅野長政・石田三成が出向いており、必要とあれば渡海して相談する、などである。こうして、秀吉の生存を装いながら、朝鮮側の反転・攻勢をしのぎつつ、年末までにほぼ諸軍の撤収を終えることができた。

家康の画策

慶長四年（一五九九）正月十日に、秀頼は先の秀吉の「遺言覚書」⑪に従い、傅役《もりやく》の前田利家にともなわれて伏見城から大坂城へと移徙《いし》した。家康もこれに供奉《ぐぶ》して大坂へ下向したが、身の安全を図るため、すぐに伏見へ戻っている。その後はいずれも家康がらみで、事態が大きく動くことになった。

まず正月半ばに、家康のいわゆる私婚問題が起こった。家康の六男忠輝《ただてる》に伊達政宗の長女を娶《めと》り、福島正則の養子正之《まさゆき》と蜂須賀家政《はちすかいえまさ》の子息豊雄《とよちか》とに家康の養女を嫁がせる約束を行なったというものである。このため正月十九日になって、四大老・五奉行が一致して家康を詰問するという事態となった。「御掟」第一条では、諸大名の婚姻は御意（秀吉）を得て行なうということになっていたが、家康がそれに背き、私的に婚姻を結ぼうとしたとして責められたのである。しかしながら、秀吉亡き後の「御意」の担い手が曖昧だったこともあり、二月五日に双方で起請文を取り交わし、私婚の責任は問わないまま、今後はお互いに遺恨を持たないことを約して決着をみた。

その後、二月二十九日に前田利家が病を押して伏見の家康邸を訪問し、三月十一日には家康が返礼で大坂の前田邸に出向き、利家を見舞った。これによって両者は関係を改善することになるが、翌閏三月三日に利家は大坂の自邸で病没してしまった。同日付で五大老が発した文書では、利家に代わってその子息利長が連署に加わっているが、もとより父の勢威に及ぶべくもなく、家康の力が増すことになった。

この利家の死去を契機にして、大坂では七将が石田三成を襲撃しようとする事件が起こった。最近では「襲撃事件」ではなく、三成の制裁を訴える「訴訟事件」であったとみられるようになってきたが、七将とは閏三月五日付の家康書状の宛先からみれば、浅野幸長《よしなが》（浅野長政の嫡男）・加藤清正・黒田長政・藤堂高虎《とうどうたかとら》・福島正則・蜂須賀家政・細川忠興の七名である。武功派・吏僚派の確執に加えて、朝鮮出兵の折に三成派の軍目付《いくさめつけ》の報告により、諸将らが秀吉の譴責《けんせき》処分を受けるということがあり、三成との間に軋轢《あつれき》が生じていたことにもよる。

危険を察知した三成は伏見に向かい、伏見城内にある自邸に立て籠り、伏見にあった毛利輝元や上杉景勝らとも連携をとろうとした。結局、両者を調停したのは家康で、閏三月九日付の浅野・蜂須賀・福島宛の家康書状によれば、①三成は佐和山《さわやま》（滋賀県彦根市）で隠居することになり、明日佐和山へ向かうこと、②昨夜三成の子息重家《しげいえ》が人質としてやってきたこと、などを伝えている。三成は十日に佐和山に退去したが、途中の危険を避けるため、家康は次男の結城秀康にこれを送らせた。

家康は十三日に向島《むかいじま》（京都市伏見区）の自邸から、伏見城西の丸に移った。伏見城は太閤秀吉の政庁であったから、これを伝え聞いた奈良《なら》の多聞院英俊《たもんいんえいしゅん》はその日記で、「天下殿にな られた、めでたいことです」といっている。二十一日には、三成に加担していた輝元と家康との間で和解の起請文が交わされたが、家康が「兄弟のごとく」といっているのに対し、輝元は「父兄の思いを成し」といっており、両者の上下関係が明確になった。こうして、五大老・五奉行から利家と三成という有力な二氏が欠け、しかも私婚問題から始まった一連の政争を経て輝元が屈服したため、豊臣公儀を担う家康の政治的立場は、ますます重みを増していった。

その後、八月には上杉景勝・前田利長が相次いで帰国したため、上方《かみがた》に残った大老は三名となった。さらに事態が大きく動くのは、九月に入ってからである。家康は秀頼に重陽《ちょうよう》の節句（九月九日）の祝詞を述べるため、九月七日に伏見から大坂に下り、空き屋敷となっていた三成邸を宿所とした。そこへ増田長盛らがやってきて、家康の登城時に暗殺の企てがあると告げたという。ただ最近では、この暗殺計画は事実ではなく、利長方を排除しようとするために捏造《ねつぞう》されたものとみられるようになっている。これをきっかけに、徳川方では警護を厳重にするために、さっそく伏見から軍勢を呼び寄せた。九日には無事に秀頼への礼を済ませており、十二日には宿所を城内の石田正澄《まさずみ》（三成の兄）邸に移した。さらに二十六日には、秀吉の北政所高台院《こうだいいん》が大坂城西の丸を明け渡して京都へ去ったため、家康は西の丸に入って事実上これを占拠するとともに、新たに天守まで築造した。

家康暗殺計画の首謀者は前田利長で、浅野長政や大野治長《おおのはるなが》・土方雄久《ひじかたかつひさ》らが与同（仲間になること）していたといわれた。長政は前田家とのかかわりが深かったこともあり嫌疑をかけられ、十月には領国甲斐に蟄居《ちっきょ》となった。治長は淀殿との密通の風聞もあり、下総の結城秀康に預けられ、雄久も常陸の佐竹義宣に預けられた。利長は弁明の上洛も叶わず、翌慶長五年（一六〇〇）にかけて家康と利長との関係が険悪となり、家康による加賀征討が行なわれるとの風聞も起こった。だが、慶長五年に入ると和睦交渉が進み、利長の母芳春院《ほうしゅんいん》（まつ）が人質として江戸へ下ることで決着し、芳春院は五月に江戸へ向けて出立した。この利長の縁者であった細川忠興（嫡男忠隆《ただたか》の正妻は利家の娘）も嫌疑をかけられ、無実を訴えて十一月には起請文を提出し、翌年正月には三男光千代《みつちよ》（のち忠利《ただとし》）を人質として江戸へ送った。

こうして、浅野長政の失脚で三奉行となり、前田利長も屈服したため、秀吉死後のいわゆる五大老・五奉行制はすっかり形骸化《けいがいか》してしまった。家康が大坂城に入って秀頼を補佐することにより、家康は一人で権限を振るうようになり、これを前田・増田・長束の三奉行が支えるという新たな体制となった。慶長五年正月には、年賀に来た諸将たちはまず本丸で秀頼に礼をし、ついで西の丸で家康も礼を受けたのであった。

2　会津攻めと「小山評定」

会津攻めへの過程

慶長五年（一六〇〇）に入ると、会津の上杉景勝をめぐって不穏な風聞が流れるようになった。慶長三年正月に秀吉から会津への国替えを命じられた景勝は、新領国の経営を精力的に進めた。諸城の修築や神指城《こうざし》（福島県会津若松市）の新築を行ない、道・橋を普請し、兵粮を蓄え、大量の武器を調達した。これらのことが上杉氏の転封後に越後に入った堀氏などから家康に報告され、謀叛の嫌疑がかけられた。伏見の留守居千坂景親《ちさかかげちか》は脚力《きゃくりき》（飛脚）をもってこのような上方での状況を景勝に報じたが、近国の者の讒言《ざんげん》だとして、普請などをやめることはなかった。

家康は当初は前年に国許《くにもと》に下った上杉氏が領国内の統治に努めることに理解を示していたのであるが、このような風聞を受けて、景勝に対して嫌疑を晴らすべく上洛するように促した。景勝は秋までの猶予を求めたようであるが、家康は四月十日には上洛を迫るいわば最後通告ともいうべく、伊奈昭綱《あきつな》を正使とし、増田長盛の家臣河村長門《かわむらながと》および毛利輝元・大谷吉継《おおたによしつぐ》の家臣の三名を添え、都合四名の使者を会津に派遣した。

この使者が持参したのが四月一日付直江兼続宛の西笑承兌《せいしょうじょうたい》（秀吉、ついで家康に用いられた臨済宗の僧）書状であり、そこでは起請文をもって弁明し、上洛して陳謝するようにと勧告している。これに対する返書といわれるのが、四月十四日付のいわゆる「直江状《なおえじょう》」である。そこでは嫌疑などについて弁明・反論し、讒人を非難するとともに、家康の方こそ上洛できないように仕向けていると断じている。そして、この「直江状」に激怒して、家康は上杉討伐に踏み切ることになったといわれてきた。

この「直江状」の真偽については、これまで幾多の論争が行なわれてきた。筆者は、以前はその存在を認めてもよいのではないかと考えていたが、その後の研究をふまえて再検討したところ、四月十四日付の「直江状」はなかったというように考えを改めた。

第一に、そもそも四月一日付の承兌書状を持参した伊奈昭綱が、島津義弘《よしひろ》の複数の書状にみられるように四月十日に伏見を発ったとすれば、会津までの距離を考えると、十四日付でその返書とされる「直江状」が書かれるというようなことはありえないからである。承兌書状を持参したのは別の使者だったとする説もあるが、承兌の書状で、伊奈・河村が差し下され、その使者の口上で申し達することではあるが、といいながら意見を述べているので、やはり伊奈らが持参したとみるべきであろう。

第二に、四月下旬に会津に着いた伊奈ら一行に対する上杉方の返答が、「上洛する」であったことが、五月十八日付森忠政《ただまさ》宛徳川秀忠書状によって知られる。そうなると、その方針に真っ向から対立するような内容の「直江状」が、四月十四日時点で書かれるというようなことはなかったとみなければならない。

その後、景勝は態度を一変して上洛を拒むことになるが、その事情は六月十日付本庄繁長《ほんじょうしげなが》等五名宛景勝判物によって明らかになる。すなわち、上洛の催促に対し秋まで延期してほしいと奉行衆に返答したところ、重ねて逆臣の讒言を入れて、上洛しないならば軍事行動を起こすといわれた。そのため、思うところはあったが、もともと逆心のつもりはないので、万事をなげうって上洛しようと覚悟を決めた。その際、讒人の糺明を申し入れたが取り上げられず、ただ上洛せよというばかりで、日限まで切られて、これでは上洛したくともできないといっている。つまり、景勝は一度は上洛する覚悟を決めたものの、家康側のその後の仕打ちにより、六月には上洛の催促を拒否するに至ったのである。

第三に、家康の上杉討伐の意向は、比較的早くから固まっていたようにみられる。四月二十七日付島津義久宛島津義弘書状によれば、その日の朝に義弘が日向庄内《しょうない》問題（伊集院忠真《いじゅういんただざね》の乱）落着の御礼で家康を訪ねたところ、つぎのようにいわれたという。すなわち、上杉景勝の上洛が延引しているので、伊奈昭綱らを会津に下向させた。六月上旬には上洛するようにといってあるが、その返事次第では家康が出馬するとのことで、そうなった場合には、伏見城の留守番をしてほしいと私に仰せ付けられた。

さらに、使者伊奈らの大坂城帰着は五月十日頃とみられているが、それより早い五月三日付伊王野資信《いおうのすけのぶ》宛家康書状で、家康は会津方面の状勢について注進してきた下野伊王野城（栃木県那須町）の資信に対して、その口を守るように命じ、近く出馬して討ち果たすといっている。家康の会津攻めの決意は、ありもしなかった「直江状」に激怒してというようなことではなく、使者の返事を待たずにすでに固まっていたのである。

六月二日には、家臣の本多康重・松平家信《いえのぶ》・小笠原広勝《ひろかつ》らに対して、七月下旬に奥州方面へ出陣するので、油断なく用意するよう命じている。六日には諸将を大坂城西の丸に集め、会津攻めの部署と進路を定めた。八日には家康の出馬を慰労するため、朝廷から晒《さらし》一〇〇反が贈られている。十四日には上杉領国に近い伊達政宗・最上義光《よしあき》・佐竹義宣らが、大坂からそれぞれの領国へと下っていった。

今回の会津攻めは、豊臣政権による上洛要請に従わなかった上杉景勝の征討ということであったから、まさに豊臣公儀を背負った出馬であった。そのため、家康は十五日に本丸に出向いて秀頼に暇乞《いとまご》いをしているが、秀頼からは黄金二万枚・米二万石などの餞《はなむけ》があった。前田・増田・長束の三奉行は、家康が不在になると上方の情勢が不安定になるのではないかと恐れて諫止したが、家康の決意が変わることはなかった。

「小山評定」の意義

家康自身の大坂城からの出馬は慶長五年（一六〇〇）六月十六日であり、その日は伏見城に入り、翌日伏見城の留守を鳥居元忠・松平家忠らに命じた。十八日に伏見城を発ち、七月二日に品川まで迎えに来ていた秀忠とともに江戸城に入った。七日には一五ヵ条の軍法を定めるとともに、会津への出馬を二十一日とし、全軍の持ち場も確定した。

ところが、七月十九日か二十日頃に、上方で石田三成・大谷吉継が挙兵したとの情報が入った。しかしながら、家康は予定を変えず、十九日にまず秀忠が先発し、ついで二十一日には家康も江戸城から出馬した。行軍中の二十三日には、三成らの挙兵を受けて、最上義光に

表7　東海道の徳川方在番諸城

城地		城主	城番	所領・石高
駿河	沼津城	中村一栄	内藤信成	伊豆韮山1万石
	興国寺城	河毛重次	同	
	駿府城	中村忠一	菅沼定仍	上野阿穂1万石
遠江	掛川城	山内一豊	松平（松井）康重	武蔵寄西2万石
	横須賀城	有馬豊氏	三宅康貞	武蔵瓶尻5000石
	浜松城	堀尾忠氏	保科正光	下総多胡1万石
三河	吉田城	池田輝政	松平（大給）家乗	上野那波1万石
	岡崎城	田中吉政	松平（桜井）忠頼	武蔵松山1万石
	西尾城	同	同	
	刈谷城	水野勝成	水野勝成家人	三河刈谷3万石
尾張	清須城	福島正則	石川康通	上総鳴門2万石
			松平家清	武蔵八幡山1万石
	犬山城	石川貞清	北条氏勝	上総岩富1万石

註　中村孝也『徳川家康文書の研究』中巻529頁などによる。

会津への進軍をやめ、後命を待つように命じている。おそらくそれと同時に、宇都宮に集結しつつあった豊臣系諸将に、小山《おやま》（栃木県小山市）に集まるように伝えたと思われ、家康が二十四日に小山に着くと、翌二十五日にいわゆる「小山評定《ひょうじょう》」が開かれた。

会津攻めは豊臣政権による公儀の戦いであったため、家康の軍勢のみならず、東海道沿いの福島正則（尾張清須）・池田輝政（三河吉田）・山内一豊（遠江懸川）らをはじめ、黒田長政（豊前中津《ぶぜんなかつ》）・細川忠興（丹後宮津《たんごみやづ》）・藤堂高虎（伊予板島《いよいたじま》）・浅野幸長（甲斐甲府）など、多数の豊臣系大名たちが従軍していた。家康には軍事指揮権が与えられていたとはいえ、三成らの挙兵という不測の事態を受けて、主従関係にないこれら豊臣系諸将に一方的に命令を下すということはできず、今後の行動については、諸将の同意と納得を得る必要があった。そこで何らかの談合・評定を行なうことによって、まずはこのまま会津攻めを続けるかどうかについて諮られることになった。

その結果、上方で起こった事態に対処することを優先すべきだということに決し、駿河から上の豊臣系諸将は、翌二十六日からいっせいに、まずは福島正則の清須城をめざして西上することになった。その際、混乱を避けるために組分けが行なわれ、組ごとに順次出発しているが、福島正則・徳永寿昌組が先陣を切ったであろう。また、東海道沿いの諸将は、その城を家康に明け渡すことに決し、表7にみられるように、八月には家康家臣による在番制が実現している。

よく知られているように、「天下分け目」の関ヶ原の決戦では、秀忠が率いる三万八〇〇〇ともいわれる徳川氏の主力部隊が、肝心の決戦の場には間に合わなかった。そのため、家康が率いた東軍は、もっぱらこれら西上した豊臣系諸将に依拠して勝利を収めたのである。それゆえ、「小山評定」で豊臣系諸将が家康を支持して西上に決したことは、結果的にみて関ヶ原合戦の帰趨《きすう》を決定づけることになったのであるから、その歴史的意義ははなはだ大きかったといわなければならない。

「小山評定」をめぐる論争

ところが、二〇一二年になって、「小山評定」は徳川史観による家康神話の創出という目的のために捏造された架空の話であるとして、これを全面的に否定する論文が発表された

（白峰旬「フィクションとしての小山評定」）。これに対して筆者は、よくドラマなどでみられるような劇的な場面があったかどうかはともかくとして、一応通説どおり七月二十五日に「小山評定」が行なわれたとみてよいのではないかと批判し（拙稿「小山評定の再検討」）、それ以後、白峰氏と筆者との間で論争が続いている。

論争の要《かなめ》となった史料は、ほぼ同内容の福島正則宛家康書状写《うつし》で、A七月十九日付、「軍勢については西上させ、御自身はこれまで（江戸）こられたい」、B七月二十四日付、「軍勢についいては止め、御自身はこれまで（小山）こられたい」と、日付と内容に若干の違いがある二点の文書のどちらを採り、どのように解釈するかが問題になった。論点は多岐にわたるので、ここでは具体的な内容については割愛するが、筆者は①〜⑩までの論点について、B二十四日説の方が事態をはるかに整合的にとらえることができるので、A十九日説はもはや成り立たないと白峰説を批判した（拙稿「「小山評定」再々論」）。この拙稿とほぼ同時期とそれより少し前に、「小山評定」はあったとする立場からの論文が発表されている（藤井譲治「慶長五年の「小山評定」をめぐって」、水野伍貴「小山評定の歴史的意義」）。これらによって、少なくとも「小山評定」の存否については、ほぼ決着がついたと思っていた。

ところが、二〇二一年になり、白峰氏はあらためて家康の宇都宮在陣を中心とする長大な論文を発表した（白峰旬「「小山評定」論争の最前線」）。そこでは、これまでの自説を大きくあらため、七月二十一日に江戸城から出馬した家康は二十三日に宇都宮に着陣し、それ以後八月二日に宇都宮を発って江戸城に戻るまで、ずっと宇都宮にいたとしている。もしこの説が正しければ、七月二十五日に「小山評定」が行なわれるようなことは、なかったということになる。これに対しても筆者はさっそく反論し、七点にわたって白峰論文の問題点を指摘した（拙稿「「小山評定」研究の現段階」）。ここでは「小山評定」の存否にかかわる主要な三点について述べると、つぎのごとくである。

第一に、七月二十一日に江戸城から出馬した家康が、わずか二日後の二十三日に宇都宮に着陣したといわれるのであるが、そのような主張が成り立たないことは、七月二十五日付里《さと》見義康《みよしやす》宛大久保忠隣《ただちか》書状をみれば明らかである。そこでは、中納言（秀忠）は昨二十四日に宇都宮に着陣したといっている。秀忠は十九日に江戸城から出馬しているので、五日かかって宇都宮に着陣したことがわかる。ところが白峰説によれば、二十一日に江戸城から出馬した家康の部隊は、二日前に先発した秀忠の部隊を猛烈な速さで追い越し、秀忠よりも一日早く宇都宮に着陣したという、およそありえない事態が起こったことになってしまうだろう。

この点は、江戸城から宇都宮城までの距離と、当時の軍勢が一日に進軍できる距離からみても、わずか二日で着くようなことはありえないことがわかる。すなわち、当時の街道で江戸〜宇都宮間は約一四〇キロメートルあり、軍勢が一日に進軍する距離は平常時には平均して約四〇キロメートルであるから、四〇で割ると三・五となる。つまり四日はかかる行程だったことがわかる。秀忠の場合は五日かかっているので、これはややゆっくりした行軍であったといえよう。

第二に、七月二十八日付蘆名盛重《あしなもりしげ》宛家康書状に「そこ許《もと》御出陣の由、尤《もっと》もに候《そうろう》、此《こ》の方《ほう》も小山に在陣せしむ」とあることから、これまでは七月二十八日時点で家康は小山に在陣していたと誰もが考えてきた。ところが今回、白峰氏はこれを、佐竹氏の軍勢が出陣してきたことを了承した、（家康自身は宇都宮に在陣していて）軍勢だけを小山に在陣させている、という解釈を示し、家康の小山在陣を否定した。

しかしながら、「そこ許」を佐竹氏の軍勢などとするのはまったくの誤読であり、これを素直に読めば、「そこ許」と「此の方」とは、「あなた」と「私」ということになる。そうなると、これを解釈すると、「あなたが（会津攻めのために）御出陣なさったとのこと、尤もなことです。私の方も（軍勢を）小山に在陣させています」となる。こうして、この書状は家康が七月二十八日に小山に在陣していたことを、あらためて明確に示すものであると確認される。

第三に、家康の動静に関する上杉方の二点の史料、八月五日付岩井信能《いわいのぶよし》宛直江兼続書状写と八月二十五日付長束正家等宛上杉景勝書状の解釈にかかわる問題である。前者では兼続は「白川方面からの日々の注進によれば、内府《だいふ》（家康）はいまだ小山に在陣しているとのことである」といっている。後者では景勝は「内府は今月四日に小山から江戸へ戻った」といっている。

いうまでもなく、家康が率いる会津攻めの軍勢の動向、とりわけ家康の動静については、上杉方では細心の注意を払って情報の収集に努めていたであろう。その上杉方で、前者では八月初めに家康はなお小山にとどまっていると注進されており、後者では家康は四日に小山より江戸へ戻ったといっている。ここには、家康が宇都宮までやってきたという形跡はまったくみられないので、家康が宇都宮へ行くようなことはなかったとみなければならない。

ところが、白峰氏は上杉方の情報は信憑性が乏しいとみなし、両史料の内容を否定している。たとえば後者についていえば、「上杉サイドが家康の位置情報に関して、常に正しい情報を把握しているとは限らない」という理由で、家康が宇都宮にいても「小山」と記しても不思議ではないといわれる。しかしながら、これははなはだ強引な解釈で、とても納得できるものではない。景勝書状では、家康は宇都宮ではなく小山から江戸へ戻ったと明記しているのであるから、やはり史料が語るところをできるだけ素直に受け取って解釈するべきであろう。

こうして、家康が七月二十三日に宇都宮に着陣し、その後八月二日に宇都宮から江戸へ戻るまでずっと宇都宮に在陣していたとする今回の白峰説は、まったく成り立たないことが明らかになった。家康は七月二十四日に小山に着陣して以来、八月四日に小山から江戸に戻るまで、ずっと小山に在陣していたのである。七月二十五日に「小山評定」を行なうことができたのは、いうまでもないことである。

3　関ヶ原での決戦

岐阜城の攻略

八月五日に江戸城に戻った家康は、ただちに西上するというようなことはなく、そのまま江戸にとどまって、諸方面との対応に当たった。とりわけ、「小山評定」の時点では三成らの挙兵の報しか届いていなかったが、その後、七月十七日に三奉行が背いて「内府ちかひの条々」を発し、さらに毛利輝元が大坂城に入って秀頼を擁するという予想外の事態の展開が明らかになり、西上した豊臣系諸将がどのような動きを示すのかを見極める必要があった。

その答えは、豊臣系諸将が西軍の美濃岐阜城（岐阜県岐阜市）を攻略したことで明らかになった。すなわち、八月十日頃からつぎつぎに尾張清須城に集結していた豊臣系諸将らは、十九日に家康の使者村越直吉《むらこしなおよし》が来るに及んで行動を起こすことに決し、二十三日には早くも岐阜城を攻略したのである。城主の織田秀信（信長の嫡孫、幼名は三法師）は降伏・開城し、その後剃髪して高野山へ送られた。これによって、豊臣系諸将らが引き続き家康を支持していることが明確になった。

岐阜城攻撃の第一報は二十五日に、その攻略の報は二十七日に家康のもとに届いた。家康は諸将の戦功を賞するとともに、早急に出馬をするのでそれ以上の行動をやめ、東海道を上る家康と中山道《なかせんどう》を進軍中の秀忠と、「我ら父子の到着を待つように」と指示した。こうして家康は九月一日に江戸から出馬し、その道中からも各地の諸将に頻繁に指示や要請を出しながら、十一日には清須城に着いた。ここで徳川方の主力部隊を率いる秀忠の遅参を知るが、これを待たずに決戦を急ぐことに決し、十四日には美濃国赤坂《あかさか》（大垣市）に着陣し、岡山《おかやま》（同前）に本陣を置いた。この徳川方の主力部隊を待たずに決戦を挑むというのは、家康にとっては大変な決断であったが、結果的には見事に奏功することとなった。

徳川氏の主力部隊を率いた秀忠が、会津の上杉方への備を見届けて宇都宮を発ったのは、八月二十四日のことである。中山道を西上し、美濃辺りで東海道を西上してくる家康率いる旗本部隊と合流する予定であった。ところが、よく知られているように、西軍に与した上田城（長野県上田市）の真田氏の掃討戦に手間取ることになった。そこへ家康からの使者がやってきて、西上を急ぐようにと告げたため、上田城へは押さえの兵を残し、急遽西上に転じたが、すでに九月十日になっていた。このため、十五日の肝心の決戦の場に間に合わなかったのであるが、この真田氏との戦いを「第二次上田合戦」と呼んでいる。

他方で、石田三成・島津義弘・小西行長・宇喜多秀家らの西軍諸隊は、この時期には美濃大垣城（岐阜県大垣市）に入っていた。三成の東軍を迎え撃つ決戦の場の想定や戦略には、三段階の変遷があった（拙稿「「天下分け目」の決戦の場」）。第一段階は八月初め頃で、三河・尾張間での決戦を想定し、福島正則の説得にも意欲を示していた。しかしながら、これらは多分に希望的な想定でしかなかった。

第二段階は八月半ば以降で、三成が描く現実的な防衛ラインは、尾張・美濃間へと後退した。木曽川・長良川《ながらがわ》などの大河をたのみ、岐阜城を核にして、東の犬山城（愛知県犬山市）、南の竹ヶ鼻城（岐阜県羽島市）などと連携して防戦しようとするものであった。三成自身は十日に大垣城に入った。しかしながら、二十一日に木曽川上流の河田《こうだ》（愛知県一宮市）の池田輝政隊と、下流の萩原《はぎわら》・起《おこし》（同前）からの福島正則隊と、二手に分かれた東軍諸将の岐阜城攻めが始まると、翌日には竹ヶ鼻城、二十三日には岐阜城が、それぞれわずか一日であっけなく攻略され、犬山城は戦わずして東軍の軍門に降《くだ》った。

八月末以降は第三段階となるが、三成は大垣城を拠点としながら、伊勢方面に展開していた西軍の部隊を呼び寄せて南宮山《なんぐうさん》に配置し、連携して赤坂・岡山・垂井《たるい》に展開する東軍に対峙しようとした。ただ、西軍は家康西上の情報をつかんでいなかったようで、九月十四日に大垣城からわずか四キロメートルほどの岡山本陣に家康の金扇《きんせん》の馬印《うまじるし》（戦場で大将の居場所を示した目印）と旌旗《せいき》（葵《あおい》紋章の旗七本と源氏を示す白旗二〇本）が掲げられると、意表を突かれて動揺したという。

家康の出現を受けて西軍は軍議を開き、島津義弘の夜襲策なども出たといわれるが、東軍に佐和山城（滋賀県彦根市）を衝《つ》かれることを恐れ、結局大垣城を出て関ヶ原に向かうことになった。石田隊を先頭に、西軍の諸隊は夜の雨を衝いて関ヶ原に向かった。夜半過ぎにこれを知った家康は全軍に進発を命じ、東軍諸隊も相次いで関ヶ原に向かった。こうして、翌九月十五日にまさに「天下分け目」の関ヶ原の合戦となった。

関ヶ原での決戦

さて関ヶ原の合戦であるが、近年この決戦当日の状況については新説がつぎつぎに現われて、通説の見直しが進んでいる（白峰旬『新解釈 関ヶ原合戦の真実』など）。ここではこれまでの通説と比べ、どのような諸点が注目されるのか、その主要な点について順不同でみてみることとしたい。

第一に、十四日の夜に西軍諸将が大垣城を出て関ヶ原方面に向かったのは、どのような事情があってのことかという問題である。従来は、東軍は大垣城にはかまわず西進し、三成の居城である佐和山城を落とし、さらに大坂に向かおうとした。その情報を知った西軍がこれを阻止すべく、急遽《きゅうきょ》大垣城を出て関ヶ原に布陣したものとみてきた。

これに対し新説では、十四日に小早川秀秋が松尾山《まつおやま》を占拠したとの報がもたらされると、西軍は秀秋の逆意を察知し、山中《やまなか》に布陣していた大谷吉継が危機に陥るので、これを救援するために大垣城を出て関ヶ原に向かったとするのである。この吉継の救援のためとする史料的根拠は、合戦二日後の吉川広家《ひろいえ》（吉川元春の三男）の書状案であるが、あくまでも関ヶ原方面が見えない南宮山にいて、合戦には参加していなかった広家の推測にすぎない。大垣城の石田・島津・小西・宇喜多の諸勢がこぞって移動した理由としては、通説に比べるとやや弱いように思われる。

第二に、決戦の場所は関ヶ原だったのか、山中だったのかという問題がある。これまでは合戦の場所は関ヶ原であると考えられてきたが、白峰氏は合戦当日の十五日付伊達政宗宛家康書状で「今十五日午の刻（正午頃）に濃州山中において一戦に及び」とあるのをはじめとして「山中」という地名が頻出し、「山中合戦」と記されるなど、主戦場は関ヶ原よりももっと西寄りの山中という地名の場所であったとした。ただし同じ家康書状でも、九月二十四日付小早川秀秋宛では「今度関ヶ原の御忠節の儀、誠に感悦の至りに候」と、ここでは関ヶ原といっており、関ヶ原とする文書も多い。白峰氏はこれを、大谷吉継隊が壊滅した関ヶ原エリアの第一段階と、石田三成らの主力本隊を追い崩した山中エリアの第二段階と、二段階にわたる戦闘が行なわれたためだと解釈した。

これに対しては、主戦場はやはり関ヶ原であったとする有力な反論が出された（小池絵千花「関ヶ原合戦の布陣地に関する考察」）。すなわち、家康書状もそうであるが、日付が下るにつれて「関ヶ原」地名使用文書が多くなる傾向から、当初は「山中で合戦が行なわれた」と書いていたが、のちに戦場は関ヶ原であったと判明したため、「合戦は関ヶ原で行なわれた」と認識を改めたこと、つまり地名認識の変化の結果として双方の地名が出てくるというのである。これによれば、主戦場はやはり「関ヶ原」だったということになる。

第三に、開戦の時刻と小早川秀秋が裏切った時点が何時だったかという問題がある。これまでは、九月十五日の辰の刻（午前八時頃）に、前夜からの雨は上がったとはいえなお霧が立ち込める中で、東軍の先鋒を務める福島正則隊が、西軍の宇喜多秀家隊にいっせいに鉄炮を放って始まった。そして一進一退の攻防戦が昼頃まで続き、そこでやっと小早川秀秋が西軍に叛《そむ》いて大谷吉継隊に攻めかかり、これを契機に西軍は総崩れとなって、東軍が圧勝したといわれてきた。

これに対して白峰氏は、主として九月十七日付松平家乗《いえのり》宛石川康通・彦坂元正《ひこさかもとまさ》連署書状写に拠りながら、新見解を出した。すなわち、そこでは十五日の巳の刻（午前十時頃）に開戦し、開戦と同時に小早川秀秋、脇坂安治《わきざかやすはる》、小川祐忠《おがわすけただ》・祐滋《すけしげ》父子の四名が裏切りをしたといっている。また、イエズス会の日本報告集でも、開戦と同時に小早川秀秋らが裏切ったため、奉行たち（三成ら）の軍勢は短時間で敗北したといっている。

こうして、東西両軍による関ヶ原での決戦は、これまでいわれてきたような状況とはまったく違って、開戦は午前十時頃であり、しかも開戦と同時に小早川秀秋らが裏切ったため、正午頃には西軍は総崩れになっていたというのである。このような第三の点を明らかにしたことが、白峰氏の新説の最大の貢献であろうと思っていた。

ところが、白峰氏はその後、家康方軍勢と裏切った小早川秀秋の軍勢によって大谷吉継隊が壊滅した関ヶ原エリアの戦いは十五日の早朝であり、家康方軍勢の主力が山中エリアに布陣した石田三成方軍勢を追い崩したのが巳の刻であったとするに至った（「徳川家康の「問鉄炮」は真実なのか」）。これは一次史料である石川・彦坂連署書状写の内容とは明らかに齟齬《そご》を来した主張であり、再検討する必要があるだろう。

第四に、これと関連していわゆる「問鉄炮《といでっぽう》」問題がある。すなわち、これまでは昼頃まで一進一退の攻防が続いていたにもかかわらず、内応の約束をしていたはずの小早川隊が動かなかったため、家康方から参戦を促す「問鉄炮」（「誘い鉄炮」ともいう）を打ち掛けた。これに驚いた秀秋がやっと参戦を決断し、大谷吉継隊に攻めかかったことを契機として、西軍は総崩れになったといわれてきた。

ところが、第三でみたように小早川隊が開戦とほぼ同時に裏切ったとすれば、「問鉄炮」というような問題が生じるはずがなく、後世の創作であることが明確になった。諸史料（編纂史料）における「問鉄炮」の記載について検討した白峰氏は、江戸時代中期から幕末にかけて成立した編纂史料に「問鉄炮」に関する記載がみられるようになることから、「問鉄炮」の話は江戸時代中期に創作されたものであることが強く示唆されるといわれている。

第五に、これは白峰氏が取り上げている問題ではないが、同じく関連して、開戦時に井伊直政と松平忠吉《ただよし》（家康の四男）が、先鋒であった福島正則隊の前に回り込み、抜け駆けの発砲をして先陣を切ったという逸話がある。豊臣系諸将が圧倒的に多い東軍の中にあって、この戦いを徳川の戦いとして形作りをするためには先陣を取ることが不可欠であったとして、この行動を高く評価する説もある。

しかしながら、成立年代の早い太田牛一の『内府公軍記《だいふこうぐんき》』などにはそのような記述はみられず、これこそ「徳川史観」に基づく後世の創作とみるべきであろう。今回明らかにされた開戦状況からみれば、東軍諸隊は十分な布陣をする暇もなく、おそらくは福島正則を先鋒としていっせいに西軍諸陣地になだれ込んだとみられ、抜け駆けの発砲などという行動をとる余裕など、ありえなかったといえよう。

戦後処理の特色

このように、関ヶ原での決戦当日である九月十五日の戦闘状況については、これまでの通説が大きく見直されるようになってきたのであるが、いずれにしても、東軍が圧勝したことは間違いない。その後、十八日には佐和山城を攻略するが、戦勝後の家康が直面した最大の課題は、いかにして毛利輝元をすみやかに大坂城から退去させるかにあった。敗残兵たちが大坂城に入り、秀頼を擁して一戦に及ぶというような事態になれば、混乱は長引き、家康の覇権の確立も大幅に遅れることが危惧《きぐ》された。

この輝元との交渉は、吉川広家・福原広俊《ふくはらひろとし》の仲立ちを前提に、黒田長政・福島正則と輝元間で、また井伊直政・本多忠勝と輝元間で行なわれた。各種書状や起請文が取り交わされ、領知はそのまま安堵することなどが誓われた。この講和によって輝元が大坂城西の丸を出たのは、九月二十五日のことであった。

これを見届けて、大津で待機していた家康は二十七日に大坂城に入り、本丸で秀頼と淀殿に対して戦勝報告を行なった。ここでは家康はふたたび豊臣公儀を担って、今回の合戦はいわば君側《くんそく》の奸《かん》である三成らを除いたものであった、という建前のもとで行なわれたものとみなされる。なお、秀頼は合戦に出ることはなかったため、二二〇万石ともいわれた豊臣氏の蔵入地は大幅に削減されたものの、摂津・河内・和泉で六五万石を領する大名として、引き続き大坂城に残ることになった。

開戦に至ることになった西軍の主要メンバーのうち、大谷吉継は討死し、石田三成・小西行長・安国寺恵瓊《あんこくじえけい》（毛利氏の外交僧）などは捕らえられ、大坂・堺や京都市中で引き回しのうえ、十月一日に六条河原《ろくじょうがわら》で処刑された。三奉行のうち、南宮山に布陣した長束正家は、九月三十日に近江国日野《ひの》（滋賀県日野町）で自刃した。大坂城にいた増田長盛は、伏見城攻めに参戦しており、九月二十七日に改易されて高野山へ追放となった。同じく大坂城にいた前田玄以のみは、他方で徳川方にも通じていたため、十月十六日に丹波亀山五万石の本領を安堵された。関ヶ原の戦場から薩摩に逃げ帰った島津氏の場合は、当初は島津攻めの話もあったが、交渉を繰り返して本領を安堵され、慶長七年（一六〇二）十二月二十八日に島津忠《ただ》恒《つね》（のち家久《いえひさ》）が上洛し、伏見城で家康に礼を述べて落着となった。

関ヶ原合戦での大勝利により、家康は五九歳にして実質的に天下の実権を握り、諸大名の

表8　関ヶ原合戦後に加増された主要大名

種別	大名名	旧封地	旧石高	新封地	新石高
家門	結城秀康	下総　結城	10万1000石	越前　北ノ庄	67万石
	＊松平忠吉	武蔵　忍	10万石	尾張　清須	52万石
	武田信吉	下総　佐倉	4万石	常陸　水戸	15万石
譜代	＊井伊直政	上野　箕輪	12万石	近江　佐和山	18万石
	＊本多忠勝	上総　大多喜	10万石	伊勢　桑名	10万石
	＊奥平信昌	上野　小幡	3万石	美濃　加納	10万石
	鳥居忠政	下総　矢作	4万石	陸奥　磐城平	10万石
	奥平家昌	——	0	下野　宇都宮	10万石
外様	前田利長	加賀　金沢	83万5000石	同	119万5000石
	伊達政宗	陸奥　岩出山	58万石	同	60万石
	蒲生秀行	下野　宇都宮	18万石	陸奥　会津	60万石
	最上義光	出羽　山形	24万石	同	57万石
	＊黒田長政	豊前　中津	18万円	筑前　名島	52万3100石
	＊池田輝政	三河　吉田	15万2000石	播磨　姫路	52万石
	加藤清正	肥後　熊本	19万5000石	同	51万5000石
	＊小早川秀秋	筑前　名島	35万7450石	備前　岡山	51万石
	＊福島正則	尾張　清須	20万石	安芸　広島	49万8220石
	＊細川忠興	丹後　宮津	18万石	豊前　中津	39万9000石
	＊浅野幸長	甲斐　府中	16万石	紀伊　和歌山	37万6560石
	＊田中吉政	三河　岡崎	10万石	筑後　柳川	32万5000石
	＊堀尾忠氏	遠江　浜松	17万石	出雲　富田	24万石
	＊山内一豊	遠江　掛川	6万8600石	土佐　浦戸	20万2600石
	＊加藤嘉明	伊予　松前	10万石	伊予　松山	20万石
	＊藤堂高虎	伊予　板島	8万石	伊予　今治	20万石
	＊中村忠一	駿河　府中	14万5000石	伯耆　米子	17万5000石
	＊生駒一正	（讃岐　高松）	6万5000石	讃岐　丸亀	17万1800石
	＊京極高知	信濃　飯田	10万石	丹後　宮津	12万3200石
	＊寺沢広高	肥前　唐津	8万3000石	同	12万3000石

註　藤野保『新訂幕藩体制史の研究』の付録2をもとに補訂した。名前の＊印は関ヶ原合戦に参戦した者。

加増・減封《げんぽう》・改易さらには転封などに、辣腕《らつわん》を振るうことになった。西軍で改易となった大名は、備前岡山五七万四〇〇〇石の宇喜多秀家をはじめ八八家にのぼり、没収された総石高は四一六万石余りであった。減封は五家と少なかったが、毛利輝元・上杉景勝ら有力大名が多かったため、総減封高は二〇八万石余りとなった。これに削減された豊臣蔵入地分を加えると、およそ七八〇万石となる。当時の日本全国の総石高は一八五〇万石といわれているので、その約四〇パーセントが没収されるという、まさに空前絶後の事態であった。

西軍に属した多くの諸大名が改易・減封の憂き目をみたのに対して、東軍の諸大名には大幅な加増・転封が行なわれた。それを一〇万石以上の主要大名についてみると、表8のごとくであった。これらの論功行賞・戦後処理は、つぎのような特色を有していた。

第一に、秀忠率いる徳川氏の主力部隊が決戦に遅参したため、東軍は豊臣系諸大名に依拠して戦わざるをえなかった。その結果、没収高の過半数にあたる四二五万石ほどをこれら豊臣系大名を中心に大幅な加増を余儀なくされた。池田輝政・黒田長政・福島正則らがそうであり、加藤清正の場合は九州における西軍との対戦が評価された。

第二に、家康の次男結城秀康と四男松平忠吉は別格として、家門《かもん》(一家一門)や、とりわけ譜代の武将たちが多数加増・転封され、また新たに万石以上の大名に取り立てられた。これらがほぼ二二〇万石ほどであった。合戦前に万石以上を有した家門・譜代は四〇家であったが、その後二年間の間に譜代大名になったものは二八家にのぼり、徳川氏の家臣団は大幅に強化された。

第三に、没収高の残り一三五万石は、徳川氏の蔵入地となった。関東領国期の蔵入地は一〇〇万石余りといわれているので、倍以上になった。近世の幕領（幕府の直轄領）は最盛期には四〇〇万石に達したといわれているので、その六割近くが固まったことになる。

第四に、豊臣系大名の場合は大幅な加増は行なわれたものの、それぞれ遠隔地へと転封させられた。それは東海地域の諸大名に顕著であり、駿河の中村氏は伯耆米子《よなご》（鳥取県米子市）、遠江では、懸川城の山内氏は土佐浦戸《うらど》（高知県高知市）、浜松城の堀尾氏は出雲富田《とだ》（島根県安来市）、横須賀城の有馬《ありま》氏は丹波福知山《ふくちやま》（京都府福知山市）、三河では吉田城の池田輝政は播磨姫路（兵庫県姫路市）、岡崎城の田中氏は筑後柳川《ちくごやながわ》（福岡県柳川市）、尾張清須城の福島正則は安芸広島《あきひろしま》（広島市）ということであった。

第五に、そのような措置をとることによって、関東から東海、そして畿内・近国にかけての枢要な地域には、徳川氏の家門・譜代の諸大名をいっせいに配置したことである。家門の松平忠吉を尾張清須（愛知県清須市）、結城秀康を越前北ノ庄（福井県福井市）に置き、さらに譜代の重鎮井伊直政を近江佐和山（滋賀県彦根市）、本多忠勝を伊勢桑名（三重県桑名市）に配し、大坂城の秀頼と西国の外様《とざま》諸大名に備える態勢をとった。

こうして、家康が関ヶ原で「天下分け目」の決戦に勝利したことの意義は、一つは、いうまでもなく、徳川氏が天下の実権を握り、のちに幕藩体制を確立させていくたしかな契機になったことである。今一つは、戦国の動乱を終結させ、「太平」の世を創り出したことである。その後も大坂の陣や島原《しまばら》の乱はあったが、それらはもはや国運を左右するような合戦ではなかった。

他方で、大坂城の秀頼のもとで、豊臣公儀はなお厳然として残っていた。秀頼と淀殿の前で戦勝報告を行なったことに象徴されているように、家康はなお秀頼の臣下という立場であった。そのため、諸大名に大幅な加増などを行なったにもかかわらず、封建的主従関係の基本となる領知宛行《あてがい》の判物や朱印状を発給することができなかった。そのためこの後、家康は豊臣公儀に替わる新たな公儀、すなわち徳川公儀の確立をめざすことになった。

第十章　大坂の陣
――徳川公儀の確立

1　江戸幕府の成立

都市や鉱山の直轄化

家康は関ヶ原の合戦で圧勝し天下の実権を握ると、開幕《かいばく》以前からさっそく全国統治への意欲を示し始めた。ここではまずその主要な三点について、みてみることにしよう。

第一に、主要な都市や重要な鉱山を直轄化したことである。まず都市についてみると、京都・伏見・堺・奈良・伊勢山田《やまだ》・長崎《ながさき》などがあげられる。とりわけ京都については、関ヶ原の合戦直後に奥平信昌を所司代（京都守護職であったともいう）に任命し、治安の回復にあたらせた。翌慶長六年（一六〇一）九月からは江戸町奉行であった板倉勝重《いたくらかつしげ》が就任した。

京都所司代の職掌は、京都の町の統治、朝廷や公家・門跡との折衝・監察、京都一帯の寺社の統制、西日本諸大名の監視など多岐に及んだ。寛文《かんぶん》八年（一六六八）に京都町奉行が設置されるまでは、五畿内および丹波・播磨・近江八ヵ国の民政も担当した。勝重は慶長八年（一六〇三）に従五位下伊賀守に叙任し、同十四年には加増されて大名に列し、以後は代々大名をもってこれに補し、老中《ろうじゅう》に次ぐ重職であった。勝重はこの重職に一九年も在職した。

その他の諸都市では基本的に奉行が置かれ、その地の民政を担当した。やや特色があるのは、対外関係にもかかわった長崎奉行である。遠国《おんごく》奉行として老中の管轄下にあり、長崎の民政、長崎会所や出島《でじま》の監督、清国《しんこく》・オランダとの通商、各種船舶などの管理や諸外国の動静監視など、その任務は多方面に及んでいた。奉行としては、慶長八年（一六〇三）に豊臣取立大名寺沢正成《てらざわまさなり》（のち広高《ひろたか》）から徳川譜代の小笠原一庵《いちあん》に替えているが、幕藩制初期では慶長十一年から一二年間にわたって奉行を務めた長谷川藤広《ふじひろ》の役割が大きかった。

つぎに鉱山の直轄化であるが、合戦が終わった直後の慶長五年（一六〇〇）九月二十五日付で、印文「忠恕《ちゅうじょ》」の朱印で、石見国《いわみのくに》邇摩《にま》郡の六ヵ村と那賀《なか》郡の一ヵ村、合わせて七ヵ村宛に禁制を出している。いうまでもなくこの地には日本最大といわれた石見銀山（大森《おおもり》銀山ともいう。島根県大田市）があった。毛利氏が領有していたが、この九月二十五日は領知の安堵を保証された輝元が、まさに大坂城を出た日であった。家康が大坂城に入ると、輝元が主体的にかかわった証拠がつぎつぎと出てきて、領知安堵の約束は反故《ほご》にされ、最終的に周防・長門の二ヵ国のみが安堵された。十一月には大久保長安・彦坂元正を現地に下向させてこれを接収し、翌六年八月に長安を初代銀山奉行とした。長安は山師《やまし》（鉱山経営者）安原《やすはら》伝兵衛らを使って銀山開発を急速に進め、莫大《ばくだい》な銀を家康に納め、これが朱印船《しゅいんせん》貿易の元手にもなった。

その他の鉱山として、最大の生産量を誇った佐渡相川《あいかわ》の金銀山、佐渡金山に次ぐ生産量の伊豆土肥《とい》の金山、甲斐黒川《くろかわ》の金山、但馬生野《たじまいくの》の銀山などがあった。これら金銀山の直轄経営にあたって辣腕を振るったのが、代官頭《だいかんがしら》でもあった大久保長安である。長安は元は武田氏の蔵前衆（代官）であり、武田氏の滅亡後の徳川氏による甲斐経略の過程で見出された。徳川氏の関東転封により武蔵八王子《はちおうじ》に陣屋《じんや》を構えて地方《じかた》支配に当たり、次第に頭角を現した。金銀山の開発・経営では配下のすぐれた山師を駆使し、甲州流の採鉱技術に加え、中国やメキシコからもたらされた新技術を導入することで、生産量を飛躍的に伸ばしたのであった。

東海道交通の重視

第二に、東海道をはじめとする街道の整備に、いち早く取り組んだことである。東海道の宿駅設置は慶長六年（一六〇一）正月のことであったから、関ヶ原の合戦からわずか三ヵ月余りということで、家康が江戸と上方《かみがた》とを結ぶ東海道交通の整備を、いかに重視していたかがわかる。それは、つぎのような内容のものであった（拙著『近世の東海道』）。

宿駅設置の指定は、伝馬朱印状《てんましゅいんじょう》とその副状《そえじょう》、および五ヵ条にわたる伝馬定書《さだめがき》とによって

図18　「駒曳」伝馬朱印

行なわれた。伝馬朱印状は「この御朱印がなければ、伝馬を出してはならない」という極めて簡単なもので、図18のような馬《ま》子《ご》が馬を曳《ひ》いている図柄の朱印が捺《お》されていた。副状は徳川家の奉行衆伊奈忠次・彦坂元正・大久保長安三名の連署状によって、御伝馬はこの御朱印によって仰せ付けるので、よくよく引き合わせて勤めるようにと通達された。

伝馬定書は同じくこの三名の奉行衆によって通達されているが、たとえば由比宿《ゆいしゅく》（静岡市清水区）に下された「由比百姓年寄中」宛の伝馬定書についてみると、①常備する伝馬は三六疋《ひき》と定める。②上りは興津、下りは蒲原まで継ぎ送ること。③伝馬一疋分あたり、居屋敷《いやしき》（屋敷地）で三〇坪（一坪は約三・三平方メートル）ずつ、地子《じし》（土地税）を免除する。④合わせて一〇八〇坪（三六疋分）を、居屋敷で引き取ってよい。⑤荷積《にづみ》（荷物の重量）は、一駄につき三〇貫目（一貫は約三・七五キログラム）までとする、としている。

②の規定に明確だが、近世の宿駅伝馬制度では、物資の輸送は宿から宿へと継ぎ送る方式を採っていた。いわゆる「東海道五十三次」とは、江戸日本橋《にほんばし》を起点として京都に上る場合でいえば、最初の宿が品川《しながわ》宿で、京都に入る最後の大津宿が五三番目ということで、五三の宿場があったことを意味している。これを「五十三宿」といわず「五十三次」というのは、

宿ごとに荷物を継ぎ送るということで、「五十三継＝次」とよばれたからである。

この東海道の宿駅は、慶長六年（一六〇一）にいっせいに設置されたとはいえ、いろいろな事情で八宿については実際の設置はかなり遅れた。最後に設置されたのが寛永元年（一六二四）の庄野《しょうの》宿（三重県鈴鹿市）で、これによって「五十三次」が出揃うことになった。

なお、その後の東海道の発展を考えると、「五十三次」よりも「五十七次」といった方がふさわしいであろう。元和《げんな》五年（一六一九）に大坂が直轄領となり城代が置かれるようになると大坂の政治的な地位が高まり、東海道も京都の三条大橋ではなく、大坂の高麗橋《こうらいばし》までとなった。大津から大坂に向から場合、若干の変遷を経て新たに伏見・淀《よど》・枚方・守口《もりぐち》の四宿が加わり、「五十七次」となった。道中奉行の管轄下に置かれた東海道は「五十七次」であり、『東海道分間延絵図《ぶんけんのべえず》』や『東海道宿村大概帳《しゅくそんたいがいちょう》』などの調査対象も五十七宿であった。慶長七年（一六〇二）には中山道の宿駅も設置され、やがて五街道の整備へと進んでいった。

対外政策への意欲

第三に、対外政策についても、早くから意欲的な取り組みを始めていた。関ヶ原合戦の直前、慶長五年（一六〇〇）三月に豊後臼杵《うすき》（大分県臼杵市）にオランダ船リーフデ号が漂着した。当時大坂にいた家康はさっそくこれを堺に回航させ、船長のヤコブ・クワケルナックらから海外事情などを聞き、さらに浦賀《うらが》への回航を命じた。その後、船長らは帰国を許されたが、イギリス人の航海長ウィリアム・アダムス（三浦按針《みうらあんじん》）とオランダ人の航海士ヤン・ヨーステン（耶楊子《やようす》）は帰国を許されず、大御所家康のいわば外交顧問になったことはよく知られている。このリーフデ号の漂着は、新教国のオランダとイギリスが日本貿易に介入するきっかけとなった。

それまでの主役は旧教国ポルトガルで、貿易と布教とは一体になっていたが、その日本貿易の拠点は、海賊討伐の功により中国の明《みん》から割譲されたマカオであった。元亀元年（一五七〇）にこのマカオと長崎間で仲介貿易を始め、白糸《しらいと》とよばれた中国産の生糸《きいと》を日本に持ち込み、日本からは大量の銀を持ち出して、莫大な利益を上げたのである。

家康は早くから海外諸国との交易に関心を持ち、関ヶ原合戦の翌慶長六年（一六〇一）十月から、いわゆる朱印船貿易を開始した。「日本国源家康　復章」で始まる安南国《アンナンこく》（ベトナム北・中部）への返書において、来航する商船の安全を保障するとともに、朱印状を所持しない日本商船との交易禁止を求めたのである。この後、寛永の鎖国令に至る三〇年余りの間に派遣された朱印船は三五六艘《そう》に及ぶといわれ、そのうち家康存命の元和二年（一六一六）までが二〇六艘と、六割近くに及んでいる。多くの日本人が東南アジア各地に出かけ、交趾《コウチ》（ベトナム中部）のツーランやフェフォ、柬埔寨《カンボジャ》（カンボジア）のプノンペンやピニャール、暹羅《シャム》（タイ）のアユタヤ、呂宋《ルソン》（フィリピン）のマニラなどでは、日本人町が栄えた。

征夷大将軍任官

慶長八年（一六〇三）二月十二日、家康は伏見城に勅使を迎え、待望の征夷大将軍に任ぜられた。同時に、源氏長者《げんじちょうじゃ》、淳和《じゅんな》・奨学両院別当《しょうがくりょういんのべっとう》に任じられ、牛車《ぎっしゃ》・兵仗《ひょうじょう》も許され、さらに右大臣に昇任した。三月二十一日には上洛して二条城に入り、二十五日には将軍宣下《せんげ》の御礼として参内した。後陽成天皇と対面し、三献《さんこん》の儀があった。この参内にあたって、家康は天皇・女院らに多額の礼物を贈っている。また同時に歳首《さいしゅ》も賀している（年賀の礼）ので、別途、金銀や品々を進上した。

こうして、将軍に任ぜられ、江戸に幕府を開いたことは、家康にとってまことに意義が大きかった。関ヶ原の合戦後に天下の実権を握り、実質的に天下人になったにもかかわらず、豊臣公儀のもとでなお秀頼の臣下という地位に甘んじざるをえなかった。ところが将軍に就任したことにより、新たに徳川公儀を打ち立て、その実質化に向けてたしかな一歩を踏み出すことが可能になったのである。

たとえば、秀頼との関係についてみると、諸大名が歳首を賀する順序でいえば、将軍就任以前は大坂城の秀頼が先で、伏見城の家康が後であった。家康自身も秀頼の臣下の立場にあるため、慶長七年（一六〇二）には三月十四日に、翌八年には二月八日に、それぞれ歳首を賀するため大坂に下っている。ところが、将軍就任以後は、豊臣公儀と並ぶ徳川公儀という新たな権威を手中にしたことにより、家康が年賀のために大坂へ下ることはなくなった。諸大名の秀頼への年賀もまた、幕府をはばかって次第になくなっていった。

しかしながら、この段階ではなお大坂城の秀頼のもとで、豊臣公儀は厳然として残っていた。家康の将軍就任以後も、親王・諸公家・諸門跡などが、歳首を賀するために大坂へ下ることが絶えることはなかった。家康と秀頼との位階・官職についてみても、朝廷の対応はまったく平等で、前年の慶長七年（一六〇二）正月に家康が正二位から従一位に昇進すると、秀頼もまた従二位から正二位に昇進している。この年二月に家康が右大臣に昇任すると、わずか二ヵ月後の四月には、秀頼も内大臣に昇任するというように雁行《がんこう》していた。

家康の将軍就任と同時に、秀頼も関白に任じられるとの噂も流れたようで、正月二日付で毛利宗瑞《そうずい》（輝元）が国許に宛てた書状によると、「内府様が将軍になられ、秀頼様が関白になられたとのことです。めでたいことです」といっている。関白就任の件はもとより風聞でしかなかったが、秀頼がいずれは関白になり、政権に復帰する可能性があるというのが、当時の人々の間でほぼ共通の認識だったことを示している。

このような豊臣方との微妙な関係の中で、家康にとっては孫娘にあたる秀忠の長女千姫《せんひめ》（七歳）が、七月二十八日に秀頼（十一歳）のもとに嫁いだ。これは秀吉との生前の約束を履行したものであったが、とりあえず徳川・豊臣両家の婚姻を通じて、権威の分有を図ろうとしたものであった。輿入れの状況をみると、当日は伏見より船で淀川を下ったようで、黒田長政らの豊臣恩顧の諸大名が河辺を警護し、大坂では浅野幸長《よしなが》が輿を受け取っている。豊臣系諸大名には、なお秀頼を主君と仰ぐ意識が強かったことを示している。

将軍になってわずか二年後の慶長十年（一六〇五）四月十六日に、家康は秀忠に将軍職を譲った。秀忠は伏見城に勅使を迎え、将軍に任ぜられるとともに、従三位権大納言から正二位内大臣に叙任され、淳和院別当にも補任《ぶにん》され、牛車・兵仗を許された。源氏長者と奨学院別当は、家康がそれまでどおり保持した。秀忠の内大臣任官が可能になったのは、その四日前の十二日に、内大臣秀頼が右大臣に任官していたからである。

将軍職を譲った家康の意図は明瞭《めいりょう》で、徳川氏が将軍として政権を世襲することを天下に知らしめたのである。それはまた、いずれ秀頼が関白として政権を担うことになるだろうとの豊臣方の期待を、完全に打ち砕くものでもあった。これを契機に、徳川公儀は豊臣公儀を次第に凌駕していくことになった。将軍任官のための秀忠の上洛には、関東・甲信以東の諸大名四〇名余りが動員された。この一〇万とも一六万ともいわれる大軍を率いた上洛が、大坂城の秀頼と西国の外様諸大名を威圧する役割を果たしたことはいうまでもない。

2　大御所政治の展開

二元的政治

家康が将軍職を秀忠に譲り、ついで慶長十二年（一六〇七）に駿府に居城を置いたことに

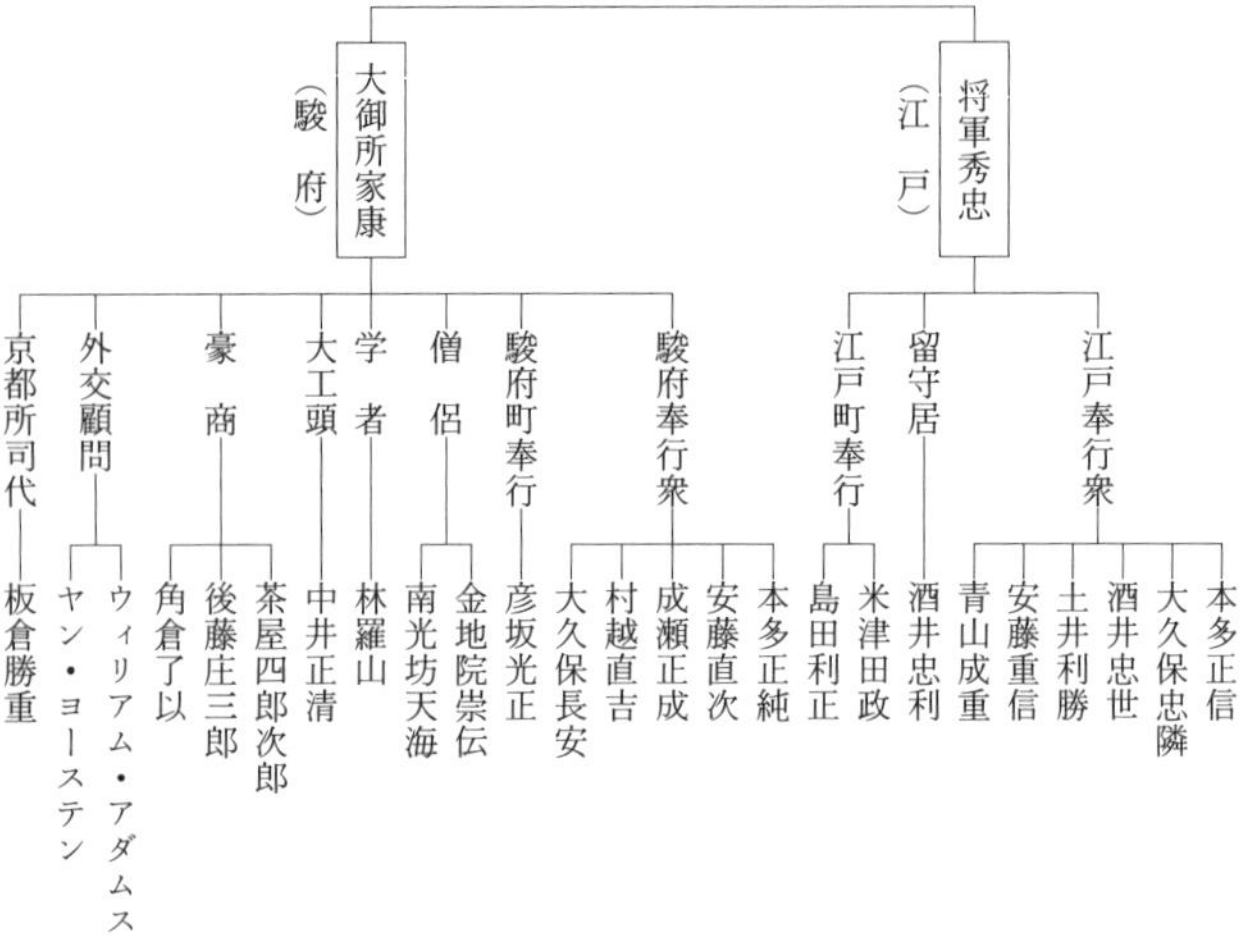

図19　二元的政治の構造（慶長10年代後半）

よって、駿府の大御所家康と江戸の将軍秀忠との間で、いわゆる二元政治が展開することになったとよくいわれる。慶長十年代半ばの両者の関係を図示すると、図19のごとくになるので、たしかに形の上ではそれぞれの執行機関も含めて、そのようにいってよいようにもみられる。

　しかしながら、家康は大御所として引き続き実権を握っており、将軍秀忠が父家康の意思に背反することはなかった。図19をみても、駿府の大御所家康の方に、多彩な人材が集まっていたことがわかる。それゆえ、両者の関係では、軍事指揮権や外交権の所在などからも明らかなごとく、家康の権限が圧倒的に大きく、せいぜい二元的政治というべきところであろう。ただ、諸大名の動員や支配において、家康が東海・北陸から西の諸国を、秀忠が関東・奥羽の諸国をというように、おおよその分担はあった。将軍秀忠にも、それなりに支配の実態があったのだ。

こうして、家康の大御所政治期の諸政策は、基本的に駿府政権によって遂行されたのであり、その中枢を担ったのが駿府奉行衆であった。本多正純《まさずみ》（本多正信の嫡男）を筆頭に、安藤直次《なおつぐ》・成瀬正成《まさなり》・大久保長安・村越直吉の五名が中心で、駿府政権からの発給文書についてみても、この五名による連署状が多い。竹腰正信《たけのこしまさのぶ》・彦坂光正・畔柳寿学《くろやなぎじゅがく》・米津親勝《よねきづちかかつ》・板倉勝重らが署判の列に加わることもあったが、それらは職務にかかわる部分的・限定的な関与にとどまった。

他方、江戸の将軍秀忠の方にも、江戸奉行衆が置かれていた。家康の信頼が厚く秀忠のお目付役的な本多正信と、門閥譜代層の代表格で早くから秀忠側近であった大久保忠隣《ただちか》とが双璧《そうへき》で、これに酒井忠世・土井利勝《どいとしかつ》・安藤重信《しげのぶ》・青山成重《あおやまなりしげ》らであった。家康は本多正信・正純父子を通じて、これら駿府と江戸との双方の政情を、しっかりと掌握していたのである。大御所家康期の駿府は、まさに日本の首都ともいうべき政治の中心地であり、人口も一〇万とも一二万ともいわれるような賑《にぎ》わいをみせていた。

御手伝普請

さて、この大御所政治期の主要な問題について、みてみることとしよう。まずは諸大名の統制にかかわる問題である。家康が将軍になったことで、新たに徳川公儀を打ち立てることが可能になったのはすでに述べたが、それとともに将軍は武家支配において伝統ある官職であったため、新たに諸大名を主従関係に組み込んでゆくことが可能になった意義は大きい。その際、諸大名の主従制への組み込みと、徳川公儀の実質化を進めるうえで、絶大な効果をあげたのがいわゆる御手伝普請《おてつだいぶしん》(公儀普請、天下普請ともいう)であった。

御手伝普請とは、城普請に際して助役《じょやく》として諸大名を動員したもので、諸大名はその石高に応じて家臣と人夫を率いて普請に従事することになり、軍役に準ずる意義を持った。この御手伝普請が本格的に始まったのは将軍任官以後のことであり、その最初は慶長十一年(一六〇六)の江戸城普請であった。

それに先立って、将軍任官直後の慶長八年(一六〇三)三月から、江戸市街地の大拡張工事が行なわれた。神田山《かんだやま》を掘り崩して遠浅の豊島州崎《としますざき》を埋め立て、日本橋から新橋《しんばし》に至る市街地が造成された。碁盤目状の区画整理が行なわれ、新たな町屋が起こされ、街道も日本橋を起点として整備されることになった。東海道も同様で、現在の銀座《ぎんざ》通りから品川に続く道が旧東海道である。

そのうえで、幕府は将軍の居城としてふさわしいように、江戸城の大改築を行なうことにした。慶長九年八月にはそのための準備として西国の外様大名を中心とする二九人に、石材運搬のための石綱船《いしつなぶね》の建造を命じた。助役を命ぜられた諸大名は相次いで江戸へ下り、家臣

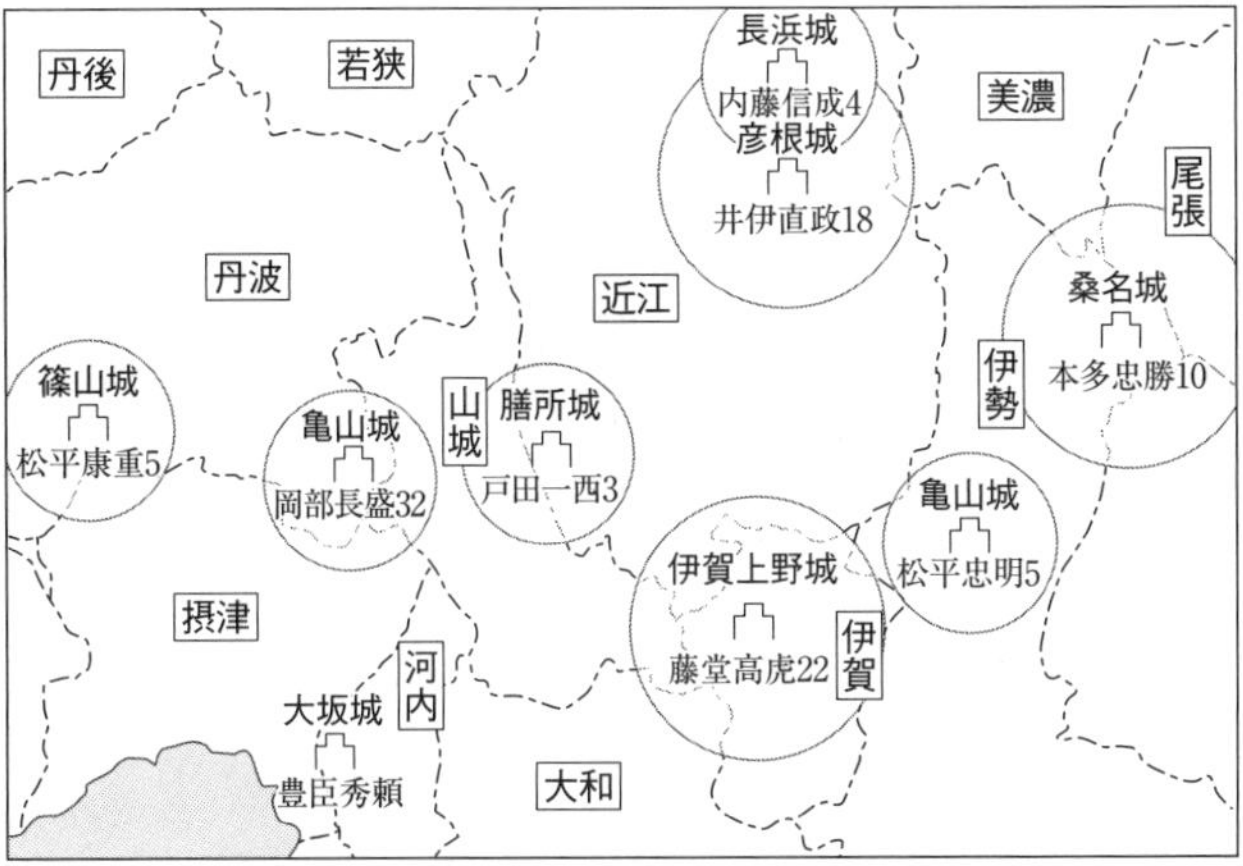

図20　大坂包囲網の諸城　数字の単位は万石

を伊豆に遣わして石材を切り出し、江戸へと輸送した。石積船は三〇〇〇艘にも及び、一艘に百人持の石を二つずつ入れて、月に二度、江戸との間を往復したという。

　このような準備を調えたうえで、慶長十一年（一六〇六）三月一日から江戸城の大改築普請が開始された。助役として動員されたのは西国の外様大名二三名で、二の丸・三の丸の縄張《なわばり》（基本設計）は藤堂高虎に命ぜられた。翌慶長十二年は大御所家康の居城となる駿府城の大改築普請が行なわれた。その二の丸を中心とした秋の普請では、西国の外様大名二五名が動員されたが、その大半は前年江戸城普請に携わった大名たちであった。大名たちは財政的にも大変であったが、粗相がないように細心の注意をもって普請に臨んでおり、御手伝普請は将軍への求心力を高める絶大な効果があった。

この御手伝普請は、慶長十二年（一六〇七）の駿府城についで、同十四年の丹波篠山《ささやま》城、同十五年の尾張名古屋城・丹波亀山城、同十九年の越後高田《たかだ》城と続いた。駿府城以後の御手伝普請で注目されるのは、外様大名の改易と譜代大名の進出とが相まって、大坂城や西国の外様大名を意識して進められたことである。図20にみられるように、いわゆる大坂包囲網の形成が図られたのであった。それとともに徳川氏にとっては、畿内から西に初めて譜代大名を配置したという意義もあった。

慶長十六年の画期

諸大名の統制と秀頼との関係という点でいえば、慶長十六年（一六一一）三月二十七日の後陽成天皇の譲位と四月十二日の後水尾《ごみずのお》天皇の即位にかかわって行なわれた、二つの出来事が重要である。第一は、後陽成天皇の譲位の翌二十八日に、織田有楽（長益、信長の弟）を介しての家康の要請を受け、大坂城から秀頼が上洛してきて、二条城で家康と対面したことである。

当日は家康の九男義直《よしなお》と十男頼宣《よりのぶ》が鳥羽まで迎えに出向き、義直には浅野幸長、頼宣には加藤清正がそれぞれ御供をした。秀頼の御供は織田有楽、片桐且元《かたぎりかつもと》・貞隆《さだたか》兄弟、大野治長ら三〇人ほどであった。二条城では家康が庭上にまで出て丁重に出迎え、挨拶も対等にと申し出たが、これを謝した秀頼は、自分からの挨拶とした。膳部《ぜんぶ》（料理）は美麗を尽くしたが御吸物までとし、三献の盃事や進物のやりとりがあり、途中からは高台院（北政所、おね）との対面もあった。二条城から退出後、秀頼は建築中の方広寺大仏殿と豊国社を訪れ、伏見からは船でその日のうちに大坂城へ帰った。

この二条城での両者の対面の本質は、本多正純が「二条の御所にて、大御所様へ御礼仰せ上げられました」と報じているように、秀頼が大坂城から京都にある二条城（徳川の城）にやってきて御礼をしたこと、つまり臣下の礼をとったというところにあった。それゆえこの対面は、徳川公儀が豊臣公儀に優越するものであることを、誰の目にも明らかにする儀式であったといえよう。

第二は、後水尾天皇の即位の当日である四月十二日付で、在京の諸大名に三ヵ条の「条々」を示し、起請文をあげさせたことである。その眼目は第一条にあり、「右大将家の時のように、代々の法令を仰がなければならない。損益を考えて、江戸より法令を出された場合は、いよいよその旨を守らなければならない」と、頼朝《よりとも》以来の法令に触れながら、江戸の将軍から出された法令を、堅く守るように誓わせたのである。

これに署名したものは、北国・西国の諸大名二二名であった。関東・奥羽の諸大名は、江戸城西の丸の御手伝普請に動員されていて上洛していなかったため、翌慶長十七年（一六一二）正月五日付で一一名の諸大名に同様の起請文をあげさせた。同時に、関東・甲信越の譜代・外様の中小諸大名五〇名にも、別途同様の措置をとった。こうして、全国の有力外様大名がすべてこの起請文に署名していることは、秀頼が署名していないという限界はあるものの、諸大名の臣従化が一つの頂点を迎えたことを示していた。

朝廷への介入

慶長十一年（一六〇六）四月に上洛した家康は、二十八日に参内して後陽成天皇に歳首を賀した。その折に武家伝奏（武家の奏請を天皇・上皇に取り次ぐ公家の役職で、定員は二人）と相談し、今後は幕府（家康）の推挙がなければ、武家に官位を与えないように強く申し入れた。これは、朝廷と大名たちとの直接のかかわりを絶つという点では大名統制にも関係するが、朝廷の権限を制約するものでもあった。

ついで、幕府にとって朝廷に深く介入する絶好の機会となったのは、若手の公家衆と天皇の女房衆とのいわゆる宮女《きゅうじょ》密通事件であった。事は慶長十四年（一六〇九）七月二日に露顕し、典侍《てんじ》広橋《ひろはし》氏など五名の宮女たちは実家に預けられ、烏丸光広《からすまるみつひろ》ら七名の公家たちは勅勘《ちょっかん》（天皇の咎《とが》め）をこうむり、処分を待つことになった。天皇が寵愛《ちょうあい》する宮女二人も含まれていたため、天皇の怒りは激しく、死罪にすることを求めた。

所司代板倉勝重からの報告を受けた家康は、当初は天皇の意向に任せようとした。ところが、その後の勝重による公家衆や宮女への尋問、親王や摂家衆《せっけしゅう》との調整の結果を、駿府に報告に来た勝重から聞くに及んで、世評もあるからとして極刑は避けるようにと主張するに至った。九月二十三日に上洛した勝重から家康の意向が伝えられると、天皇は家康に処罰を任せることになった。

こうして、家康が主導して処罰が決められることになり、まず十月に五人の宮女と御末衆《おすえしゅう》（内裏の女中）三人が駿河へ護送され、御末衆一人を除いて伊豆新島《にいじま》に流罪となった。ついで十一月には、勝重から公家衆の処罰が申し渡され、烏丸光広ともう一名は配流《はいる》を免れたが、その他の五人は、薩摩鬼界島《きかいがしま》（硫黄島《いおうとう》）へ二人、蝦夷松前《えぞまつまえ》・隠岐《おき》・伊豆へ各一人と、それぞれ流された。いずれにしても、この宮女密通事件を契機として、京都所司代の手が朝廷内部に深く入り込むことになった。

対外関係の推進

この時期、旧教国のポルトガル・スペインに対して、貿易に必ずしも布教をともなわないオランダ・イギリスが新たに進出してきた。とりわけオランダはジャワ島のバンテンを押さえると、慶長七年（一六〇二）に東インド会社を設立し、東南アジアへの進出を積極的に図るようになった。

慶長十四年（一六〇九）五月末に、ポルトガル船を追撃してきた二艘のオランダ船が平戸《ひらど》に入港し、日本との通商を求めた。長崎奉行の許可を得て、二人が特使として駿府に向かった。駿府ではアダムスの手配と本多正純らの計らいで、家康に謁することができた。家康からはオランダ国王への返翰《へんかん》と、慶長十四年七月二十五日付で四人の船団長に宛てた渡航許可朱印状が下付された。現在では原本としては一通のみ、船団長の一人である「ちゃくす・くるうんべいけ」宛のものが、オランダのハーグにある国立中央文書館に残されている。

同日付のオランダ国王宛の返翰では、商館を置くことも許可されたので、平戸に商館が建設され、ヤックス・スペックスが初代の商館長になった。これ以後、ヨーロッパの国としては唯一幕末まで続くオランダとの交易が、大御所家康の駿府政権で始まった意義は大きい。

朝鮮との関係では、秀吉による二度にわたる侵略の傷跡が深く、和平の交渉は容易ではなかった。長年にわたり日朝貿易に携わってきた対馬《つしま》の宗《そう》氏を通じて、捕虜の送還などを行ないながら、講和交渉の折衝が繰り返された。交易の再開を切望する宗氏の努力もあって、慶長九年（一六〇四）末になってやっと朝鮮側は対馬に講和交渉の使節を送ってきた。宗氏はこの使節を連れて上洛し、翌年三月に伏見城で家康・秀忠に謁し、それ以後の交渉は宗氏に全権が委ねられた。

慶長十一年（一六〇六）になって朝鮮側は宗氏に対し、二つの講和条件を提示してきた。①家康の方から先に国書を朝鮮国王に送ること、②秀吉の朝鮮出兵の際に朝鮮で先王の陵墓を荒らした犯人を引き渡すこと、である。宗氏はこの二つの要求を、いずれも受け入れてしまった。①は当時の外交上の慣行からすれば、先に国書を送ることは相手方に降伏したことを意味することになる。家康がこれに応ずることはありえないため、宗氏は家康の国書を偽造するに及んだ。②については、対馬にいた罪人を犯人に仕立てて送った。

朝鮮側ではそのような宗氏の工作を察知しながらも、慶長十二年（一六〇七）に正使・副使・従事の三使をはじめ、総勢四六九人といわれる一行を対馬に送ってきた。宗義智《よしとし》は一行とともに江戸に向かい、五月六日に将軍秀忠に謁し、偽造された朝鮮国王の国書を献上し、十四日に秀忠から復書を与えられて帰国の途についた。十九日には興津の清見寺《せいけんじ》（静岡市清水区）で一泊し、翌二十日には家康にも謁した。近世を通じて、いわゆる朝鮮通信使の来朝は一二回であったが、三回目までは偽造した国書に対する「回答」と、朝鮮侵略時に拉致された朝鮮人の「刷還《さっかん》」という性格が強く、「回答兼刷還使」というべきものであった。

慶長七年（一六〇二）に琉球船《りゅうきゅうせん》が伊達領内に漂着すると、家康は明との国交回復を琉球に斡旋《あっせん》させようとして、漂着した琉球人の本国への送還を島津氏に命じ、謝礼の使者の派遣を求めた。しかし、琉球側がこれに応じようとしなかったため、島津家久は琉球侵攻を願い出て、家康もこれを許した。

慶長十四年（一六〇九）三月に、島津氏は三〇〇〇余りの軍勢を派遣し、途中の島々を平定しながら琉球島に至り、四月五日に首里《しゅり》城を落とした。五月には尚寧《しょうねい》王を捕虜として鹿児島《かごしま》に送り、琉球を平定したことを家康に報じた。家康は島津氏の功を賞し、七月七日付家久宛御内書によって、琉球を島津氏に与えた。翌慶長十五年に家久は尚寧王をともない、駿府で家康に、ついで江戸で秀忠にも謁した。この後琉球使節もまた、琉球国王が自らの襲封を感謝する「謝恩使」や、将軍の代替わりなどを祝賀する「慶賀使」として、近世を通じて派遣された。

キリスト教の禁圧

朱印船貿易による利益は大きく、これを重視する家康は、当初はキリスト教に対しては比較的寛大であった。ところが、慶長十七年（一六一二）に岡本大八《おかもとだいはち》事件とよばれる贈収賄事件が露顕すると、キリスト教の禁圧に大きく舵《かじ》を切ることになった。事の起こりは慶長十四年に遡る。その前年に家康も投資して肥前日野江《ひのえ》（長崎県南島原市）四万石の有馬晴信《はるのぶ》が派遣した朱印船がマカオで襲撃されたため、その報復として長崎でポルトガル船を撃沈した。家康は晴信の功を賞し、ポルトガルが運んできた荷物を分け与えた。

この晴信に対して、本多正純の家臣である岡本大八が、さらに報償として領知の加増もありそうだと持ちかけ、多額の賄賂《わいろ》を受け取った。ところが、いっこうに加増の沙汰がなかったため、晴信は正純に書状を送り、直接督促に及んだ。事情がわからない正純はさっそく大八を呼んで詰問したが言い逃れしたため、慶長十七年二月になって両人を召し出し、正純の屋敷で対決させた。晴信は大八からの書状を証拠として提出したため、大八は抗弁しきれず白状に及んだ。

その後、大八は獄中より、有馬晴信は長崎奉行長谷川藤広を殺害しようとしたことがあるとその旧罪を訴えた。そこで三月十八日に今度は大久保長安の屋敷で対決し、晴信はこれに抗弁できなかった。結局、大八は三月二十一日に府中引き回しのうえ、安倍川原《あべがわら》で火刑に処せられ、晴信は翌二十二日に甲斐に配流となり、五月に切腹を命ぜられた。

この岡本大八事件では、当事者の大八や晴信がいずれもキリシタンであったことから、幕府によるキリシタン禁圧が本格化する契機となった。大八を火刑に処した同日に、家康は幕領である駿府・江戸・京都・長崎などの幕府直轄都市に禁教令を発し、キリシタン施設の破却と信者の処罰を命じた。同年八月に関東地域に発せられた禁令五ヵ条では、キリシタンの禁制をいっそう明確にした。

その当時、本多正信・正純父子と大久保忠隣《ただちか》に代表される門閥譜代層との権力闘争が厳然として存在していた。岡本大八が正純の家臣であったことは、本多父子にとって打撃となった。ところが、翌慶長十八年（一六一三）四月に大久保長安が駿府で死去すると、両者の力関係が大きく変わることとなった。長安が死去すると多額の金銀の蓄財など生前の不正が摘発され、嫡男藤十郎ら七人の子息も捕らえられ、七月には切腹を命ぜられた。このため、長安の庇護者であった大久保忠隣の幕閣での立場は苦しいものとなった。

同年十二月に忠隣はキリシタン取り締まりの命を受け、京都に派遣された。翌慶長十九年（一六一四）正月に、上京した忠隣はさっそくキリシタンの摘発を行ない、二ヵ所あった南蛮寺《なんばんじ》は焼き払われ、宣教師たちは長崎に追放された。ところが、正月十九日になって忠隣は謀叛の廉《かど》で突如改易されてしまった。本多父子との暗闘が、その背景にあったとみられる。

忠隣の改易後も弾圧は続き、京都・大坂のキリシタンの多くは改宗したが、改宗しなかった七〇名ほどは奥州津軽《つがる》に流された。九月には各地から長崎に集められた宣教師や信徒たち百数十名が、マニラやマカオへ追放になった。キリシタン大名として名高い高山右近《たかやまうこん》もマニラに送られたが、これを「大追放」という。慶長十八年（一六一三）十二月には家康が金地《こんち》院崇伝《いんすうでん》に起草を命じた伴天連《バテレン》追放令も出され、幕府のキリシタン禁圧方針は明確であった。

3　大坂の陣と元和偃武

合戦への過程

慶長十六年（一六一一）三月の二条城での対面で秀頼が家康に臣従し、徳川公儀が豊臣公儀に優越することが明確に示されたのであるが、他方で、それによって秀頼が摂津・河内・和泉三国六五万石の一大名にすぎなくなったのかといえば、それはそうではなかった。

①親王・公家衆・門跡衆などの年賀のための大坂下向は、大坂の陣まで続いた。②外様諸大名にたびたび課せられた御手伝普請が、秀頼には課せられなかった。③慶長十六年四月の諸大名の起請文に、秀頼は署名をしていない。④秀頼と大坂衆の叙任は幕府の制約の埒外《らちがい》であった。つまり、秀頼が豊臣公儀を背負って大坂城にいたままでは、「並の大名」とはいえ

ないこともまた事実であった。

老い先が短くなった家康にとって、これはかなり気がかりなことで、自分の死後に朝廷が秀頼を関白に任ずるようなことがあれば、将軍秀忠と関白秀頼とが並立するような事態さえ起こりかねなかった。徳川氏による覇権確立のためには、豊臣氏を滅亡させないまでも、少なくとも大坂城からは出して転封させ、「並の大名」として完全に臣下に組み込むことが必要であった。とはいえ、二条城に出仕して礼を尽くし、何の科《とが》もない秀頼に対して、一方的に転封を命ずるというようなことはさすがに憚《はばか》られた。

ところが、家康にとってそれを迫る絶好の機会が訪れた。いわゆる方広寺大仏殿の鐘銘《しょうめい》問題と棟札《むなふだ》問題とがそれである。家康はこの問題を梃子《てこ》として、秀頼に対して転封か、さもなくば滅亡かを迫る大きな決断をしたのであった。秀頼にとって不運だったのは、無二の豊臣方ともいうべき加藤清正が慶長十六年（一六一一）に、浅野幸長が同十八年に死去したことである。

方広寺の大仏殿は秀吉時代に建立が始まり、たびたびの災害に見舞われながら、慶長十四年（一六〇九）から秀頼があらためて巨額の経費を投じて大仏殿と大仏の再建を始めた。同十七年春には再建工事がほぼ完成し、慶長十九年四月には釣鐘の鋳造も行なわれた。五月には片桐且元が駿府に下り、大仏開眼供養《かいげんくよう》・堂供養の日時や法会《ほうえ》を行なう僧侶などについて、家康の了承を得ていた。

ところが、七月二十一日に至り、事態は急転回した。『駿府記』の同日条によれば、「大仏の鐘銘、関東不吉の語あり。上棟の日、吉日にあらず。御腹立ちと云々《うんぬん》」といわれるに至った。同月二十六日に且元から開眼供養・堂供養は八月三日の同日でといってきたのに対し、鐘銘（鐘に刻まれた銘文）・棟札（棟上《むねあげ》に際して打ちつけられた、工事の由来を記した板）の草案を送るようにと要求しただけでなく、上棟および両供養の延期を命じた。鐘銘は秀頼が帰依した東福寺《とうふくじ》の清韓文英《せいかんぶんえい》が起草したもので、長文の序と三八句の銘があったが、そのうち、「国家安康」「君臣豊楽、子孫殷昌《いんしょう》」の部分が問題となった。

林羅山《はやしらざん》によれば、前者は諱《いみな》を書き込んでいて無礼不法で、しかも「家康」の名前を切り裂いており、後者は豊臣を君として子孫の殷昌（豊かで盛んなこと）を楽しむと読め、全体として徳川氏を呪《のろ》い、豊臣氏を寿《ことほ》ぐ内容となっているというものであった。さらに序文では家康のことを「右僕射《うぼくや》（右大臣の唐名《とうめい》）源朝臣家康公」としているのを、家康を射る下心だとまでいっており、その曲学阿世《きょくがくあせい》ぶりは際立っていた。

鐘銘の善し悪しについては、京都五山《ござん》の禅僧たちの意見を聞くことになった。八月十八日に板倉重昌《しげまさ》（板倉勝重の三男）が持ち帰った碩学《せきがく》七名の意見によると、程度の差はあるが、家康という諱を書き込んだこと、しかもその二字を書き分けたことについては批判的であった。清韓の弁明は、「国家安康」「君臣豊楽」はいずれも「家康」と「豊臣」を隠題《かくしだい》（事物の名を直接表面に表わさないで詠み込むもの）として入れたもので、名乗りを書き分けることも昔からよくあることだというものであった。もしそうであれば、諱の織り込みを事前に断るか、草案の披閲を受けておく必要があっただろう。清韓や豊臣方の手抜かりがあり、そこを家康方につけ込まれることになったのだ。

他方、上棟の期日と棟札問題は、大工頭《だいくがしら》中井正清《なかいまさきよ》の入れ知恵によるものであった。上棟は八月一日という希望であったが、これは家の悪日でふさわしくないといったのである。しかしその底意は、大仏殿の棟札に、大檀那《おおだんな》豊臣秀頼と奉行片桐且元の名前だけしか記載されておらず、大工棟梁《とうりょう》であった正清の名前がないというところにあった。いずれにしても、著名な鐘銘問題に加えてこの棟札問題もまた、事態を紛糾させた一因となった。

事態の急展開に驚いた豊臣方からは、さっそく弁明のため片桐且元が駿府へと下った。且元は八月十九日に駿府に入ったが、家康には会えなかった。他方で、淀殿の使者大蔵卿《おおくらきょう》（大野治長の母）らが二十九日に駿府に着くと、家康は時を移さず対面し、鐘銘問題なども案ずることはないといったのである。結局、且元には最後まで会わず、本多正純と金地院崇伝を遣わし、解決策については且元の分別に委ねたのであった。

九月十八日に大坂に帰った片桐且元は、家康の意向を忖度《そんたく》して、①秀頼が江戸へ参勤《さんきん》するか、②淀殿が証人（人質）として江戸へ下るか、③大坂城を明け渡して国替えするか、という三策を献じた。ところが、家康に会った大蔵卿らの報告は、そのような対応をまったく必要としない内容だったため、且元の献策は家康におもねった姦計《かんけい》とみなされた。対徳川強硬派は且元の殺害を謀ろうとしたため、身の危険を感じた且元は一族を引き連れて大坂城から退去し、摂津茨木《いばらき》城（大阪府茨木市）に立て籠った。家康にとってはこのことが、開戦する絶好の口実となった。

豊臣氏の滅亡

家康はそれ以前から開戦の準備を始めていて、慶長十九年（一六一四）九月七日付で毛利秀就《ひでなり》（毛利輝元の嫡男）・島津家久（島津義弘の三男）・鍋島勝茂《かつしげ》（鍋島直茂の嫡男）らをはじめとする西国諸大名から起請文を徴していた。十月一日に所司代板倉勝重から書状が届き、大坂城内で片桐且元殺害計画があることを報ぜられるとただちに出馬を決意し、これを秀忠に報ずるとともに、諸大名にも出陣を命じた。豊臣恩顧の福島正則・黒田長政・加藤嘉明《よしあき》らは、江戸に留め置かれた。

他方、大坂方でも方広寺の両供養が延期になった頃から、開戦を予測して準備を始めていた。諸大名の蔵米《くらまい》を徴発し、近在の商人米を買い集めるなど、籠城戦に十分な兵粮米を確保した。秀頼の呼びかけに応える大名はいなかったが、長宗我部盛親《もりちか》・後藤基次《ごとうもとつぐ》（又兵衛）・真田信繁（幸村）・毛利勝永《かつなが》・明石全登《あかしてるずみ》らをはじめ、関ヶ原での敗戦から再起を期する牢人たちが続々と入城し、籠城軍は一〇万ほどに及んだという。

十一月半ばには、これを二〇万ともいう徳川方の諸大名が囲み、十九日からいわゆる大坂冬の陣が始まった。大坂方の基本戦略は籠城戦であるが、惣構《そうがまえ》の南側は空堀で手薄だとして、真田信繁は「真田丸《さなだまる》」とよばれた出丸《でまる》（砦《とりで》）を築いた。功を焦った徳川方がこれを攻めたところ、鉄炮の威力などでさんざんな敗北を喫した。大坂城の堅牢さを十分承知していた家康はあえて力攻めを避け、「石火矢《いしびや》」とよばれた大砲で本丸や天守閣への砲撃を強化するとともに、他方で和睦交渉を進めた。

十二月十九日になってようやく和睦同意となったが、その条件や誓約を諸史料からまとめると、①本丸を除き、二の丸・三の丸などはすべて破却すること、②淀殿は人質にならなくてよいが、大野治長・織田有楽から人質を出すこと、③秀頼とその知行地については保障すること、④秀頼が大坂城を立ち退くというのであれば、どこの国でも望み次第とすること、⑤籠城した牢人衆には咎《とが》め立てをしないこと、などであった。

こうして、堀の埋め立てなどは秀忠に任せ、家康は十二月二十五日に二条城に凱旋し、翌慶長二十年（七月に元和と改元、一六一五）正月三日に駿府へと下っていった。三月になると所司代板倉勝重らから、大坂方の不穏な動きが伝えられた。堀や柵の修復を始めており、兵粮米や木材を運び込み、牢人たちは冬の陣当時よりもかえって多いような状況だ、ということであった。

この間、家康は秀頼に対し、①大坂城を明け渡し、大和か伊勢辺りに国替えをするか、②牢人たちをすべて召し放つか、いずれかの対応をとるように迫っていた。四月五日に大野治長の使者がやってきて、国替えについてはご容赦をという返答であった。こうして再戦は必至となり、家康は十八日に二条城に入り、秀忠も二十一日に伏見城に入った。二十四日に常高院《じょうこういん》（淀殿の妹、初）らに三ヵ条の書付を託して大坂へ帰らせたが、これが最後通牒となった。大和郡山《こおりやま》への国替えか、牢人衆の召し放ちか、ということであったが、大坂方にそれを受け入れる余地はなかった。こうして大坂夏の陣となった。

大坂方では、もはや裸城同然の大坂城に立て籠ることはできず、否応《いやおう》なく城外へ打って出て、五月六日から七日にかけて各地で激戦となった。六日には後藤基次や木村重成《しげなり》らが討死し、最後の激戦となった七日には真田信繁が家康の本陣にまで迫ったことはよく知られているが、多勢に無勢でやはり討死してしまった。落城直前に大野治長が千姫を脱出させて家康のもとに送り、秀頼と淀殿の助命を願ったが、もはや事態は如何ともしがたく、翌五月八日に秀頼・淀殿らが自害し、豊臣氏は滅亡したのであった。

元和偃武

大坂落城後に、家康は諸大名や代官らに命じて、大坂方の残党の捜索を、全国にわたってきびしく行なわせた。秀頼には側室との間に二人の子があったが、千姫の嘆願にもかかわらず、八歳の男子国松《くにまつ》は五月二十三日に京都六条河原で斬首された。七歳の女子（天秀尼《てんしゅうに》）は命を助けられ、鎌倉の東慶寺《とうけいじ》に入った。

閏六月十三日にはいわゆる「一国一城令」が出され、居城のみを残し、それ以外の城はすべて破却するように命じた。ただし、これは法令として公布されたものではなく、毛利・島津・黒田など、主として西国の諸大名に対し、酒井忠世・土井利勝・安藤重信という江戸奉行衆三名の連署奉書によって個別に通達されたのであった。ところが、奉書が与えられず、口頭でも指示されていない大名も、幕府の意向を忖度し、城の破却を行なったとみられる。実際にも、数日の間におよそ四〇〇ほどの城が破却されたといわれている。

ところで、秀頼が死去したことで豊臣公儀は完全に消滅し、徳川公儀はいっさいの障害もなく確立した。その確立を象徴的に示したのが、七月に出された一連の「法度」、すなわち武家諸法度、禁中並公家中諸法度、諸宗諸本山諸法度《しょしゅうしょほんざんしょはっと》であった。とくに前二者の制定にあたっては、家康は金地院崇伝や林羅山らに命じて和漢の書物を集め、諸家の古記録を書写するなどの準備を進め、そのうえでいずれも崇伝が起草したのであった。

武家諸法度は全一三ヵ条で、七月七日に能見物のために伏見城に集まった諸大名に対し、将軍秀忠の名前で公布され、崇伝がこれを読み上げて申し渡した。禁中並公家中諸法度は全一七ヵ条であり、慶長二十年（一六一五）七月付で、大御所家康、将軍秀忠、および関白への復帰が決まっていた二条昭実《にじょうあきざね》の連署で十七日に制定された。秀忠が伏見城から家康がいる二条城にやってきて、ここに公家衆を参集させ、両武家伝奏のうち広橋兼勝《かねかつ》が読み上げて申し渡した。諸宗諸本山諸法度は元和元年（一六一五）七月付で、家康の朱印状によって各宗派の本山宛に出された。こうして、豊臣氏を滅亡させた直後に、武家、天皇・公家、寺院に対する諸法度の制定を行なうことにより、徳川公儀の確立を明確に示すものともなった。大坂の陣後の状況を、後世、「元和偃武《えんぶ》」といった。「偃武」とは武器をおさめて用いないことを意味するが、たしかに、それ以後は島原の乱を唯一の例外として、幕末まで二五〇年ほどにわたり大きな合戦は後を絶った。いわゆる「太平」の世がもたらされたのである。

いっさいの問題を解決し、徳川氏による万全な政権の行く末を見届けて家康が死去したのは、元和二年(一六一六)四月十七日のことであった。七五歳をもって、その波瀾に満ちた生涯を閉じたのである。死期が近いことを悟った家康は、四月二日に本多正純・南光坊天《なんこうぼうてん》海《かい》・金地院崇伝を召し寄せ、自らの死後の対応を指示した。四月四日付の板倉勝重宛崇伝書状によれば、①遺体は駿河久能山に納めること、②葬礼は江戸の増上寺《ぞうじょうじ》で行なうこと、③位牌《いはい》は三河大樹寺に立てること、④一周忌が過ぎたならば下野日光山に小さな堂を建て勧《かん》請《じょう》せよ、関八州《かんはっしゅう》の鎮守《ちんじゅ》となろう、との御意であった。遺体はその夜のうちに久能山に移され、仮殿が建てられ、廟内に納められた。この間に大問題となったいわゆる神号《しんごう》問題は、「東照大権現《とうしょうだいごんげん》」で決着がつき、家康は神になったのである。

終　章　家康の人物像

家康の三大危機

これまで一〇章にわたって家康の生涯をたどってきたのであるが、とくにその前半生において、多くの苦難に見舞われたことがわかるだろう。その中で三大危機というものをあげるとすれば、何になるであろうか。

第一は、元亀三年（一五七二）の三方原の合戦における大敗であったとすることに、おそらく異論はないであろう。繰り返し述べてきたように、もし信玄が敗走する家康を追って浜松城を攻めていたならば、多少の犠牲を払うことになったとしても浜松城を攻略し、家康を討ち取ることは十分に可能であった。家康にとって、まさに最大の危機であったといってよいだろう。

第二は、やや意外に思われるかもしれないが、筆者は天正十三年（一五八五）の「家康成敗」の危機であったとみている。前年の小牧・長久手の合戦時には、織田・徳川連合軍と気脈を通じていた諸勢力が、秀吉によってつぎつぎと切り崩されていった。三月から四月にかけて根来寺や雑賀一揆が鎮圧され、七月には四国の長宗我部元親、八月に越中の佐々成政なども秀吉の軍門に降《くだ》った。

またこの間、秀吉は三月十日に正二位内大臣となり、かつて主君として奉じた織田信雄の官位従三位権大納言を凌駕した。さらに七月十一日には従一位関白に叙任され、武家関白として政権を担うことになった。こうして秀吉は、天下人への歩みを着実に加速していったのである。

他方で家康についてみると、自らの領国支配の面で大きな困難に直面していた。一つは、家康の命令を聞かず、沼田城などを北条氏側に引き渡そうとしない真田昌幸を屈服させようとして八月に軍勢を送ったところ、翌閏八月に第一次上田合戦となり、昌幸の巧みな用兵のために大敗を喫してしまった。今一つは、十一月十三日に酒井忠次と並ぶ徳川方の重鎮であった石川数正が、一族を引き連れて岡崎城から出奔し、事もあろうに秀吉のもとへ身を寄せるに至ったことである。

このような第一次上田合戦での敗北、重臣石川数正の出奔という苦難の最中に、さらに追い打ちをかけるように、家康に大きな危機が迫ってきた。すなわち、十一月十九日付真田昌幸宛秀吉書状によれば、家康が人質の提出を拒んだため、秀吉は軍勢を出して家康を成敗することに決めたといい、来春正月十五日前に出馬するといっている。もしこの秀吉による「家康成敗」の出馬が実行されたならば、まず確実に家康は秀吉によって軍事的に屈服させられたであろう。

ところが、その直後の十一月二十九日に、天正大地震が起きた。しかもこの大地震は、畿内から尾張・美濃、北陸方面にかけて、まさに秀吉の勢力範囲で大きな被害となった。このため、秀吉はなおしばらくは「家康成敗」を標榜しつつも、次第に融和政策へと転じていったので、家康は天災も味方にして、大きな危機を回避することができたのであった。

第三は、本能寺の変後のいわゆる「伊賀越え」が、やはり大きな危機としてあげられるであろう。危険を冒した大変な強行軍でこの難局を乗り切ったが、家康を疑って別行動をとった穴山梅雪は、宇治田原で落ち武者狩りの一揆に襲われ討ち取られてしまった。家康たち一行も、同様の運命に陥らないとの保証はなかったのである。

ところで、家康の人物像を探ろうとすると、これまで述べてきた政治史面からの家康をみるだけでは、まったく不十分である。家康はまことに多面的な関心を有しており、その人物に深みを与えている。そのいくつかの点について、ごく簡単にしか触れられないが、以下でみていくこととしよう（笠谷和比古編『徳川家康』）。

健康への指向

まず、鷹狩り（狩猟を含む）についてみると、よく知られているように家康は無類の鷹狩り好きであり、若い頃から最晩年にまで及んでいる。その死去のきっかけになったのも、駿河田中城への鷹狩りであった。駿府城公園の一角に建てられている家康像は、左腕に鷹を据えた姿となっている。

その効用は多岐にわたるが、何よりも遠方へ出かけて野山を駆け巡ることにより、身体が頑健になり、健康の増進を図ることができた。それはまた自身や家臣たちの合戦に備える鍛錬にもなった。軍事調練という意味では、鳥類を対象とする鷹狩りよりも、鹿《しか》や猪《いのしし》などを獲物とする狩猟の方が規模も効果も大きかったが、鷹狩りはより手軽に行なえるという利点があった。また行く先々で、領内や領民の状況を把握するのに役立ち、領内統治を推進する手立てともなった。

さらに健康とはかかわりないが、その政治的な意味合いも無視できない。鷹は貴重な贈答品であり、とくに逸品の鷹を贈ることは同盟や臣従の証ともなった。幕藩制成立期には、とくに家康に対して蝦夷《えぞ》の松前《まつまえ》氏や伊達・最上・佐竹氏などの奥羽諸大名からの鷹献上が目立った。また慶長十二年（一六〇七）の第一回朝鮮通信使（回答兼刷還使）が大鷹五〇居《すえ》を献上しており、朝鮮国側でも家康の鷹狩り好きを知っていたことを示している。

鷹狩りをするための鷹場も各地に設定され、鷹場奉行によってそれらの維持・管理が図られた。御殿《ごてん》とよばれる宿泊施設も整備され、家康が鷹狩りのためによく利用した場所としては、相模国中原《なかはら》（神奈川県平塚市）や駿河国中泉《なかいずみ》（静岡県磐田市）などが知られている。

家康は元和二年（一六一六）四月に死去するが、その年十月に林羅山はいわゆる駿河文庫の書物を、江戸の将軍家、尾張・紀伊・水戸の御三家にそれぞれ分配する役を命じられた。その役目を終え、翌十一月に京都へ戻る道中で記したのが『丙辰紀行《へいしん》』である。ちょうど中泉を通りかかったとき、羅山は鷹狩りで家康の御供をしたことがあったと回想し、そこに七言絶句の漢詩を添えている。

春蒐冬狩跡猶遺
霜露凄々野草哀
鴻雁自来還自去
更無人放決雲児

春蒐《しゅんしゅう》（春の猟）・冬狩《とうしゅう》（冬の猟）、跡なお遺《のこ》る
霜露《そうろ》凄々《せいせい》として、野草哀《おとろ》う
鴻雁《こうがん》（雁《かり》）自《みずか》ら来たり、還《かえ》りて自ら去る
更に人（家康）の決雲児《けつうんじ》（鷹）を放つこと無し

すなわち、家康公が春や冬に行なった鷹狩りの跡はまだ残っているが、霜露がすさまじくて、野の草々は衰えてしまった。雁は毎年秋にやってきてまた帰っていくが、もはや、家康公が鷹を放って狩りをすることはなくなってしまった、といって感傷に浸っている。

ついで、これは健康への指向そのものであるが、家康は薬に対する高度な関心と知識を持っていたことである。家康は江戸に幕府を開くと、その当時名医であった京医師の曲直瀬玄朔《まなせげんさく》・半井成信《なからいなりのぶ》（驢庵《りょあん》）らを江戸の将軍家の侍医として召し抱え、奥医師《おくいし》制度の基礎を築いて

いる。自らも本草《ほんぞう》（薬草・薬物）通であったが、慶長十二年（一六〇七）に林羅山が長崎で入手した『本草綱目』（明の李時珍《りじちん》が編集した画期的な本草事典）を家康に献上したことで、いっそう本格的に本草研究に踏み出すことになったといわれている。

『当代記』の慶長十五年（一六一〇）四月の条によれば、蝦夷の松前慶広《よしひろ》が駿府に出仕した折に、家康は慶広に対し、膃肭臍《おっとせい》（海狗腎《かいくじん》）を調進するように命じている。『本草綱目』には諸虚損《しょきょそん》（気力や体力が衰えること）を治すのに膃肭臍丸《がん》があるといわれていて、家康もその滋養・強壮効果を求めて製剤に至ったのである。家康はこれを煎じて、「八の字」の薬に入れて用いたという。「八の字」の薬とは、家康が用いた薬笥《くすりばこ》の八段目に保管していた薬というところからきたもので、「八味丸《はちみがん》」「八味腎気丸《はちみじんきがん》」などともいい、腎臓《じんぞう》や膀胱《ぼうこう》・前立腺《ぜんりつせん》などの疾患の治療に用いられた。

家康はまた、自ら製剤したり、自らの指示で製剤した薬を、諸大名らに班給《はんきゅう》していた。たとえば、（慶長十六年）四月十八日付で細川忠興が三男で嗣子の忠利《ただとし》に送った自筆書状によれば、家康より本多正純を通して、万病円《まんびょうえん》（万病に効くといわれた丸薬）を拝領したといっている。『駿河記』の慶長十八年（一六一三）十二月五日条によれば、暇を許されて江戸へ帰る本多正信は、隼《はやぶさ》一居《すえ》と万病円二〇〇粒・八味円（八味丸）一〇〇粒を拝領している。さらに、相手の症状などを確かめて、それにふさわしい薬を遣わすこともあった。

このように、家康の薬の知識や製剤・調合の技術は、もはや素人の域をはるかに超えるものであった。家康が平生から、いかに自らの健康に留意していたかがわかるだろう。

学問への造詣

家康はまた生来の学問好きであったが、これは今川氏の人質時代の幼少期に、臨済宗の碩学ですぐれた政治家でもあった太原崇孚《たいげんそうふ》雪斎《せっさい》の薫陶を受けていたことによるものとみられている。ただ壮年期には戦いに明け暮れることが多く、学問に身を入れるというような余裕はなかった。

文禄元年（一五九二）に朝鮮出兵の本拠、肥前名護屋に在陣していた家康は、初めて近世儒学の祖といわれる藤原惺窩《せいか》を引見した。翌二年には江戸で惺窩の『貞観政要《じょうがんせいよう》』の講釈を聴聞したという。『貞観政要』とは唐の太宗《たいそう》が群臣との間で交わした政治問答を集録したもので、理想的な為政者のあり方を示す書物とされ、家康の座右の書の一つであった。

慶長五年（一六〇〇）の関ヶ原の合戦後、家康はあらためて惺窩を京都で引見し、以後しばしば召して講釈を聴き、幕府開設後は惺窩を江戸に招聘《しょうへい》しようとした。しかし、政治権力との密着を嫌った惺窩はこれを辞退し、代わって推挙されたのが新進の朱子学者林羅山であった。羅山は慶長十年に京都二条城で初めて家康に謁見し、以後、大御所家康の側近となったのである。

家康はまた膨大な古今・内外の書物を収集しており、これらの書物の多くは駿府城の書庫に収められていた。家康は羅山に対して儒学上の問題点について下問することもあったが、とくに期待したのはこの書庫の管理であった。集書の収蔵保管については江戸城内にも文庫が設けられ、慶長七年（一六〇二）に建設されたのが富士見亭《ふじみてい》の文庫であった。後年、三代将軍家光によって、江戸城中央部の紅葉山《もみじやま》の麓《ふもと》に新たな書庫が建てられ、これが紅葉山文庫と称されるようになり、富士見亭文庫の書物はこれに移された。

元和二年（一六一六）四月に家康が死去すると、駿府城書庫の一万冊余りといわれる書物は、形見分けとして配分されることになった。この作業を担ったのが先に述べたように林羅山であり、特別の稀覯本《きこうぼん》は江戸城の富士見亭文庫に移され、それ以外は羅山の差配で、尾張・紀伊・水戸の御三家に、五・五・三の割合で配分された。これが「駿河御譲本《するがおゆずりぼん》」と称される書物群である。

家康はこのような集書や書写に力を注ぐだけでなく、重要だと思った書物については出版を行ない、活用の便を図っている。いわゆる伏見版と駿河版とよばれる出版事業である。

伏見版とは、家康が慶長四年（一五九九）から同十一年にかけて、伏見で出版させた木版刷りの書物である。もとは京都南禅寺《なんぜんじ》の禅僧で、下野国足利学校《あしかがかっこう》（栃木県足利市）の第九世庠主《しょうしゅ》になった三要元佶《さんようげんきつ》と京都相国寺《しょうこくじ》の西笑承兌《せいしょうじょうたい》の指導のもとで出版された。

具体的な書物名をみると、慶長四年に『孔子家語《こうしけご》』（『論語』に漏れた孔子一門の説話を蒐《しゅう》集《しゅう》したといわれる古書）と兵書である『三略《さんりゃく》』『六韜《りくとう》』、同五年に『貞観政要』、同十年に

『東鑑《あずまかがみ》』（『吾妻鏡』）と『周易《しゅうえき》』（周代の易学の書）、同十一年に『七書《しちしょ》』（古代中国の七つの兵書）がそれぞれ出版された。このうち、『東鑑』はいうまでもなく鎌倉幕府の正史であり、源頼朝を崇敬する家康の座右の書であった。

ついで駿河版であるが、これは家康の最晩年に、金地院崇伝と林羅山に命じて出版させたもので、銅活字が用いられており、出版されたのはわずか二点とはいえ貴重である。『大蔵《だいぞう》一覧集《いちらんしゅう》』一一巻（仏教経典の集大成『大蔵経』の内容一覧的な明代の書）は、慶長二十年（元和元年、一六一五）三月に出版の命が下り、一二五部作製した。そのうち一〇部が六月晦日《みそか》に、大坂夏の陣後に京都二条城に滞在していた家康のもとに届けられた。『駿府記』によれば、活字による版行ということで文字も鮮明で、諸人がこれを称美したという。

もう一点は『群書治要《ぐんしょちよう》』四七巻（唐の太宗の勅命により編集され、為政者のための治政の要点を抄録したもの）で、翌元和二年正月に出版の命が下るが、出版作業は五月末まで続いた。家康は四月十七日に死去しているため、これを手に取ることはできなかった。なお、『群書治要』は本来五〇巻であるが、家康が金沢《かねさわ》文庫（横浜市）から採取した写本は三巻分が欠けていたため、四七巻となっている。

芸能への関心

最後に、広い意味での芸能関係の問題として、能・狂言と囲碁・将棋を取り上げる。

まず能・狂言であるが、家康は狂言も愛好していて、その鑑賞眼は高かったといわれている。ただここでは紙数の関係もあり、能に絞ってみていくこととする。

戦国諸大名が能を愛好したことはよく知られているが、家康の場合も能はつねにその身近にあった。今川氏のもとに半年ほど滞在したことがある公家の山科言継《やましなときつぐ》は、その日記『言継《ときつぐ》卿記《きょうき》』の弘治三年（一五五七）正月十三日条で、今川氏真《うじざね》が催した歌会始めの後の饗宴《きょうえん》の相伴衆《しょうばんしゅう》のなかに、「観世《かんぜ》十郎大夫・同二郎大夫・同神六」がいたと記している。この観世十郎大夫とは、越智《おち》観世十郎大夫のことで、七世観世大夫元忠《もとただ》（宗節《そうせつ》）の次兄であった。このように観世座の有力座衆が駿府に滞在しており、当時すでに元服していた家康とも接触があったものとみられる。

『当代記』によれば、元亀二年（一五七一）八月に浜松城で能が催され、二十六日の九番は観世宗家七世の宗節と養嗣子で八世となる左近大夫元尚《もとひさ》の両名が能を演じ、家康も演じている。二十八日の後日《ごにち》の能は十五番で、このときは家康の嫡男で一三歳の信康も能を演じた。翌元亀三年八月の十二日と十六日にも浜松で能が催され、観世宗家七世宗節と十郎大夫の両名が演じ、後日の能では家康も演じた。

いわゆる大和猿楽四座《やまとさるがくしざ》（外山《とび》＝宝生《ほうしょう》、坂戸《さかど》＝金剛《こんごう》、円満井《えんまんい》＝金春《こんぱる》、結崎《ゆうざき》＝観世）の中では、秀吉はとくに金春座を重用した。これに対して、後年、家康は観世座を重用することになるのであるが、その素地となったのは、右に述べたような浜松以来の観世宗家との深いかかわりであった。元尚の死後は、その嫡男で九世観世大夫身愛《ただちか》（黒雪《こくせつ》）が、家康の愛顧を受けるようになった。

慶長八年（一六〇三）四月に二条城で催された家康の将軍宣下の祝賀能は、公家衆・諸大名を招いて、三日間にわたって張行《ちょうぎょう》された。初日には黒雪が翁《おきな》や脇能《わきのう》などを演じており、金春座に代わって観世座が四座の筆頭大夫としての地位を獲得したことを、天下に示すことになった。以後、将軍の代替わりごとに将軍就任祝賀のための能の開催が慣例となり、二代秀忠の場合は、慶長十年五月に三日間にわたり伏見城で催された。なお、将軍となって以降は、家康が自ら能を演ずることはなくなった。

『当代記』によると、四座の能役者らは秀吉の時より大坂に詰めていたが、慶長十四年（一六〇九）三月に家康は駿府に詰めるよう命じている。また、秀吉の時と同じく諸座に扶持米《ふちまい》を与え、観世座の場合は二五六石二十人扶持を給された。このように、能役者を手元で保護するとともに、その経済的な援助も図っていたのである。

ついで囲碁・将棋であるが、将棋については戦国期までは「中将棋《ちゅうしょうぎ》」が全盛で、戦国末頃に現在に通ずる「小将棋《しょうしょうぎ》」が普及していったといわれている。ただここでは以下、囲碁を中心に述べることとする。

囲碁は六世紀には日本に伝わっていたとみられるが、平安期には公家の世界で、男女を問わず盛んになっていった。紫式部《むらさきしきぶ》の『源氏物語《げんじものがたり》』や清少納言《せいしょうなごん》の『枕草子《まくらのそうし》』などにも、囲碁の場面がよく出てくる。戦国期には公家のみならず、武家の世界にも広がり、戦国大名や武将たちも、しばしば囲碁を嗜《たしな》んだ。実は家康もまた、無類の囲碁好きであったといわれている。

『当代記』の天正十五年（一五八七）十一月十三日条によれば、碁打ちの本因坊算砂《ほんいんぼうさんさ》が弟子の奥平信昌を訪ねて新城《しんしろ》（愛知県新城市）にやってきたとき、ともに駿河へ下った。家康は囲碁が好きだったため日夜の碁会となり、引き留められた本因坊が京都に帰れたのは、翌春になったといっている。

『言経卿記《ときつねきょうき》』の文禄三年（一五九四）五月九～十二日条では、上洛した江戸大納言（家康）が連日囲碁・将棋の会を行なっていて、山科言経（前出の言継の子）はこれを見学したといっている。これは将軍になってからも変わらず、『言経卿記』の慶長八年（一六〇三）七月六日条によれば、二条城で囲碁・将棋があり、言経はやはりこれを見学している。七日・八日には二条城で能が催されているが、八日条では「昨日も今日も将軍（家康）と浅野弾正少弼《だんじょうしょうひつ》（長政）と御碁これあり」ともいっており、家康の好敵手は浅野長政であったことがわかる。

ところで、殿堂といえば大リーグや日本でも野球の殿堂がよく知られているが、囲碁の場合も二〇〇四年に殿堂の制度ができ、東京の日本棋院本院の地下一階には囲碁殿堂資料館も開館した。初年度の第一回特別創設記念表彰では四名、その後は毎年一、二名が選ばれ、二〇二一年の第一八回表彰までに、二六名が殿堂入りしている。その第一回表彰のしかも第一号は、何と家康であった。

これは家康がたんに囲碁が好きだったからというようなことではなく、慶長十七年（一六一二）二月十三日付で幕府より碁打衆《ごうちしゅう》・将棋指衆《しょうぎさししゅう》に扶持米が与えられたことによる。本因坊算砂・利玄坊《りげんぼう》・宗桂《そうけい》（将棋指）に五〇石五人扶持、道碩《どうせき》・春知《しゅんち》（将棋指）に五〇石、六蔵《ろくぞう》に三〇石、仙重《せんじゅう》・算碩《さんせき》に二〇石ということである。碁打衆六名、将棋指衆二名とわずかではあるが、これによっていわばプロの碁打衆・将棋指衆が誕生したのである。

家康によるこの措置は、その後幕府のもとでさらに充実され、囲碁でいうと、本因坊・安《やす》井《い》・井上《いのうえ》・林《はやし》の四家による家元制度ができ、家元には家禄《かろく》が支給されることで碁打衆たちの専業化が定着することになった。この家元同士の切磋琢磨《せっさたくま》と、御城碁《おしろご》（江戸城内の主として黒書院《くろしょいん》での対局）への出仕とにより、近世を通じて囲碁の技量は格段に向上した。家康はまさに、今日につながる囲碁発展の基礎を造ったことで評価されたのである。

家康の人となり

このように家康の生涯をみてくると、その前半生は戦《いくさ》に明け暮れることが多く、数々の修羅場をくぐり抜けてきたのであるが、その後半生では、右に述べたように実に幅広い方面に関心を持ち、有益な行動をとってきたことがわかる。そのことが、家康という人物に厚みを与えており、酒色に溺《おぼ》れたり、無為に過ごすというようなことはなく、天下人としての自覚をしっかりと持って、自らを律しながら過ごしていたことがうかがえる。

だからといって、家康がいわゆる国民的な英雄になれるかといえば、それは決してそうではなかった。筆者は日本人が好む国民的な英雄になるためには、二つの条件が必要だと考えている。まずは戦いに強くなくてはならないが、強いだけでは国民的英雄にはなれない。今一つ、悲劇的な末路ということが必要で、そのことが相まって、いたく日本人の心情に響くのである。

たとえば、源義経《よしつね》などがその代表格である。源平の合戦では、一ノ谷《いちのたに》・屋島《やしま》そして壇ノ浦《だんのうら》まで、つぎつぎに平家軍を破り、まさに源氏勝利の立役者であった。しかし、兄頼朝の許可なくして任官したことから不興を買い、頼朝の追跡から逃れて奥州の藤原秀衡《ひでひら》を頼ったが、秀衡亡き後、その嫡男泰衡《やすひら》のために討たれたのであった。義経は検非違使《けびいし》の尉《じょう》（三等官）であったため、「九郎判官《くろうほうがん》」といわれたが、薄幸な英雄への同情や弱者への同情の気持ちを「判官贔屓《びいき》」というのも、この義経に由来することはよく知られている。

家康の同時代では、織田信長があげられる。桶狭間の合戦以来、数々の戦いを勝ち抜き、天下統一を目前にしながら、本能寺の変でまさに非業の最期を遂げたのであった。百姓身分の出身ながら、従一位・関白・太政大臣にまで昇り詰めた豊臣秀吉も、「太閤さん」と呼ばれて人気が高い。秀吉自身は畳の上で往生したのであるが、その子秀頼が大坂城ともともに滅ぼされたため、豊臣家としては悲劇的な末路ということになる。

　ところが、家康の場合は当時にしてはまれにみる長命で、しかも徳川将軍家は一五代、二六〇年余りにわたって君臨し続けたため、悲劇的な末路とはおよそ縁遠かった。また、徳川家の行く末だけを案じて、方広寺大仏殿の鐘銘・棟札問題で難癖をつけ、豊臣家を滅ぼした老獪《ろうかい》な政治家とみなされ、あまり好かれていないというのが実状であろう。たしかに、それは一面ではそのとおりであるのだが、そこにとどまっていては、歴史的にみた正当な評価とはいいにくい。

　秀頼との関係についていえば、最初から、何が何でも滅ぼそうとしたわけではなかったとみなければならない。たとえば、大坂城を出て豊臣公儀の影をすっかり消し、大和郡山あたりに転封して「並の大名」になれば、豊臣家の存続は可能だったように思われる。しかしながら、秀頼や淀殿にとっては、大坂城を出てまで生きながらえることを潔しとしなかったのであろう。かくして、滅亡は避けられなくなった。

　家康の生涯を振り返ってみると、信長との関係では、いわば目下の同盟者として律儀に信長を支え、その関係は本能寺の変で信長が討たれるまで、揺らぐことなく続いた。秀吉との関係でも、天正十四年（一五八六）十月の大坂城での臣従化以後は、自らの分をわきまえて行動し、次第に豊臣政権下で重きをなしていった。

　家康が独自に天下をめざすようになったのは、いうまでもなく秀吉死後のことであった。

秀吉の遺言書や各種起請文を次第にないがしろにし、いわゆる五大老・五奉行制の形骸化を図っていった。関ヶ原の合戦はいくつかの偶然的要素も絡まったとはいえ、これに向けての家康の対応・工作は、たとえば諸大名への大量の書状発給にみられるように、さすがというほかない。その後の、将軍になって以降の徳川公儀の確立に向けてのさまざまな施策を含めて、やはりその戦略家・政治家としての力量をみれば、まさに第一級の人物であったといっても過言ではないだろう。

あとがき

二〇二三年度のNHK大河ドラマが「どうする家康」に決まってからしばらくした二〇二一年二月のことであったが、中公新書編集部の並木光晴氏より、家康の生涯についての執筆依頼を受けた。中公新書ではすでに北島正元氏の『徳川家康』が刊行されているが、一九六三年の刊行と年数が経っていて現在は品切れ状態であるため、新たな家康伝を出したいとのことであった。

新書では定評がある中公新書であること、家康の生涯についてしっかりとしたものが書けそうなこと、研究の進展を受けて最新の家康伝に挑戦できる機会でもあること、などを考慮してお引き受けすることにした。

ただその場合、私はすでに二〇一〇年に『定本 徳川家康』（吉川弘文館）を刊行しているので、今回はどのような切り口でこれに臨むのかが問題となった。結局、並木氏のアドバイスもあり、「人生のターニングポイント」に重点を置き、家康の生涯をたどることにした。家康の場合、とくにその前半生において、たびたび重大な危機に遭遇していることもあり、まさに「どうする家康」と問い詰められるような状況にあったからである。

そうなると、必然的に合戦を中心とした展開になるが、そのような構想は、すでにエッセイとしてまとめていた「家康と合戦」（『本郷』一四二号、二〇一九年）にも通ずるものであった。しかしながら、実際に執筆を始めてみると、この作業はなかなか容易でないことに気付かされた。

すなわち、前著からわずか一〇年ほどしか経っていないにもかかわらず、この間にも各分野で研究が大いに進み、参照しなければならない著書や論文が多数に及んだからである。巻末の主要参考文献をご覧になればわかるように、そこにあげている文献の大半は二〇一〇年以降のものである。取り上げるほどのことはないとして省いたものもかなりあるので、実際にはそこにあげた以上の文献を読むことになった。

こうして、執筆作業はなかなか大変であったが、おかげで政治史の面からみた最新の家康伝になったのではないかと自負している。ただその評価は、本書を読んで下さった読者諸賢のご判断にお任せするしかない。できうることなら、多くの方々のご理解が得られればと願っている。

なお、本書は新書という限られた紙数の中で、しかも合戦を中心とする政治史に絞って叙述しているため、社会経済史的な側面については、領国総検地の問題以外はまったく捨象している。よりオーソドックスな家康伝としては、ぜひ前著を参照して下されば幸いである。

今回本書を執筆したことにより、「徳川家康」を冠した拙著は、前著と『徳川家康と関ヶ原の戦い』『徳川家康と武田氏』（いずれも吉川弘文館）とを合わせて、図らずも四冊目となった。しかし、もとよりこれで終わりということではなく、なお取り組みたいと思っている課題はいくつかある。残された人生はわずかになってきているが、引き続き家康関係の問題を中心にして、研究を進めていきたいと考えている。

本書の出版では、編集を担当された並木氏から、細かなところまで含めて、多くの適切なアドバイスをいただいた。私の文章は硬いといわれることがあるが、もし本書が少しでも読みやすいものになっているとすれば、それは並木氏をはじめとする編集スタッフのおかげである。心から御礼を申し上げる次第である。

二〇二二年八月

本多隆成

主要参考文献

◇史料類

『大日本史料』第九編～第十二編

中村孝也『徳川家康文書の研究』上巻・中巻・下巻之一・下巻之二・拾遺集（日本学術振興会、一九五六～七一年）

徳川義宣『新修徳川家康文書の研究』・『同』第二輯（徳川黎明会、一九八三・二〇〇六年）

奥野高廣『増訂織田信長文書の研究』上巻・下巻・補遺・索引（吉川弘文館、一九八八年）

『朝野旧聞裒藁』1～19（汲古書院、一九八二～八四年）

太田牛一『信長公記』（奥野高広・岩澤愿彦校注、角川書店、一九六九年）

小瀬甫庵『信長記』上・下（神郡周校注、現代思潮社、一九八一年）

松平家忠『家忠日記』（竹内理三編『増補続史料大成』臨川書店、一九七九年）

大久保忠教『三河物語』（日本思想大系26、岩波書店、一九七四年）

『当代記』・『駿府記』（『史籍雑纂』第二、続群書類従完成会、一九七四年）

『松平記』（国立公文書館内閣文庫、三三〇七八号）

『甲陽軍鑑』（酒井憲二編著『甲陽軍鑑大成』第一・二巻、汲古書院、一九五四年）

『戦国遺文 後北条氏編』全六巻（東京堂出版、一九八九～九五年）

『戦国遺文 武田氏編』全六巻（東京堂出版、二〇〇二～〇六年）

『戦国遺文 今川氏編』全五巻（東京堂出版、二〇一〇～一五年）

『静岡県史』資料編7・8（静岡県、一九九四・九六年）
『愛知県史』資料編10〜14（愛知県、二〇〇三〜一四年）
『山梨県史』資料編4・5（山梨県、一九九九・二〇〇五年）
『上越市史』別編1・2（上越市、二〇〇三・〇四年）
『日本戦史　三方原役』（村田書店、覆刻一九七八年）
『日本戦史　長篠役』（村田書店、覆刻一九七八年）
『日本戦史　関原役』（村田書店、覆刻一九七八年）

◇著書・論文
朝尾直弘『将軍権力の創出』（岩波書店、一九九四年）
浅倉直美「天文〜永禄期の北条氏規について—本光院殿菩提者となるまで—」（『駒沢史学』九〇号、二〇一八年）
天野忠幸『三好一族と織田信長』（戎光祥出版、二〇一六年）
有光友學『今川義元』（吉川弘文館、二〇〇八年）
粟野俊之『織豊政権と東国大名』（吉川弘文館、二〇〇一年）
安藤　弥「一向一揆研究の現状と課題」（新行紀一編『戦国期の真宗と一向一揆』吉川弘文館、二〇一〇年）
同　「「三河一向一揆」は、家康にとって何であったのか」（平野明夫編『家康研究の最前線』洋泉社、二〇一六年）
池　享『動乱の戦国史7　東国の戦国争乱と織豊権力』（吉川弘文館、二〇一二年）
池上裕子『織田信長』（吉川弘文館、二〇一二年）
和泉清司『徳川幕府成立過程の基礎的研究』（文献出版、一九九五年）
市村高男『戦国期東国の都市と権力』（思文閣出版、一九九四年）
同　『戦争の日本史10　東国の戦国合戦』（吉川弘文館、二〇〇九年）

岩澤愿彦「羽柴秀吉と小牧・長久手の戦い」(『愛知県史研究』四号、二〇〇〇年)
大石泰史『今川氏滅亡』(KADOKAWA、二〇一八年)
小笠原春香『戦国大名武田氏の外交と戦争』(岩田書院、二〇一九年)
小和田哲男『東海の戦国史』(ミネルヴァ書房、二〇一六年)
笠谷和比古『関ヶ原合戦』(講談社、一九九四年)
同　『関ヶ原合戦と近世の国制』(思文閣出版、二〇〇〇年)
同　『戦争の日本史17　関ヶ原合戦と大坂の陣』(吉川弘文館、二〇〇七年)
同　『徳川家康』(ミネルヴァ書房、二〇一六年)
同編　『徳川家康』(宮帯出版社、二〇一六年)
片山正彦「豊臣政権と北条氏政・氏直」(渡邊大門編『家康伝説の嘘』柏書房、二〇一五年)
同　『豊臣政権の東国政策と徳川氏』(思文閣出版、二〇一七年)
加藤理文『織豊権力と城郭』(高志書院、二〇一二年)
金子　拓『織田信長』(河出書房新社、二〇一七年)
同編　『長篠合戦の史料学』(勉誠出版、二〇一八年)
鴨川達夫『武田信玄と勝頼』(岩波書店、二〇〇七年)
同　「武田氏滅亡への道」(『山梨県史』通史編2中世、山梨県、二〇〇七年)
同　「長久手の戦い—秀吉が負けを認めたいくさ」(山本博文・堀新・曽根勇二編『消された秀吉の真実』柏書房、二〇一一年)
同　「元亀年間の武田信玄—「打倒信長」までのあゆみ—」(『東京大学史料編纂所研究紀要』二二号、二〇一二年)
同　「武田信玄の「西上作戦」を研究する」(『東京大学史料編纂所研究紀要』二五号、二〇一五年)
神田千里『戦国時代の自力と秩序』(吉川弘文館、二〇一三年)
同　『織田信長』(筑摩書房、二〇一四年)

北島正元『江戸幕府の権力構造』(岩波書店、一九六四年)
桐野作人『織田信長』(新人物往来社、二〇一一年)
久野雅司『足利義昭と織田信長』(戎光祥出版、二〇一七年)
久保田昌希『戦国大名今川氏と領国支配』(吉川弘文館、二〇〇五年)
小池絵千花「関ヶ原合戦の布陣地に関する考察」(『地方史研究』四一一号、二〇二一年)
五野井隆史『徳川初期キリシタン史研究』(吉川弘文館、一九八三年)
小林輝久彦「駿河今川氏による今橋城及び田原城の落城時期再考」(『大倉山論集』六八輯、二〇二二年)
小林清治『奥羽仕置と豊臣政権』(吉川弘文館、二〇〇三年)
小林正信『織田・徳川同盟と王権』(岩田書院、二〇〇五年)
同　『明智光秀の乱　新装改訂増補版』(里文出版、二〇一九年)
齋藤慎一『戦国時代の終焉』(中央公論新社、二〇〇五年)
柴　裕之『戦国・織豊期大名徳川氏の領国支配』(岩田書院、二〇一四年)
同　「松平信康事件は、なぜ起きたのか?」(渡邊大門編『家康伝説の嘘』柏書房、二〇一五年)
同　「足利義昭政権と武田信玄─元亀争乱の展開再考─」(『日本歴史』八一七号、二〇一六年)
同　『徳川家康』(平凡社、二〇一七年)
同　『織田信長』(平凡社、二〇二〇年)
同　「秀吉の天下人への台頭と織田家の臣従」(渡邊大門編『秀吉襲来』東京堂出版、二〇二一年)
柴辻俊六『信玄の戦略』(中央公論新社、二〇〇六年)
同　『戦国期武田氏領の地域支配』(岩田書院、二〇一三年)
同　「武田信玄の上洛路は青崩峠越えか駿河路か」(『日本歴史』八七一号、二〇二〇年)
白峰　旬『新「関ヶ原合戦」論』(新人物往来社、二〇一一年)
同　「直江状についての書誌的考察」(別府大学史学研究会『史学論叢』四一号、二〇一一年)
同　「フィクションとしての小山評定─家康神話創出の一事例─」(『別府大学大学院紀要』一四号、二

〇一二年）
同　「慶長五年六月～同年九月における徳川家康の軍事行動について（その1）・（その2）・（その3）」（『別府大学紀要』五三号・『別府大学大学院紀要』一四号・別府大学史学研究会『史学論叢』四二号、二〇一二年）
同　「小山評定は歴史的事実なのか—拙論に対する本多隆成氏の御批判に接して—（その1）・（その2）・（その3）」（『別府大学紀要』五五号・『別府大学大学院紀要』一六号・別府大学史学研究会『史学論叢』四四号、二〇一四年）
同　『新解釈　関ヶ原合戦の真実』（宮帯出版社、二〇一四年）
同　「小山評定は本当にあったのか？」（渡邊大門編『家康伝説の嘘』柏書房、二〇一五年）
同　「徳川家康の「問鉄炮」は真実なのか」（渡邊大門編『戦国史の俗説を覆す』柏書房、二〇一六年）
同　「いわゆる小山評定についての諸問題—本多隆成氏の御批判を受けての所見、及び、家康宇都宮在陣説の提示—」（『別府大学大学院紀要』一九号、二〇一七年）
同　「豊臣七将襲撃事件（慶長4年閏3月）は「武装襲撃事件」ではなく単なる「訴訟騒動」である—フィクションとしての豊臣七将襲撃事件—」（別府大学史学研究会『史学論叢』四八号、二〇一八年）
同　『新視点関ヶ原合戦』（平凡社、二〇一九年）
同　「「小山評定」論争の最前線—家康宇都宮在陣説を中心に—」（別府大学史学研究会『史学論叢』五一号、二〇二一年）
新行紀一　『一向一揆の基礎構造』（吉川弘文館、一九七五年）
同　『新編岡崎市史』中世2、第四章（新編岡崎市史編さん委員会、一九八九年）
鈴木眞哉　『鉄砲隊と騎馬軍団』（洋泉社、二〇〇三年）
同　『戦国軍事史への挑戦』（洋泉社、二〇一〇年）
鈴木将典編　『論集戦国大名と国衆8　遠江天野氏・奥山氏』（岩田書院、二〇一二年）

同　『国衆の戦国史』（洋泉社、二〇一七年）
曽根勇二『片桐且元』（吉川弘文館、二〇〇一年）
同　『敗者の日本史13　大坂の陣と豊臣秀頼』（吉川弘文館、二〇一三年）
太向義明『長篠の合戦』（山梨日日新聞社出版局、一九九六年）
高木昭作「江戸幕府の成立」（『岩波講座日本歴史9　近世1』岩波書店、一九七五年）
同　『日本近世国家史の研究』（岩波書店、一九九〇年）
高橋　明「小山の「評定」の真実」（『福島史学研究』九一号、二〇一三年）
高柳光寿『戦国戦記　三方原の戦』（春秋社、一九五八年）
同　『戦国戦記　長篠の戦』（春秋社、一九六〇年）
竹井英文『織豊政権と東国社会』（吉川弘文館、二〇一二年）
同　「徳川家康江戸入部の歴史的背景」（『日本史研究』六二八号、二〇一四年）
同　『列島の戦国史7　東日本の統合と織豊政権』（吉川弘文館、二〇二〇年）
立花京子『信長権力と朝廷　第二版』（岩田書院、二〇〇二年）
谷　徹也「秀吉死後の豊臣政権」（『日本史研究』六一七号、二〇一四年）
谷口克広『検証　本能寺の変』（吉川弘文館、二〇〇七年）
同　『信長と家康』（学研パブリッシング、二〇一二年）
同　『信長と将軍義昭』（中央公論新社、二〇一四年）
谷口　央「小牧・長久手の戦いから見た大規模戦争の創出」（藤田達生編『小牧・長久手の戦いの構造　戦場論上』岩田書院、二〇〇六年）
同　「小牧長久手の戦い前の徳川・羽柴氏の関係」（首都大学東京『人文学報』四四五号、二〇一一年）
同　『幕藩制成立期の社会政治史研究』（校倉書房、二〇一四年）
同編『関ヶ原合戦の深層』（高志出版、二〇一四年）
圭室文雄編『政界の導者　天海・崇伝』（吉川弘文館、二〇〇四年）

寺井崇浩「戦国末期の駿府城における屋根瓦について」(『古城』六四号、二〇二〇年)
同「天正期駿府城の石垣について」(『古城』六五号、二〇二一年)
戸谷穂高「関東・奥両国「惣無事」と白川義親」(村井章介編『中世東国武家文書の研究』高志書院、二〇〇八年)
乃至政彦・高橋陽介『天下分け目の関ヶ原の合戦はなかった』(河出書房新社、二〇一八年)
中野等『石田三成伝』(吉川弘文館、二〇一七年)
中村孝也『徳川家康公伝』(東照宮社務所、一九六五年)
萩原大輔『異聞 本能寺の変』(八木書店、二〇二二年)
服部英雄「桶狭間合戦考」(『名古屋城調査研究センター研究紀要』二号、二〇二一年)
原史彦「徳川家康三方ヶ原戦役画像の謎」(『金鯱叢書』四三輯、二〇一六年)
平野明夫『徳川権力の形成と発展』(岩田書院、二〇〇六年)
同「「神君伊賀越え」の真相」(渡邊大門編『戦国史の俗説を覆す』柏書房、二〇一六年)
同「徳川家康はいかにして秀吉に臣従したのか―織田大名から豊臣大名へ」(渡邊大門編『秀吉襲来』東京堂出版、二〇二一年)
平山優『武田信玄』(吉川弘文館、二〇〇六年)
同『天正壬午の乱』(学研パブリッシング、二〇一一年)
同『敗者の日本史9 長篠合戦と武田勝頼』(吉川弘文館、二〇一四年)
同『検証長篠合戦』(吉川弘文館、二〇一四年)
同『武田氏滅亡』(KADOKAWA、二〇一七年)
同『武田三代』(PHP研究所、二〇二一年)
福田千鶴『豊臣秀頼』(吉川弘文館、二〇一四年)
藤井讓治「「公儀」国家の形成」(同『幕藩領主の権力構造』岩波書店、二〇〇二年)
同『日本近世の歴史1 天下人の時代』(吉川弘文館、二〇一一年)

同　「徳川家康の叙位任官」（『史林』一〇一巻四号、二〇一八年）
同　「慶長五年の「小山評定」をめぐって」（『龍谷日本史研究』四二号、二〇一九年）
同　『徳川家康』（吉川弘文館、二〇二〇年）
同　『日本歴史 私の最新講義22　天下人秀吉の時代』（敬文社、二〇二〇年）
同　「文禄四年の霊社上巻起請文をめぐって—秀吉の死を想定した政権構想—」（『史林』一〇四巻五号、二〇二一年）
同　「秀次切腹をめぐって」（『織豊期研究』二三号、二〇二一年）
藤木久志『豊臣平和令と戦国社会』（東京大学出版会、一九八五年）第一章第一節
藤田達生『日本近世国家成立史の研究』（校倉書房、二〇〇一年）
同　『証言本能寺の変』（八木書店、二〇一〇年）
同　『天下統一』（中央公論新社、二〇一四年）
同　『城郭と由緒の戦争論』（校倉書房、二〇一七年）
藤田恒春『豊臣秀次』（吉川弘文館、二〇一五年）
藤野　保『新訂幕藩体制史の研究』（吉川弘文館、一九七五年）
藤本正行『信長の戦国軍事学』（宝島社、一九九三年。「正面攻撃説」の初出は一九八二年）
同　『長篠の戦い』（洋泉社、二〇一〇年）
同　『再検証 長篠の戦い』（洋泉社、二〇一五年）
堀　新『織豊期王権論』（校倉書房、二〇一一年）
同　「豊臣秀吉と「豊臣」家康」（山本博文・堀新・曽根勇二編『消された秀吉の真実』柏書房、二〇一一年）
堀越祐一『豊臣政権の権力構造』（吉川弘文館、二〇一六年）
本多隆成『初期徳川氏の農村支配』（吉川弘文館、二〇〇六年）
同　『近世東海地域史研究』（清文堂、二〇〇八年）

同　『定本　徳川家康』（吉川弘文館、二〇一〇年）
同　「小山評定の再検討」（『織豊期研究』一四号、二〇一二年）
同　「武田信玄の遠江侵攻経路—鴨川説をめぐって—」（『武田氏研究』四九号、二〇一三年）
同　『人をあるく　徳川家康と関ヶ原の戦い』（吉川弘文館、二〇一三年）
同　「「天下分け目」の決戦の場」（『本郷』一〇九号、二〇一四年）
同　『近世の東海道』（清文堂、二〇一四年）
同　「「小山評定」再論—白峰旬氏のご批判に応える—」（『織豊期研究』一七号、二〇一五年）
同　「徳川・武田両氏の攻防と二俣城」（『二俣城跡・鳥羽山城跡総合調査報告書』浜松市教育委員会、二〇一七年）
同　「松平信康事件について」（『静岡県地域史研究』七号、二〇一七年）
同　『徳川家康と武田氏』（吉川弘文館、二〇一九年）
同　「「小山評定」再々論—家康の宇都宮在陣説を中心に—」（『地方史研究』三九八号、二〇一九年）
同　「「小山評定」の存否について」（『戦国遺文　下野編』第三巻、月報3、二〇一九年）
同　「今川義元の三河侵攻と吉良氏」（『静岡県地域史研究』一〇号、二〇二〇年）
同　「歴史研究と研究史—徳川氏研究の事例から—」（『織豊期研究』二二号、二〇二〇年）
同　「「小山評定」と福島正則の動静」（『織豊期研究』二三号、二〇二一年）
同　「信玄の遠江侵攻経路—柴辻俊六説批判—」（『日本歴史』八八九号、二〇二二年）
同　「「小山評定」研究の現段階」（『静岡県地域史研究』一二号、二〇二二年）
本間　宏　『直江兼続と関ヶ原』（公益財団法人福島県文化振興財団編、戎光祥出版、二〇一四年）
前田利久　「武田信玄の駿河侵攻と諸城」（『地方史静岡』二二号、一九九四年）
同　「徳川家康の天正期駿府築城について」（『駒沢史学』九四号、二〇二〇年）
松島裕大　「天正初期上杉・武田氏間和睦交渉再考」（『日本史研究』七〇四号、二〇二一年）
丸島和洋　『戦国大名の「外交」』（講談社、二〇一三年）

同　『真田四代と信繁』（平凡社、二〇一五年）
同　「武田・織田間の抗争と東美濃―すれ違う使者と書状群―」（『武田氏研究』五三号、二〇一六年）
同　『武田勝頼』（平凡社、二〇一七年）
同　「武田信玄の駿河侵攻と対織田・徳川外交」（『武田史研究』六五号、二〇二二年）
三鬼清一郎『織豊期の国家と秩序』（青史出版、二〇一二年）
同　『豊臣政権の法と朝鮮出兵』（青史出版、二〇一二年）
同　『大御所　徳川家康』（中央公論新社、二〇一九年）
水野伍貴『秀吉死後の権力闘争と関ヶ原合戦』（日本史史料研究会、二〇一六年）
同　「小山評定の歴史的意義」（『地方史研究』三八六号、二〇一七年）
同　『関ヶ原への道』（東京堂出版、二〇二一年）
光成準治『関ヶ原前夜』（日本放送出版協会、二〇〇九年）
同　『毛利輝元』（ミネルヴァ書房、二〇一六年）
同　『列島の戦国史9　天下人の誕生と戦国の終焉』（吉川弘文館、二〇二〇年）
宮本義己「松平元康〈徳川家康〉の器量と存在感」（『大日光』七一号、二〇〇一年）
同　「徳川家康の豊臣政権運営―「秀吉遺言覚書」体制の分析を通して―」（『大日光』七四号、二〇〇四年）
同　「内府（家康）の公儀掌握と関ヶ原合戦」（『大日光』七六号、二〇〇六年）
同　「内府（家康）東征の真相と直江状」（『大日光』七八号、二〇〇八年）
同　「直江状研究諸説の修正と新知見」（『大日光』八二号、二〇一二年）
村岡幹生「永禄三河一揆の展開過程―三河一向一揆を見直す―」（新行紀一編『戦国期の真宗と一向一揆』吉川弘文館、二〇一〇年）
同　「今川氏の尾張進出と弘治年間前後の織田信長・織田信勝」（『愛知県史研究』一五号、二〇一一年）

同　「織田信秀岡崎攻落考証」(『中京大学文学会論叢』創刊号、二〇一五年)
矢田俊文『近世の巨大地震』(吉川弘文館、二〇一八年)
矢部健太郎『豊臣政権の支配秩序と朝廷』(吉川弘文館、二〇一一年)
同　「「源姓」徳川家への「豊臣姓」下賜―秀忠の叙任文書の検討から―」(『古文書研究』七四号、二〇一二年)
同　『敗者の日本史12　関ヶ原合戦と石田三成』(吉川弘文館、二〇一四年)
同　『関白秀次の切腹』(KADOKAWA、二〇一六年)
山田邦明『戦国時代の東三河』(あるむ、二〇一四年)
山田康弘『戦国時代の足利将軍』(吉川弘文館、二〇一一年)
山本直孝「神君伊賀越え後の伊勢湾渡海の実態について―由緒書の検討を通して―」(『地方史研究』四一一号、二〇二一年)
山本博文『徳川秀忠』(吉川弘文館、二〇二〇年)
吉田洋子「豊臣秀頼と朝廷」(『ヒストリア』一九六号、二〇〇五年)
米田雄介「徳川家康・秀忠の叙位任官文書について」(『栃木史学』八号、一九九四年)
和田裕弘『織田信忠』(中央公論新社、二〇一九年)
渡邊大門『大坂落城　戦国終焉の舞台』(角川学芸出版、二〇一二年)
同　『明智光秀と本能寺の変』(筑摩書房、二〇一九年)

徳川家康略年譜

（年齢は数え年）

和暦（西暦）	年齢	事跡
天文十一年（一五四二）	一歳	十二月二十六日、徳川家康、松平広忠の嫡子として誕生。母は水野氏於大。幼名竹千代。
十六年（一五四七）	六歳	九月、織田信秀によって岡崎城が攻略され、竹千代は織田方の人質になる。
十八年（一五四九）	八歳	三月六日、父広忠が岡崎城で死去。十一月、竹千代は織田・今川との人質交換で、今川方の人質として駿府に赴く。
弘治　元年（一五五五）	一四歳	三月、竹千代は元服し、松平次郎三郎元信と名乗る。烏帽子親は義元。
二年（一五五六）	一五歳	この年、あるいは翌年、元信は関口氏純の娘（築山殿）を娶る。こののち、元康と改名。
永禄　三年（一五六〇）	一九歳	五月十九日、桶狭間の合戦で義元が討たれ、元康は岡崎城に復帰する。
四年（一五六一）	二〇歳	三月、織田信長と同盟。将軍足利義輝に献馬。四月、今川領国東三河に侵攻する。
六年（一五六三）	二二歳	三月、嫡男竹千代（信康）が信長の次女徳姫と婚約。七月、家康と改名。秋、三河一向一揆起こる（翌年二月に和睦）。
八年（一五六五）	二四歳	三月、吉田・田原両城を攻略。前者に酒井忠次、後者に本多広孝を入れる。五月十九日、将軍足利義輝殺害される。
九年（一五六六）	二五歳	十二月二十九日、従五位下三河守に叙任。合わせて松平から徳川に

		改姓する。
十一年（一五六八）	二七歳	九月、足利義昭が上洛し、織田信長が供奉する。秋、武田信玄と密約を結ぶ。十二月、遠江に侵攻する。駿府から逃れてきた今川氏真を懸川城に攻める。
十二年（一五六九）	二八歳	二月、武田信玄と起請文を交わす。五月十五日、今川氏真、懸川城を開城、沼津大平城に去る（今川氏滅亡）。
元亀　元年（一五七〇）	二九歳	六月二十八日、姉川の合戦。六月、居城を岡崎から浜松に移す。十月、上杉謙信と起請文を交わし同盟する。
三年（一五七二）	三一歳	十二月二十二日、三方原の合戦で武田信玄に大敗する（翌年四月信玄死去）。
天正　二年（一五七四）	三三歳	六月十七日、武田勝頼のため、遠江国高天神城を落とされる（天正九年に奪還）。
三年（一五七五）	三四歳	五月二十一日、長篠の合戦。六月に光明城、七月に犬居城を奪還。八月、諏訪原城を攻略。十二月、二俣城を奪還。
七年（一五七九）	三八歳	四月七日、三男秀忠誕生。八月二十九日、築山殿を殺害。九月十五日、嫡男信康自刃（松平信康事件）。
十年（一五八二）	四一歳	三月十一日、武田氏滅亡。六月二日、本能寺の変。六月五日、「伊賀越え」で岡崎城帰着。北条氏との天正壬午の乱となるが、十月に和睦。三河・遠江・駿河・甲斐・南信濃の五ヵ国を領有。
十二年（一五八四）	四三歳	三月六日、小牧・長久手の合戦始まる。四月九日、長久手の合戦。十一月、羽柴秀吉、織田信雄ついで家康とも和睦。十二月、次男於義伊

		（結城秀康）を秀吉に送る。
十三年（一五八五）	四四歳	七月十一日、秀吉、従一位関白に叙任。閏八月、徳川軍、上田城攻撃で真田氏に敗北（第一次上田合戦）。十一月十三日、岡崎城代石川数正、秀吉のもとへ出奔。十一月二十九日、天正大地震。「家康成敗」の危機を免れる。
十四年（一五八六）	四五歳	五月、家康、旭姫と結婚。九月十一日、居城を浜松から駿府へ移す。十月二十七日、大坂城で秀吉に臣従。
十五年（一五八七）	四六歳	二月、駿府城の普請を開始する。八月八日、上洛し、従二位権大納言に叙任。この年と翌年に「五十分一役」を賦課。
十七年（一五八九）	四八歳	二月、領国総検地始まる。七月七日、これ以降「七ヵ条定書」を交付。十月末、北条方の猪俣邦憲、名胡桃城を奪取。十一月二十四日、秀吉、北条氏直に最後通牒を発す。
十八年（一五九〇）	四九歳	七月五日、小田原攻めにより、北条氏滅亡。七月十三日、秀吉による論功行賞で、家康は北条氏の旧領関東へ転封。
文禄 四年（一五九五）	五四歳	七月十五日、豊臣秀次自刃。八月三日、「御掟」五ヵ条・「御掟追加」九ヵ条制定。家康はじめ六名が連署。
五年（一五九六）	五五歳	五月十一日、正二位内大臣に叙任（日付は五月八日）。閏七月十三日、文禄大地震で伏見城に被害。
慶長 三年（一五九八）	五七歳	八月十八日、秀吉死去（六三歳）。八月、四大老、朝鮮からの撤兵を指示する。九月三日、五大老・五奉行による連署起請文。
五年（一六〇〇）	五九歳	三月十六日、オランダ船リーフデ号、豊後臼杵に漂着。六月十六日、

		会津の上杉景勝攻めのため大坂を出立。七月二十五日、下野国小山で「小山評定」を行なう。九月上旬、秀忠率いる徳川軍、上田城攻撃で真田氏に苦戦（第二次上田合戦）。九月十五日、関ヶ原の合戦で大勝。九月二十七日、家康、大坂城に入り、秀頼・淀殿に戦勝報告を行なう。十月一日、石田三成らを処刑。
六年（一六〇一）	六〇歳	正月、東海道の宿駅を設置する。十月、朱印船貿易始まる。
八年（一六〇三）	六二歳	二月十二日、征夷大将軍に任ぜられ、江戸に幕府を開く。三月、江戸市街地の建設を始める。
九年（一六〇四）	六三歳	八月二十六日、西国の諸大名に郷帳・国絵図の提出を命じる。
十年（一六〇五）	六四歳	四月十二日、豊臣秀頼、右大臣任官。四月十六日、徳川秀忠、征夷大将軍・内大臣任官。
十一年（一六〇六）	六五歳	三月一日、江戸城の大改築普請始まる（御手伝普請）。四月、武家の官位は幕府の推挙によることを奏請。
十二年（一六〇七）	六六歳	二月十七日、駿府城の大改築普請始まる。五月六日、朝鮮通信使、江戸で将軍秀忠に謁する。五月二十日、同じく駿府で家康に謁する。七月三日、家康、駿府城本丸に入るが、年末の失火で翌年再建。
十四年（一六〇九）	六八歳	四月五日、島津軍、首里城を落とす。七月二日、宮女密通事件露顕する。七月七日、家康、琉球を島津氏に与える。七月二十五日、家康、オランダ船に渡航許可朱印状を与える。十二月十二日、有馬晴信、長崎でポルトガル船を撃沈。
十五年（一六一〇）	六九歳	閏二月、名古屋城の新規築城始まる。八月、島津家久、尚寧王をとも

		ない駿府で家康に謁する。
十六年（一六一一）	七〇歳	三月二十七日、後陽成天皇譲位。三月二十八日、家康、二条城で秀頼を引見する。四月十二日、後水尾天皇即位。同日、家康は在京の諸大名から、三ヵ条の起請文を徴する。
十七年（一六一二）	七一歳	正月五日、東国の諸大名から、同じく起請文を徴する。二月、領国総検地始まる。三月二十一日、岡本大八を処刑し、有馬晴信は甲斐国に配流のうえ、五月七日に切腹。大八処刑と同日、幕府直轄都市に禁教令を発し、キリシタン禁圧が始まる。
十八年（一六一三）	七二歳	四月二十五日、大久保長安死去し、不正の摘発が始まる。十二月二十三日、金地院崇伝「伴天連追放令」を起草。
十九年（一六一四）	七三歳	正月十九日、キリシタン取り締まりのため京都にあった大久保忠隣が改易される。七月二十一日、方広寺大仏殿の鐘銘・棟札事件起こる。十月一日、大坂攻めを決定し、大坂冬の陣始まる。年末に和睦。
元和 元年（一六一五）	七四歳	五月八日、大坂夏の陣で豊臣氏滅亡。閏六月十三日、西国諸大名に「一国一城令」を通達。七月七日、「武家諸法度」一三ヵ条を制定。七月十七日、「禁中並公家中諸法度」一七ヵ条を制定。七月、諸宗諸本山諸法度を下す。これによって、徳川公儀が確立する。
二年（一六一六）	七五歳	正月二十一日、家康、鷹狩りに出て田中城で発病し、二十五日に駿府城に戻る。三月二十一日、太政大臣に任官。四月十七日、家康死去。久能山に葬られ、翌年下野日光に改葬。神号は「東照大権現」。

地図作成　ケー・アイ・プランニング

本多隆成（ほんだ・たかしげ）

1942年（昭和17年），大阪府に生まれる．大阪大学文学部卒業．同大学院文学研究科博士課程を経て，1973年，静岡大学人文学部に赴任．2008年，同教授を定年退職．放送大学静岡学習センター所長に就任．現在，静岡大学名誉教授・文学博士．専門分野は戦国史・近世史．

著書『近世初期社会の基礎構造』（吉川弘文館）
『初期徳川氏の農村支配』（吉川弘文館）
『近世東海地域史研究』（清文堂出版）
『定本 徳川家康』（吉川弘文館）
『徳川家康と関ヶ原の戦い』（吉川弘文館）
『近世の東海道』（清文堂出版）
『徳川家康と武田氏』（吉川弘文館）
ほか

徳川家康《とくがわいえやす》の決断《けつだん》
中公新書 *2723*

2022年10月25日初版
2023年1月15日3版

著　者　本多隆成
発行者　安部順一

本文印刷　三晃印刷
カバー印刷　大熊整美堂
製　本　小泉製本

発行所　中央公論新社
〒100-8152
東京都千代田区大手町 1-7-1
電話　販売 03-5299-1730
　　　編集 03-5299-1830
URL https://www.chuko.co.jp/

Published by CHUOKORON-SHINSHA, INC.
Printed in Japan　ISBN978-4-12-102723-8 C1221

日本史

2675 江戸―平安時代から家康の建設へ　齋藤慎一
476 江戸時代　大石慎三郎
2552 藩とは何か　藤田達生
2565 大御所　徳川家康　三鬼清一郎
2723 徳川家康の決断　本多隆成
1227 保科《ほしな》正之《まさゆき》　中村彰彦
740 元禄御畳奉行の日記　神坂次郎
2531 火付《ひつけ》盗賊《とうぞく》改《あらため》　高橋義夫
853 遊女の文化史　佐伯順子
2376 江戸の災害史　倉地克直
2584 椿井文書―日本最大級の偽文書　馬部隆弘
2380 ペリー来航　西川武臣
2047 オランダ風説書　松方冬子
1958 幕末維新と佐賀藩　毛利敏彦
2497 公家たちの幕末維新　刑部芳則
1754 幕末歴史散歩　東京篇　一坂太郎
1811 幕末歴史散歩　京阪神篇　一坂太郎
2617 暗殺の幕末維新史　一坂太郎
1773 新選組　大石学
2040 鳥羽伏見の戦い　野口武彦
455 戊辰戦争　佐々木克
1235 奥羽越列藩同盟　星亮一
1728 会津落城　星亮一
2498 斗南《となみ》藩―「朝敵」会津藩士たちの苦難と再起　星亮一
2730 大塩平八郎の乱　藪田貫